島田秀平の
幸せ引き寄せ
手相占い

Happiness
of the sign is hidden
in palm reading!

Shuhei Shimada
島田秀平

河出書房新社

幸せは、あなたの手相の中にある！★はじめに

初めて「手相本」を出版したのは、２００８年の夏のこと。あれから8年、続編も含め、たくさんの方に本を読んでいただきました。心から御礼申し上げます。

この8年のあいだ、芸能人の方だけでなく、テレビや雑誌の企画などで、スポーツ選手や一般の方など、たくさんの方の手相をみてきました。

多くの手のひらをみて、感じたこと。それは、どんなに心が強い人も、どんなに幸せそうな人も、他人には言えない悩みや願望《がんぼう》を抱えているということです。「自分を変えたい」「幸せになりたい」「お金がほしい」「人生に苦労・失敗したくない」——。なかには、いつも笑顔なのに、手のひらは「ツラいんです……」というオーラが充満《じゅうまん》している人もいました。

でも、もう安心してください！　解決の重要ヒントは、あなたの「手のひら」にあるのです。

この本では、手相からみた「現在の悩みが最短で消える方法」「将来、人生の分岐点《ぶんきてん》に立ったときに迷わないためのアドバイス」「幸運が舞いこむ前兆サインの見方」など、あなたに幸せを引き寄せるためのヒントを満載しました。ぜひ、人生の羅針盤《らしんばん》としていただきたいと思います。

あなたの運命は、ぜひあなた自身の「手」で、より良いものに変えてください！

島田秀平

島田秀平の 幸せ引き寄せ 手相占い★もくじ

chapter 4 【金運手相】お悩み解決！相談室

chapter 5 【結婚手相】お悩み解決！相談室

chapter 6

【生きかた手相】お悩み解決！相談室

★手相面白話★

★SPECIAL企画★

"島田流"手相 早わかり一覧表

まずは、自分の手に
どんな線があるのか
この表でチェック!

金運に関係する手相

浪費家線

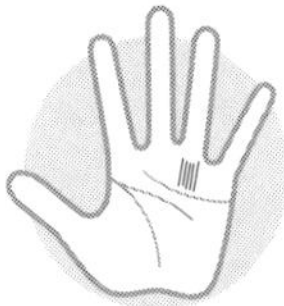

薬指の下に短くて細かい金運線が複数本ある。入った分だけ使っちゃう人です。

ビューティー線

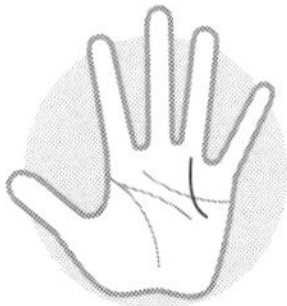

金運線が小指側に(右に)ゆるいカーブを描く。美的カリスマ度はナンバー１!

覇王線

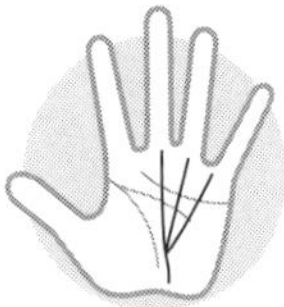

金運線が運命線までのび、さらに財運線ものびて、三角形のような形をなします。

コツコツ線

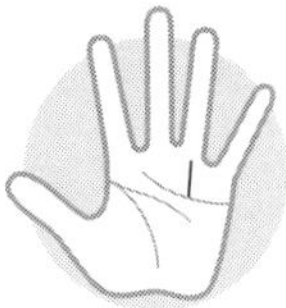

薬指の下から出て、感情線のあたりで止まる線。堅実でやりくり上手!

財運線

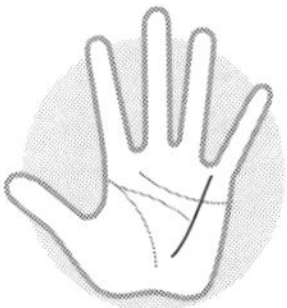

金運線の外側(小指のつけ根のほう)から下にのびる線。将来は蔵が建つ?!

夢追い人線

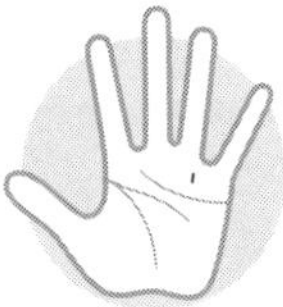

金運線がない、または極端に短い。でも、将来はビッグになるかも?!

結婚に関係する手相

トラブル線

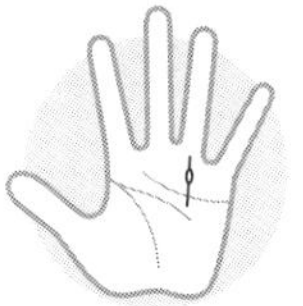

金運線上に島(5㎜くらいの円状の線)がある。お金絡みのトラブルを暗示。

前途有望線

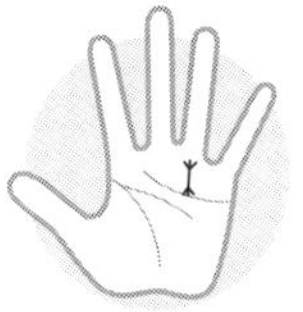

金運線の上下の先が枝分かれしている。頑張りがもうすぐ報われるサイン！

なりあがり線

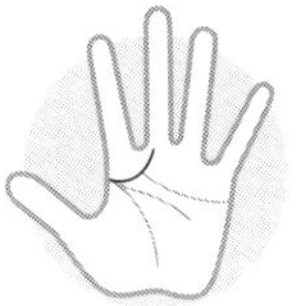

生命線の起点から、中指にかけてできる。貧乏から一転、お金持ちになるサイン!

サポート線

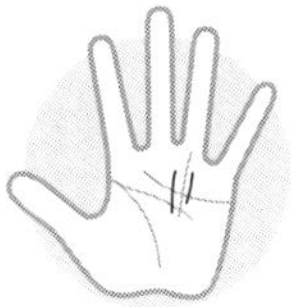

金運線の横に入る。小指側なら他者からの援助、親指側は身内からの力添えあり。

モテ線

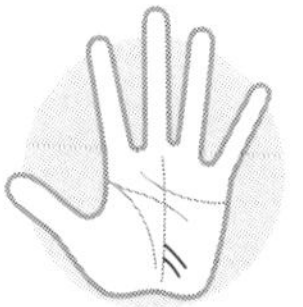

運命線の下あたり、右斜め下に流れる線。本数が多く、長く、太いほどモテ度UP!

セレブ線

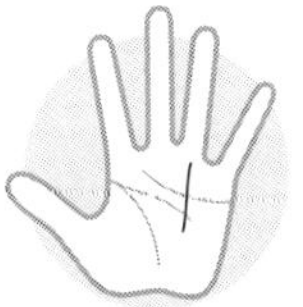

金運線が感情線の下までのびている。頭脳線の下まであれば、セレブ度ＵＰ！

エロ線

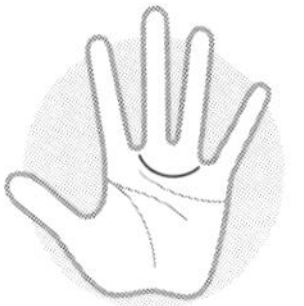

始点は人さし指と中指の間、終点は薬指と小指の間。数本ある人は、かなりエッチ!

遺産線

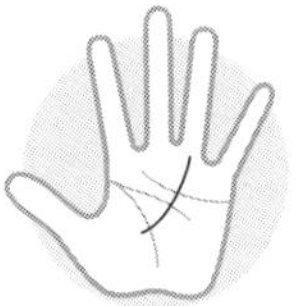

金運線が中指側に(左に)カーブしている線。幸運の星の下に生まれた人です！

ナルシスト線

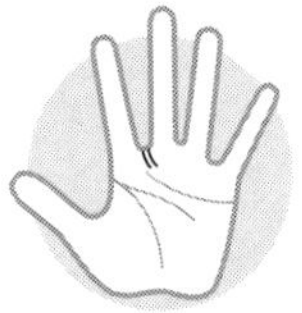

人さし指と中指の間に１本～数本、短く縦に入る線。自分のことが大好き！

夢見る乙女線

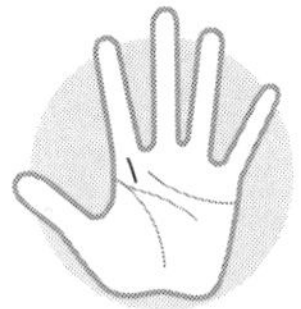

人さし指の下に斜めにでている線。理想が高く、数本ある人は、その傾向が顕著！

エス線

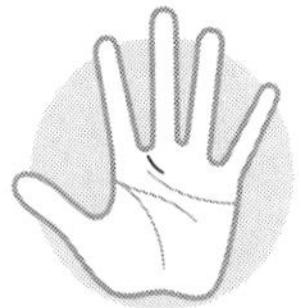

エロ線の始点（人さし指と中指の間）のほうが長いか、濃い人。数本ある人は「ドS」。

不思議ちゃん線

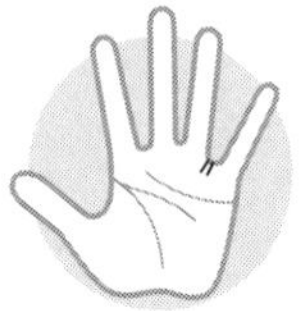

薬指と小指の間に１本～数本、短く縦に入る線。薬指の下に入る場合もあり。

よちよち幼児線

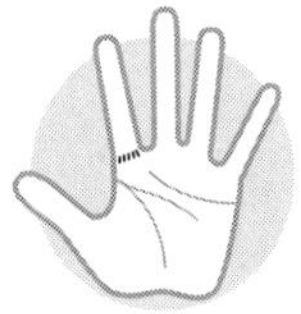

人さし指の下に、短いシワのような（溝のような）線が並ぶ。甘えん坊なタイプ。

エム線

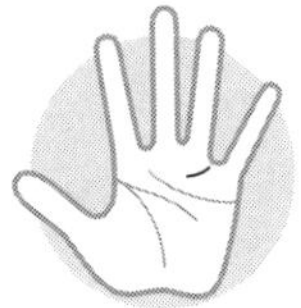

エロ線の始点（薬指と小指の間）のほうが長いか、濃い人。数本ある人は「ドＭ」。

浮気線

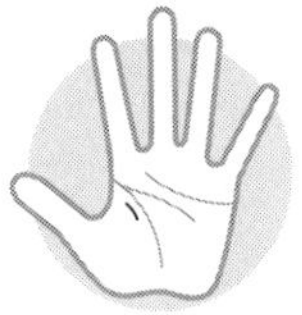

生命線の内側（親指の根元側）に平行してできる１～２cmの線。別名「情愛線」。

KY線

頭脳線と生命線の起点が離れている。５ｍｍ以上離れていれば、より強い傾向が。

アブノーマル線

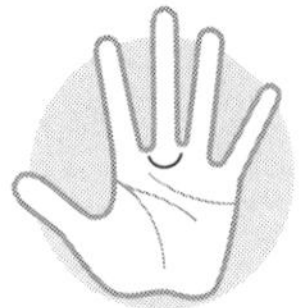

中指の下にできる半円状の線。一部が切れている人や、Ｖ型に近い人も。

ビア・ラシビア線

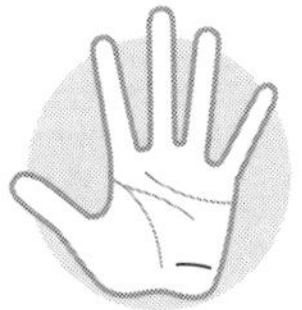

小指側の手首に近い部分に横にのびる線。二股、三股は当たり前?!

あやまりま線

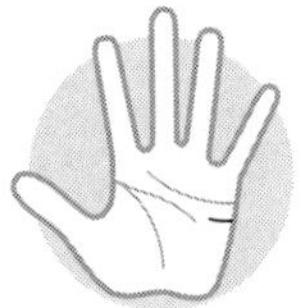

感情線の下に走る線。小指下の外側から始まり、感情線と頭脳線の間にできる。

束縛線

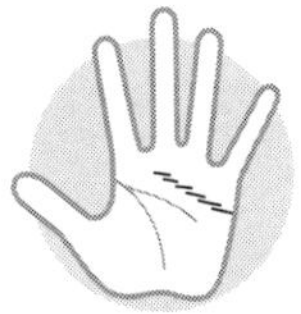

感情線が切れ切れになっている（短い線が連なる感じ）。ちょっとイライラしがち?!

ガラスのハート線

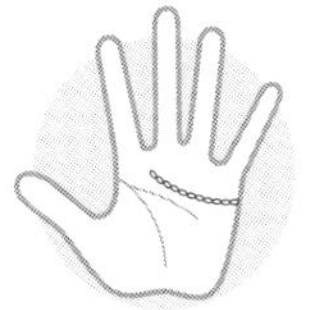

感情線が鎖状にできている。女性に多く、とにかく人から優しくされたいと願う人。

二丁目線

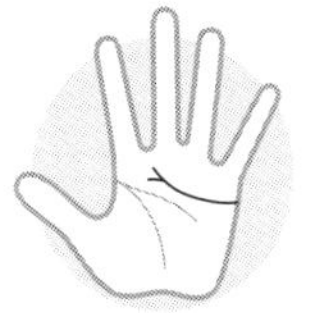

感情線の先が二股に分かれている。愛情たっぷりで、人の心を読むのが上手。

勝ち気線

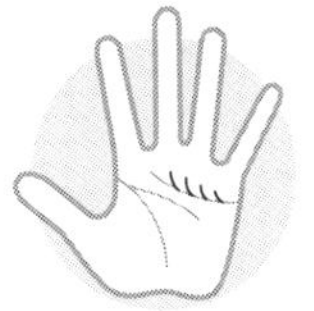

感情線の上側に端線ができる。自分をうまくアピールできるタイプ！

とばっちり線

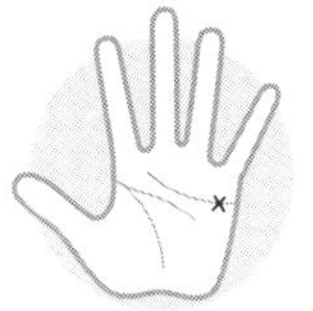

感情線の上に×ができる珍しい線。自分は悪くなくても嫌な思いをするかも…。

あげまん線

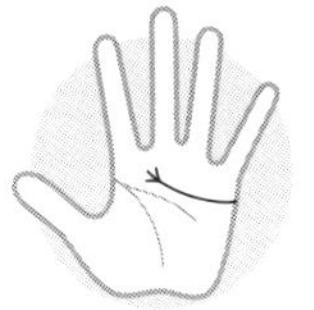

感情線の先が三股に分かれる。男性にあった場合は「あげちん線」といいます。

モテ期到来線

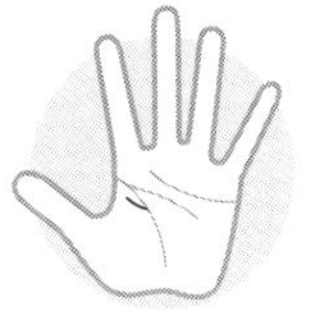

生命線の内側から縦にのびる線。モテ期であることを表わす。複数本あることも。

ラテン系線

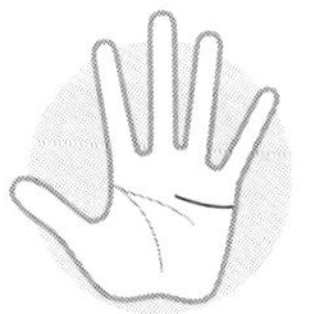

感情線の長さが平均より短い（中指の下やその手前で止まる）。男女とも情熱系！

トラウマ線

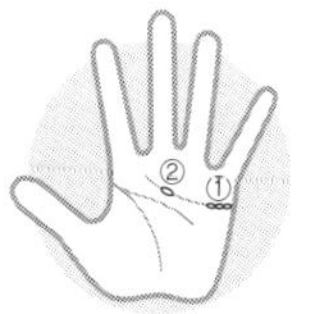

①感情線の入り口あたりの線が鎖状に。②あるいは感情線上に島が複数できる。

恋愛運停滞線

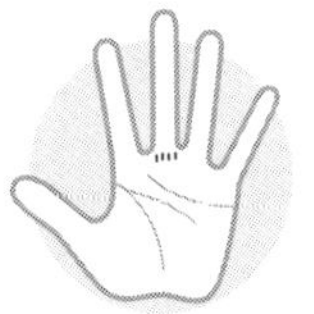

中指の下に短い縦線が、複数本走っている。異性をみる目が雲りがちな状態。

奥手線

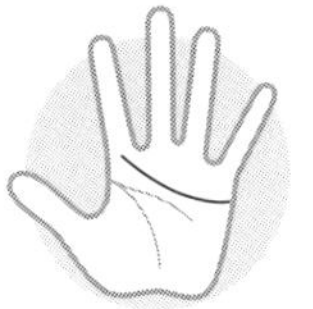

感情線が平均（人さし指と中指の中間くらい）より長い。奥ゆかしさが魅力?!

未練タラタラ線

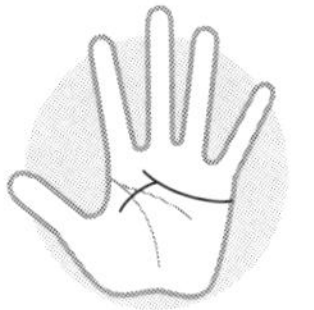

感情線から長い線が下にのび、頭脳線と生命線を突っ切る。終わった恋をひきずる人。

ストーカー線

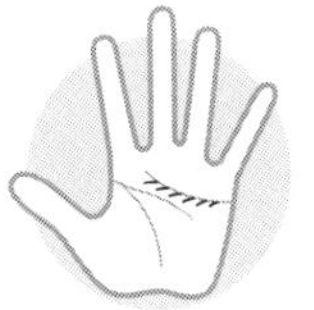

感情線の下側に端線ができる。じつは、多くの人にみられる線です。

後ろ向き線

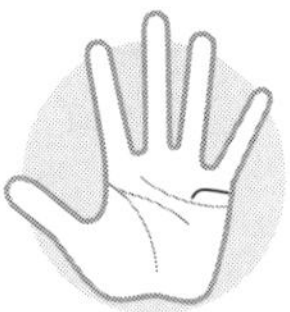

結婚線が下降カーブを描く。下降するほど、結婚そのものや結婚生活に後ろ向き。

二重感情線

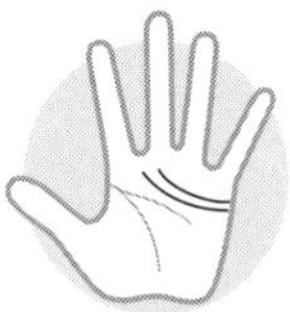

感情線に沿うように並ぶ線。才能あふれる人格者ですが、恋愛は不器用かも。

良妻賢母線

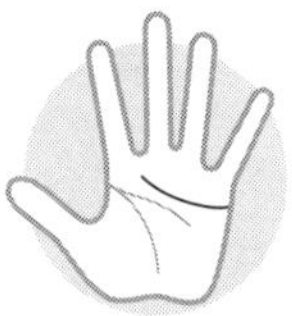

感情線が平均的な長さの人。男性にあるなら「マイホームパパ線」です。

無関心線

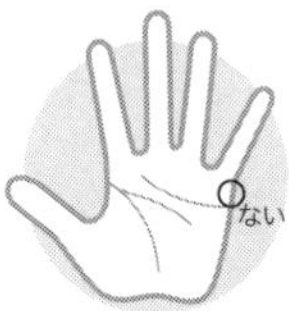

結婚線がない人。「結婚できない人」ではなく、「結婚にリアリティがない人」。

悲しみのモノサシ線

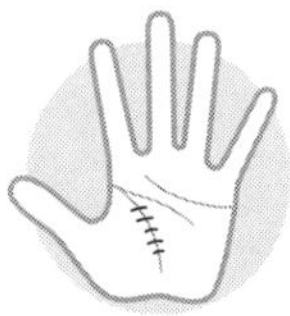

生命線を横切る細かい線が何本もある。辛い経験が手に刻まれてしまっています。

恋愛後回し線

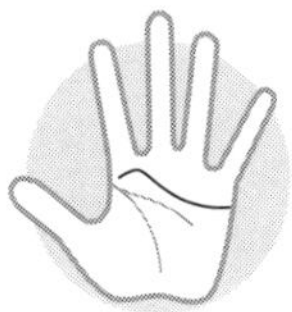

感情線が長くのび、最後は少し下降する。恋愛より仕事や趣味を優先する傾向が。

片思い線

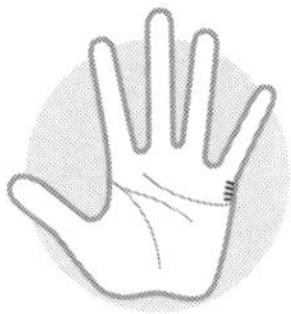

短い結婚線が多数並んでいる。高望みしすぎて、一方通行の恋が多い？

幸せ婚線

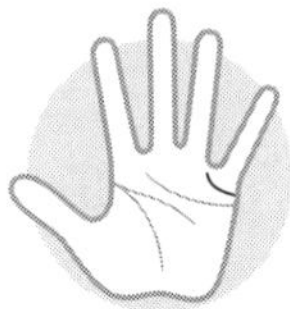

結婚線が上昇カーブを描く。上昇しているほど、幸せ度合いも高まります。

しわしわ線

手のひら一面に細かい線が無数にあり、しわしわにみえる。心が傷つきやすい人。

元さや線

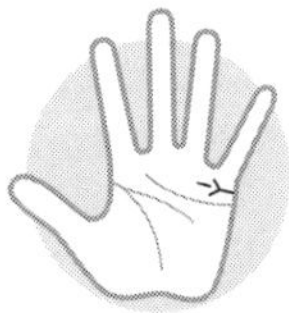

結婚線が二股に割れて、そこからまた１本線がでているもの。

玉の輿線

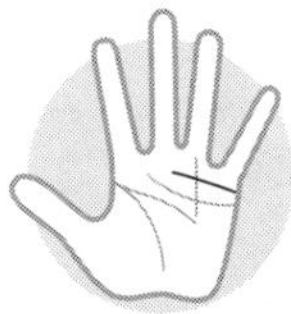

結婚線が長くのび、薬指の下に走る金運線を横切る。男性にあるなら「逆玉の輿線」。

気づかい屋さん線

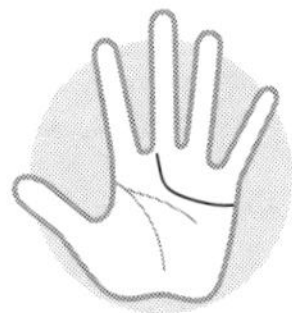

感情線が人さし指近くまで、急上昇してのびている。深い心配りができる人。

仕事に関係する手相

3つ巴《どもえ》線

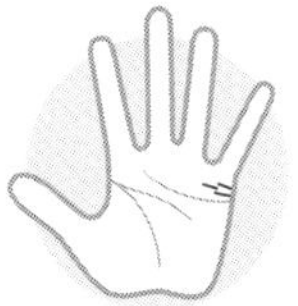

複数の人から１人を選んでゴールインする可能性大。ただし、三角関係には要注意。

長い旅線

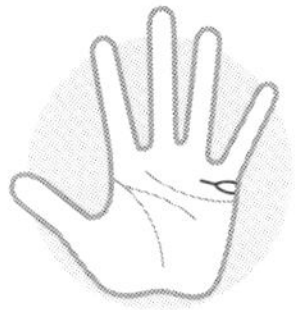

離れた場所から始まる結婚線が1つになる。結婚までには、長い道のりがあるかも。

子だくさん線

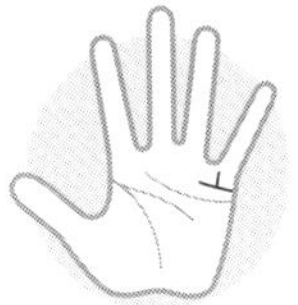

結婚線の上に、短い縦線が入る。1本の場合もあれば、複数本の線が入る場合も。

離婚線

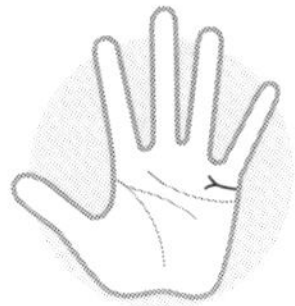

結婚線の先が２つに分かれている。多くの人にみられ、文字どおり「離婚」を暗示。

ユーモア線

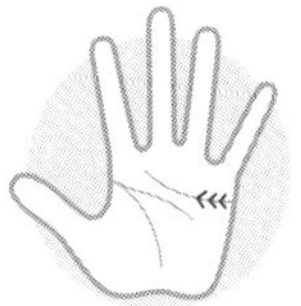

感情線の入り口あたりに、くの字状にできる線。お笑い芸人にも多い線です。

ファミリーリング

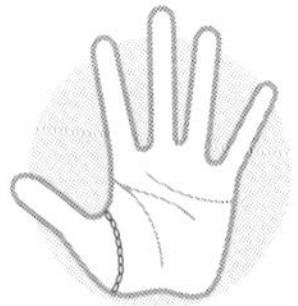

親指つけ根周辺から、弧を描くように下降する線（小さな輪が重なって線になる感じ）。

不倫線（タブー線）

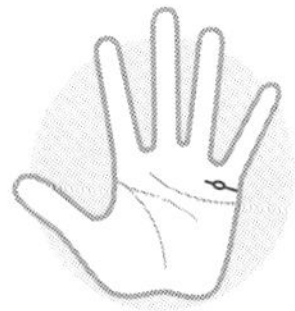

結婚線の途中に島ができる。不倫をしてしまう可能性が。禁断のラブも嫌いじゃない？

アナウンサー線

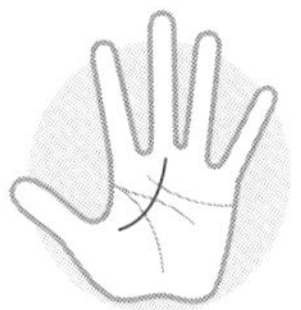

中指のつけ根から生命線の内側にかけてできる線。別名「おしゃべり線」。

好きもの線

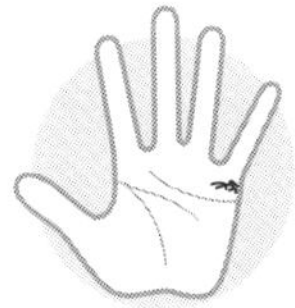

結婚線が、何本かの線が絡み合うように混線気味。異性関係はかなりルーズ?!

世渡り上手線

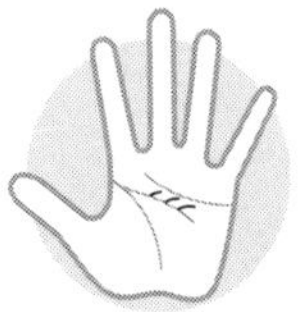

頭脳線の上にできる縦方向の端線。周囲の空気を読みながら上手に振る舞える。

親分肌線

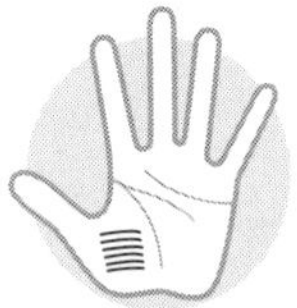

親指のつけ根側に走る複数の横線。別名「愛情線」。面倒見のとてもいい人です。

ライター線

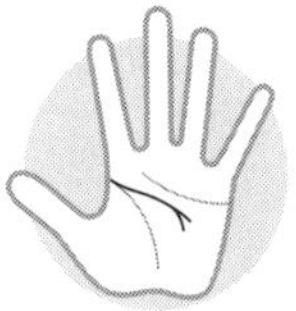

頭脳線の先が二股に分かれている。別名「作家線」。企画書を作成する能力も高い。

お見通し線

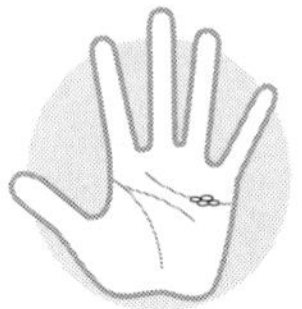

感情線上の薬指の下あたりにある2～4個の楕円。トラブル解決はお任せを！

仏眼

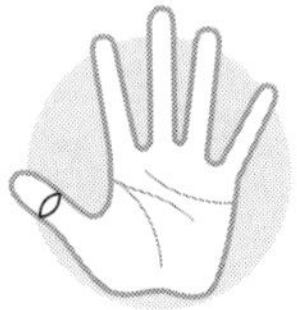

親指の第一関節に現われる目型の相。目が2つなら「W仏眼」。記憶力が抜群！

ベンチャー線

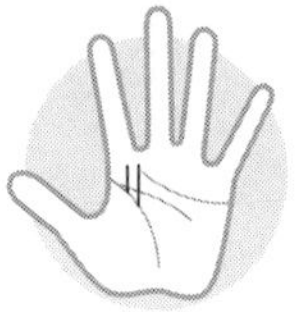

生命線から縦方向に、頭脳線を突き抜けるようにでている線。別名「上昇線」「向上線」。

ギャンブル線

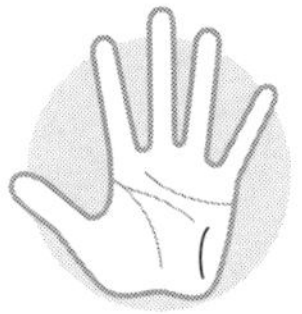

小指側の手のひら（手首側）に刻まれる弧形の線。直感冴える天性のギャンブラー。

神秘十字

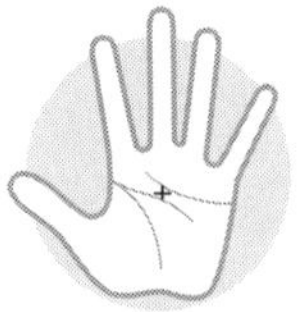

感情線と頭脳線を結ぶ横線に、縦線が交差して「十字」になっている相。

カリスマ線

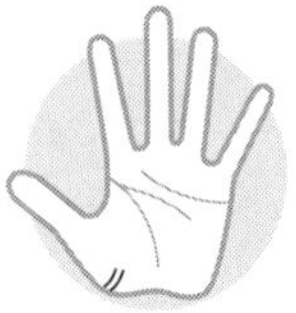

親指側、手首のほうから上へとのびる線。人望と人徳のあるリーダーに多い相。

ミラクル線

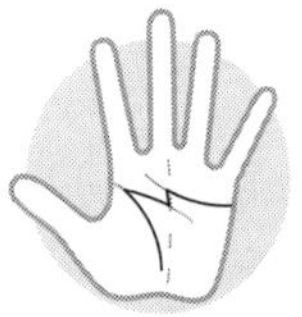

運命線、生命線、頭脳線、感情線の4つの線からできる「M」。別名「適職線」。

イチロー線

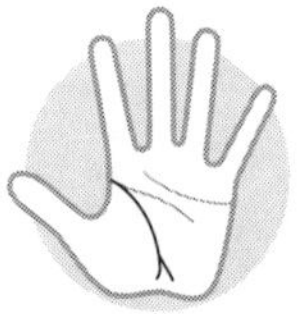

生命線の先が二股になっている。別名「旅行線」。家から離れた場所での仕事が吉。

二重頭脳線

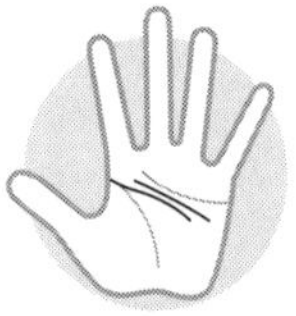

通常1本しかない頭脳線が2本ある状態。二面の才能をもつ、最強ビジネスマン！

ヘッドハンティング線

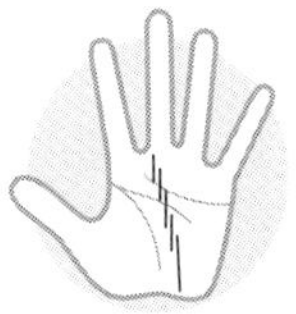

一本の運命線ではなく、切れ切れの線が手首側から左へ左へと上に連なっていく。

実業家線

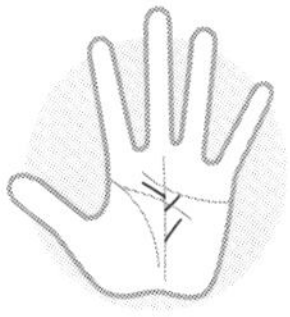

手のひら中央の運命線から斜め上に向かってでる線。多才で商才に長けてます！

勝負線

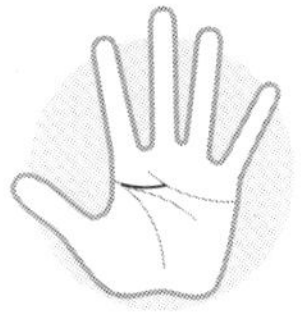

感情線と頭脳線をつなぐ横線。人生の勝負の時、今が頑張り時というときに出現。

長つづきしま線

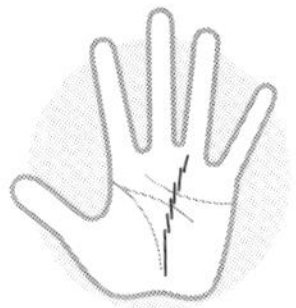

運命線が切れ切れになって、手首側から右へ右へと右上がりになっている。

ブレイク線

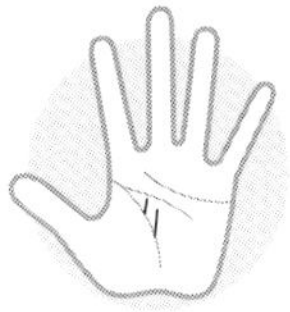

生命線から上へのびる線。運がいつ上向くかを教えてくれます。

ますかけ線

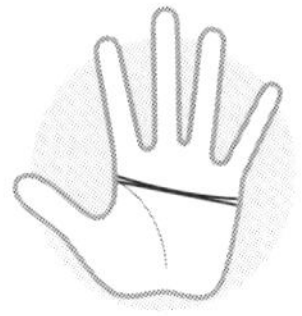

感情線と頭脳線が直線になる珍しい相。人生は波乱万丈！ですが「天下獲りの相」。

あしながおじ線

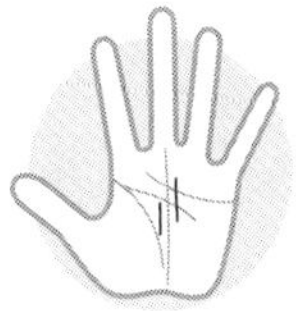

運命線の脇にできる。内側の線は身内から、外側の線は外部からの援助あり。

イケイケ線

親指のつけ根の部分に、格子状に縦横数本の短い線が走る相。熱い運気上昇中！

スポーツ線

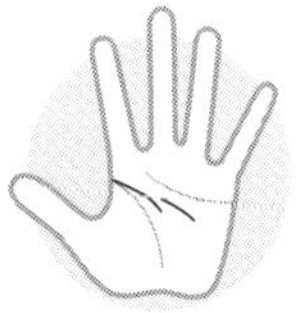

頭脳線の末端、あるいは途中が切れている。運動神経抜群！体を動かすのが得意。

タレント線

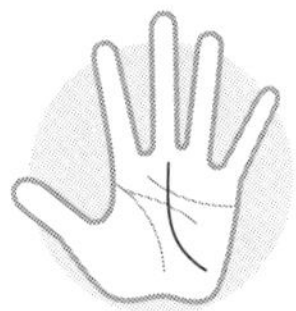

運命線が小指側に流れている。相手に好かれる術を知りつくす「人たらしの天才」。

不動産線

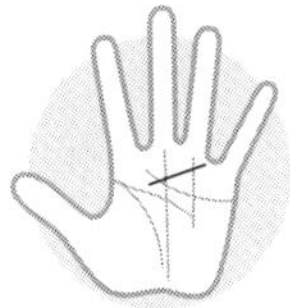

運命線と金運線を横切る線。不動産の仕事に力を発揮。マイホーム購入も吉！

オタク線

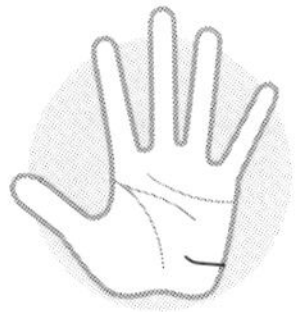

小指側、手首側の手の甲から手の側面を通り、手のひらまで続く。凝り性な人。

ボランティア線

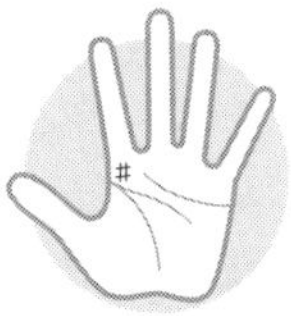

人さし指の下にスクエア（＃）ができる。人の役にたつことを自分の活力にできる人。

ひきこもり線

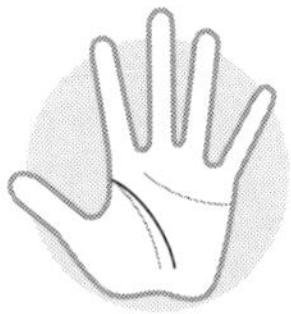

頭脳線が急下降し、張り出し方も弱い。自分大好きなのに自信がない自己矛盾の人。

商売人線

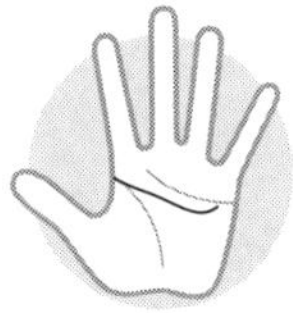

頭脳線の先が上に向かっている。お金に関する仕事に就いて吉。執着心も強め。

ナイチンゲール線

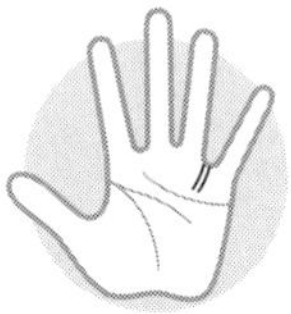

小指と薬指の間のつけ根付近に入る２～３本の線。薬指の下に入る場合も。

好奇心旺盛線

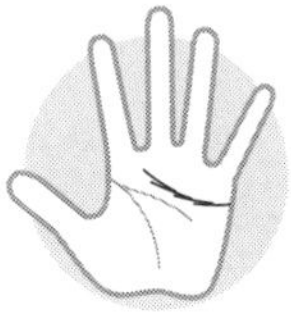

束縛線と同じく、感情線が切れ切れになっているが、一本一本の線が長い。

理系線

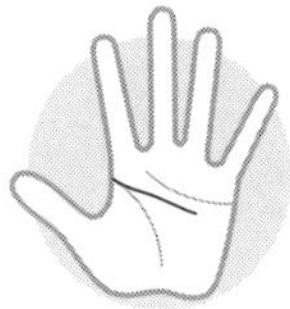

頭脳線の先がまっすぐか、やや下降気味に。論理的で頭の回転も速い現実派。

だまされま線

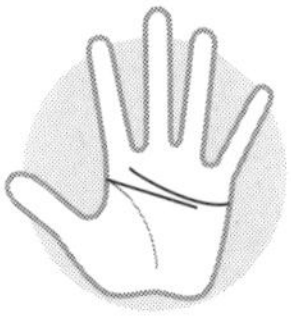

感情線と頭脳線の間がせまい。物事を論理的に考えられるが、疑り深すぎる?!

消極線

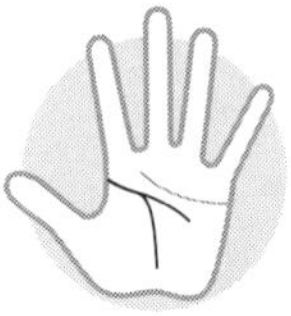

頭脳線と生命線の起点が大きく（２～３cm）重なる。慎重で、争い事は大の苦手。

文系線

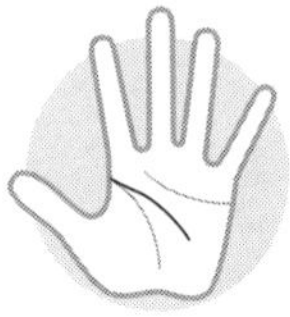

頭脳線の先が下降している。論理的に考えるのは苦手だが、独自の発想に自信あり。

注意が足りま線

感情線と頭脳線の間が広い。物事をノリや直感で決めがち。失敗も多いかも…。

引っこみ思案線

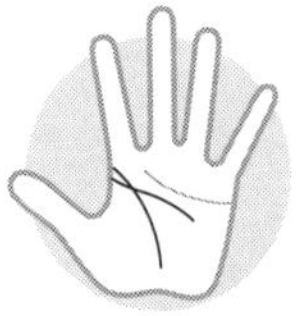

頭脳線と生命線の起点が大きく重なるどころか、生命線が頭脳線の上からでている。

芸術家線

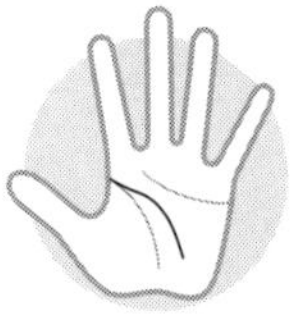

頭脳線の先が極端に下がり、手首近くまで下降する。美術・芸術の才能あり。

将来に関係する手相

トライアングル

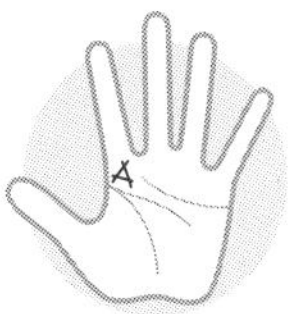

3本の線が、もう少しで1か所で交わる。さまざまな場所に現われます。

お助け十字

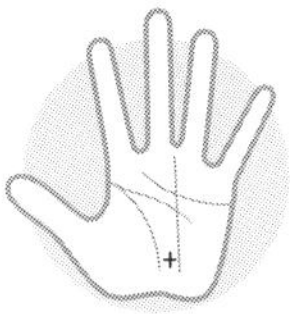

運命線と生命線の間に現われる「十字」。人を助ける才能とパワーがある人です。

ソロモンの環《わ》

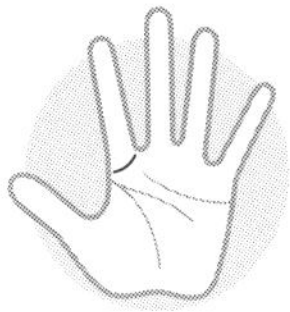

人さし指のつけ根で、ゆるやかなカーブ(直線もある)を描く。複数なら幸せ倍増!

ソロモンの星

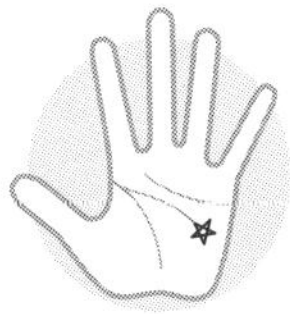

頭脳線の先に現われる星。歴史を変える力をもつ人だけにでる“奇跡のサイン”!

スター

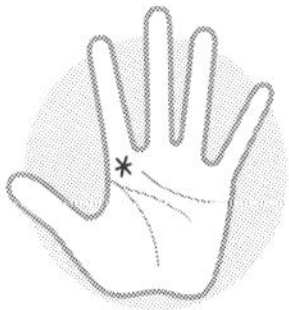

3本の線が1か所で交わる。人さし指の下以外の場所にも現われる最強幸運サイン!

一発逆転線

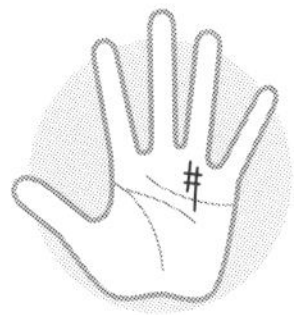

漢字の「井」や、音楽記号の「#」のような線。これもさまざまな場所に現われます。

フィッシュ

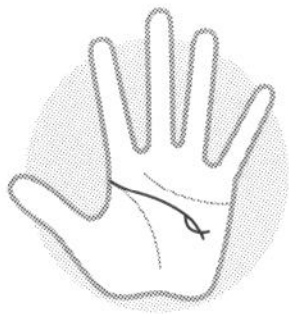

線の先が魚のような形で交差する。どの線に現われるかで幸運の意味が異なる。

健康に関係する手相

二重運命線

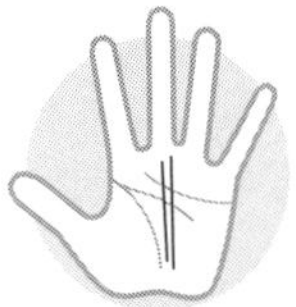

長くて2本ある運命線が並んでいる。運気が2倍にも3倍にもなります！

ハードル線

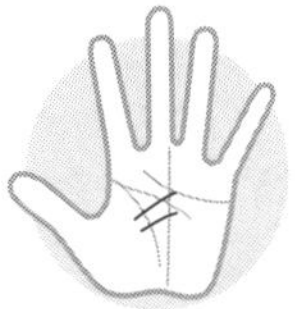

生命線と運命線の両方の線をまたいで横切る長めの線。時期は68ページを参照。

早熟線

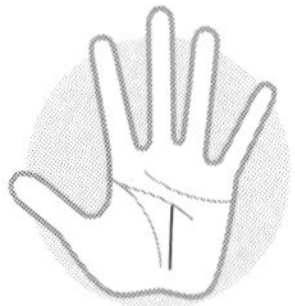

運命線が、頭脳線くらいで止まっている。天才肌ですが、努力を続けましょう！

消化器注意線

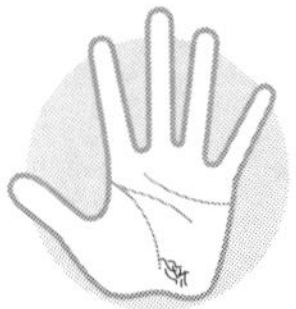

生命線の終わりのほうの線が乱れていたり、島ができていたりする。

大器晩成線

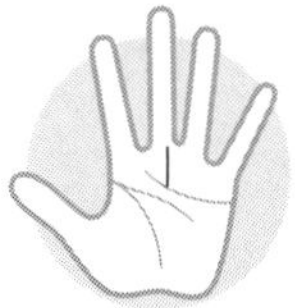

早熟線とは逆に、感情線の上くらいから運命線がでている。努力は報われます！

肝臓注意線

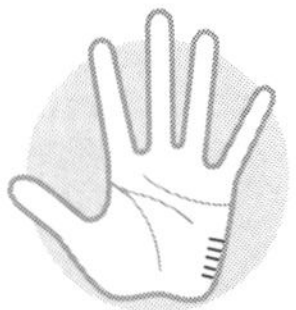

感情線と手首の間の小指側に、横線や溝のようなものが複数現われる。

幸せな晩年線

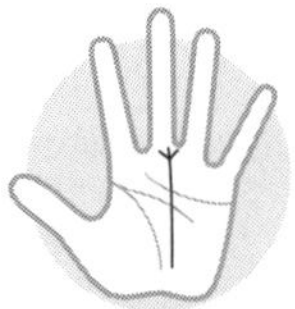

運命線の先（中指のつけ根のほう）が三股になっている。良き晩年が待ってます。

スタミナ線

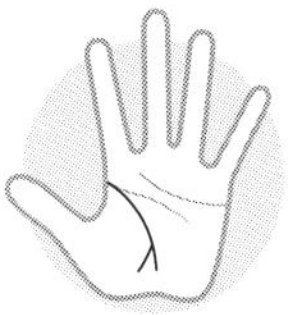

生命線の先から内側に切れこむ線。いつまでも若々しい「超タフネス」。

泌尿器・生殖器注意線

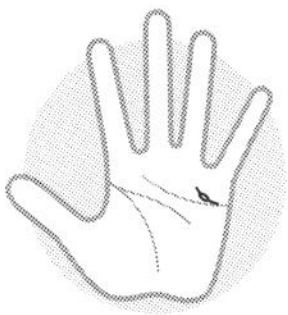

感情線の始点あたりに乱れがでたり、短い縦線が数本でる。

心臓注意線

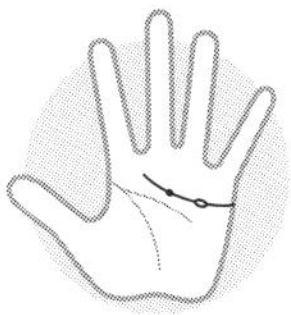

感情線が乱れていたり、感情線上に島や点がある。

ケガ・事故注意線

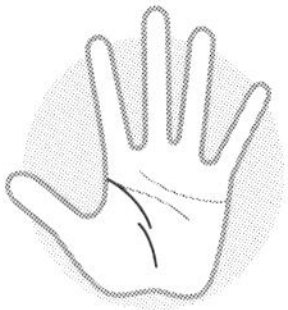

生命線が途中で切れている。または生命線の内側に×印がある。気を引き締めて！

バイタリティ線

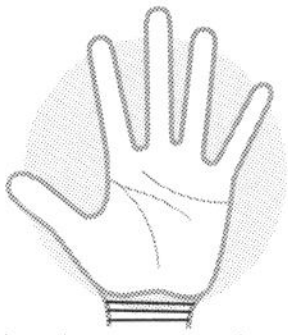

手首のところにできる線。くっきりとでていて、複数あれば体調良好！

脳・鼻・目注意線

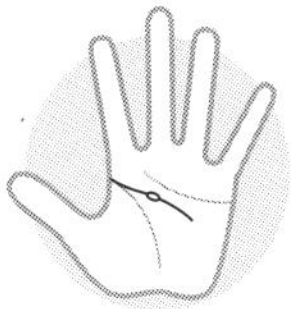

頭脳線上に島ができていたり、線が途切れていたりする。

災害線

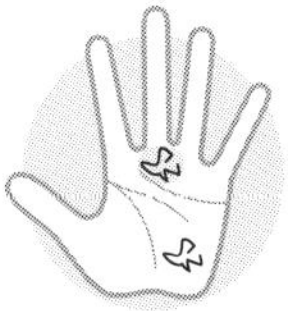

中指のつけ根が赤黒くなったり、小指の下側、手首の上部分に不自然な線ができる。

長寿線

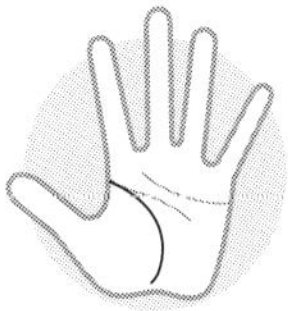

グンと張り出し、ハッキリした生命線は、長寿の証し。健康にさらに磨きをかけて。

呼吸器注意線

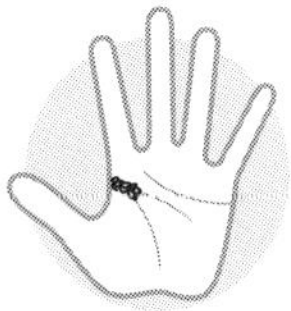

生命線と頭脳線の起点あたりの線がグチャグチャとなっている。

崖っぷち線

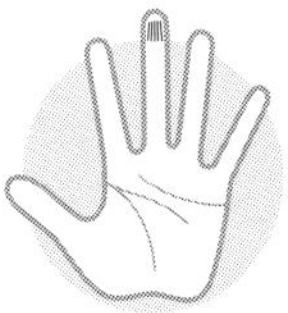

中指の指先に、縦に複数本でる線。生命や愛のエネルギーが枯れている証し。

二重生命線

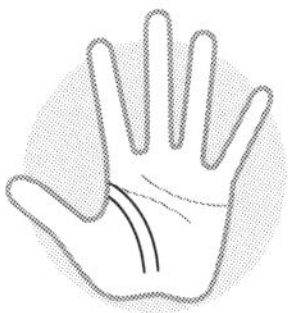

生命線の内側（親指側）に、平行してのびる線。運の量と体の強さは常人の２倍！

婦人科注意線

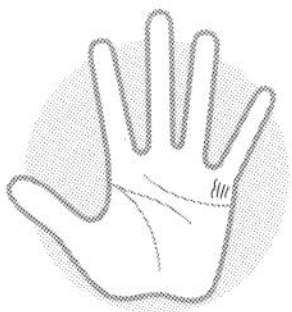

小指のつけ根の下に、複数本の細かいスジのように入る縦線。

カバーデザイン
こやまたかこ
★
カバー＆本文写真
井上TORA
★
スタイリスト
ミズグチサチコ(fill-s)
神山トモヒロ
★
ヘアメイク
ちょう みょんき
★
イラスト
角 愼作
★
協力
髙田敏之(ホリプロコム)
★
SPECIAL THANKS
菅野鈴子(原宿の母)

chapter 1

ほんとうの自分を知っていますか？

☆まずは、手相のイロハを知ろう！

★どっちの手で占う？　答え　左手です

手相は左右まったく同じ人はいません。右と左で、まったくかけ離れている人もいます。では、手相は左右どちらの手で占うか？　これは流派や国によってさまざまです。手を組んだときに下になるほうの手で占う場合もあれば、単に右手という場合もあります。

占いが盛んな韓国では、27歳までは左手、それ以降は右手でみるというので、びっくりしました。ちなみに、手を組んだとき、右手が上になる人は合理的な左脳派人間、左手が上になる人は直感型の右脳派人間といわれます。

ただ、僕自身、これまでたくさんの方の手相をみさせてもらってきて、「統計的にこうだな」と思っていることがあります。それは、左手が今現在（過去や未来を含む）を、右手が生まれもった資質を表わすということ。右は線が変わりづらく、左手はコロコロ変わるのです。

ですので、この本でも、**左手でみるやり方**にしたいと思います。

ただし、上級者になってくると、まずは生まれもった資質を表わす右手をみて、そのあとで今を占う左手をみるという診方《みかた》もできます。たとえば、右手の相がいいという場合は、その才能があるのに、まだまだ頑張りが足りていないということになるわけです。

★良い手相、悪い手相って、どう決まる？

基本的に、**線がはっきりと強いほうが良い相**だといわれています。

手相が生まれた中国やインドでは「手相は川」「線は運気が流れる川」、そして「水の量は運の量」という考え方があります。大河のように途中に邪魔するものがなく、強くて深い川（線）は、流れもよく、理想的なのです。

そんな線が多くある人は、心身ともによどみがなく、自分に合った人生を勢いよく生きている方です。

逆に、弱くて切れ切れだったり、途中で中州《なかす》（島）や横切る線（障害）などがあると、流れが弱くなったり、分断されてしまいます。そんな線の持ち主は、自分の才能や気持ちを押し殺してしまっているため、運勢も滞《とどこお》りがちになります。

これからお話しするすべてのことに共通するのは、「今があまりよくない状況でも、決してあきらめないこと」。**自分の気持ちに正直になり**、**本当は何を望んでいるのかを考え**、**前向きに生きること**が、幸せをつかむ近道になるのです。

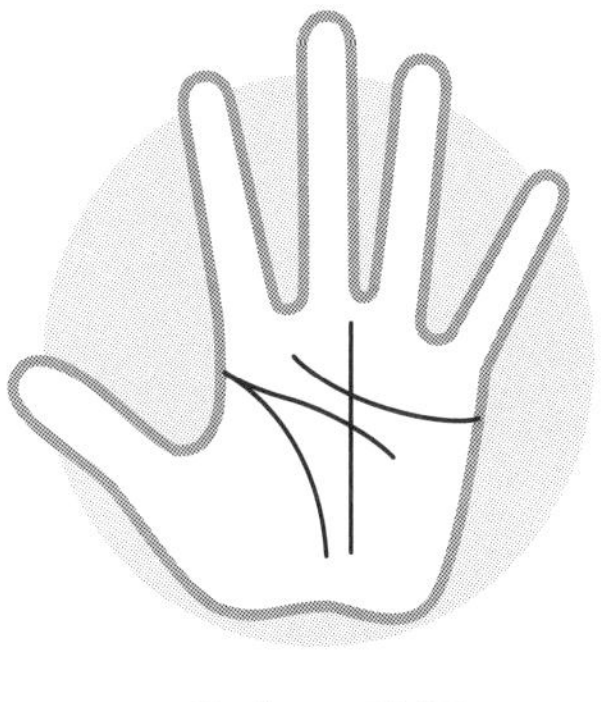

○良い手相

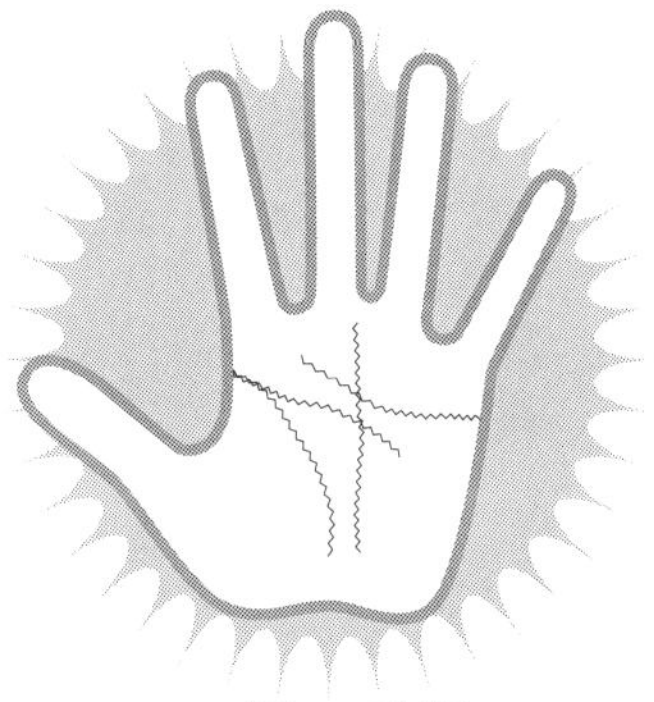

×悪い手相

★手相の線は人生とともに変わる?

答え　変わります

手相はどんどん変わっていきます。2、3日で変化するときもありますが、**大きく実感できるのは3か月ぐらい**。ですから、3か月おきに手のひらを見直してみましょう。携帯電話のカメラなどで定期的に自分の手のひらの写真を撮っておけば、どのように変化したか、すぐに気づくことができます。

たとえば、食生活を整えたり、運動の習慣をつけることで、きれいな生命線をつくることが可能です。金運線も、仕事に対して真摯《しんし》に努力しつづければ自然とのびてきますし、結婚線も、夫婦関係やカップルの関係が改善されると、下がり気味だった線が上向きになったりします。

感情線も同様です。つらい恋愛をしていたときはぐちゃぐちゃだった線が、いい恋愛をすると、きれいでしっかりした線になったりします。

感情線がぐちゃぐちゃになっているときは、「他人よりもいろいろなことに、引っかかってしまいやすい」状態。そんな状態の人は、たとえば上司に「頑張れよ」と言われたら、素直に「頑張ります!」と答えられず、「自分は頑張っていないんだ……」というように、マイナスにとらえてしまいがちです。

でも、自分の手のひらを定期的にチェックすることで、「今、ネガティブな状態なんだ。だからポジティブになろう!」ということがわかります。

手相から自分を客観視することで、幸運を引き寄せられるのです。

★自分にその線があるのかどうか、迷ったら？

答え　薄くてよくみえない線も〝有り〟

手相の線には、薄くてわかりづらい線と、目にみえてくっきりわかる線があります。

基本的に、線がくっきり刻まれた人のほうが、その性格傾向が色濃く表われます。ただし、この本で記されたような濃い線でなくても、**ぼんやりとでもみえていれば、「その資質がある」**ということ。「自分には、この線がある！」と自覚して行動することで、薄かった線が、どんどん濃くなっていきます。

この本に書かれている線と、ぴったり一致していなかったとしても、それに近い線は同じ線とみなします。

★手相の基本6線とは

手のひらにはさまざまな線がありますが、その基本となるのが次の6つの線です。なかでも、生命線、感情線、頭脳線の3つの線は、ほとんどの人の手にみることができます。まずは、6つの線について簡単に説明します。

① 生命線（親指と人さし指の間から下にのびる線）

生命力や精神状態、体の強さがわかります。基本的に、線が強くしっかりしているほど、また、親指のつけ根の張りがふくよかなほど、生命力とバイタリティにあふれた人といえます。

② 感情線（小指の下から中指や人さし指の方向にのびる線）

恋愛傾向や愛情表現がわかります。線の長短が、そのまま人の気の長さを示します。また、線がはっきりしている場合は「心の平穏」を、線が乱れている場合は「感情の乱れ」を表わします。

③ 頭脳線（親指と人さし指の間から横にのびる線）

才能や考え方、仕事の傾向などがわかります。

線の長短は、考える時間（じっくり型か、即決型か）を示します。

また、線ののびる方向で、考え方の傾向（平行の場合は論理的・合理的、下に向かう場合は感情的）を表わします。

④ 運命線（中指の下から縦にのびる線）

人生の浮き沈みや仕事運などがわかります。
線が長く、まっすぐに、そしてはっきりしているほど運のいい人といえます。

⑤ 金運線（薬指の下から縦にのびる線）

線が長く、はっきりしているほど、お金に恵まれるといいます。

⑥ 結婚線（小指と感情線の間にある横の線）

今の結婚生活の状態や、結婚のタイミングなどを示します。
感情線に近いほど早婚、小指に近いほど晩婚です。
また、長くて上向きなのは、幸せな結婚を表わします。

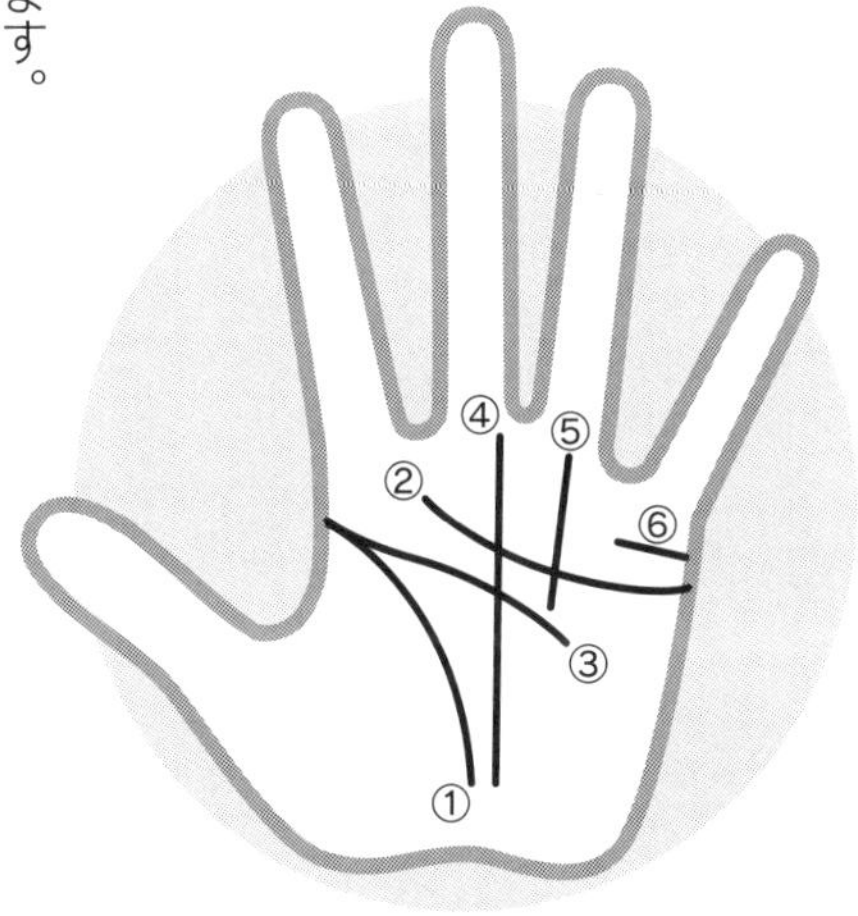

生命線の占い方

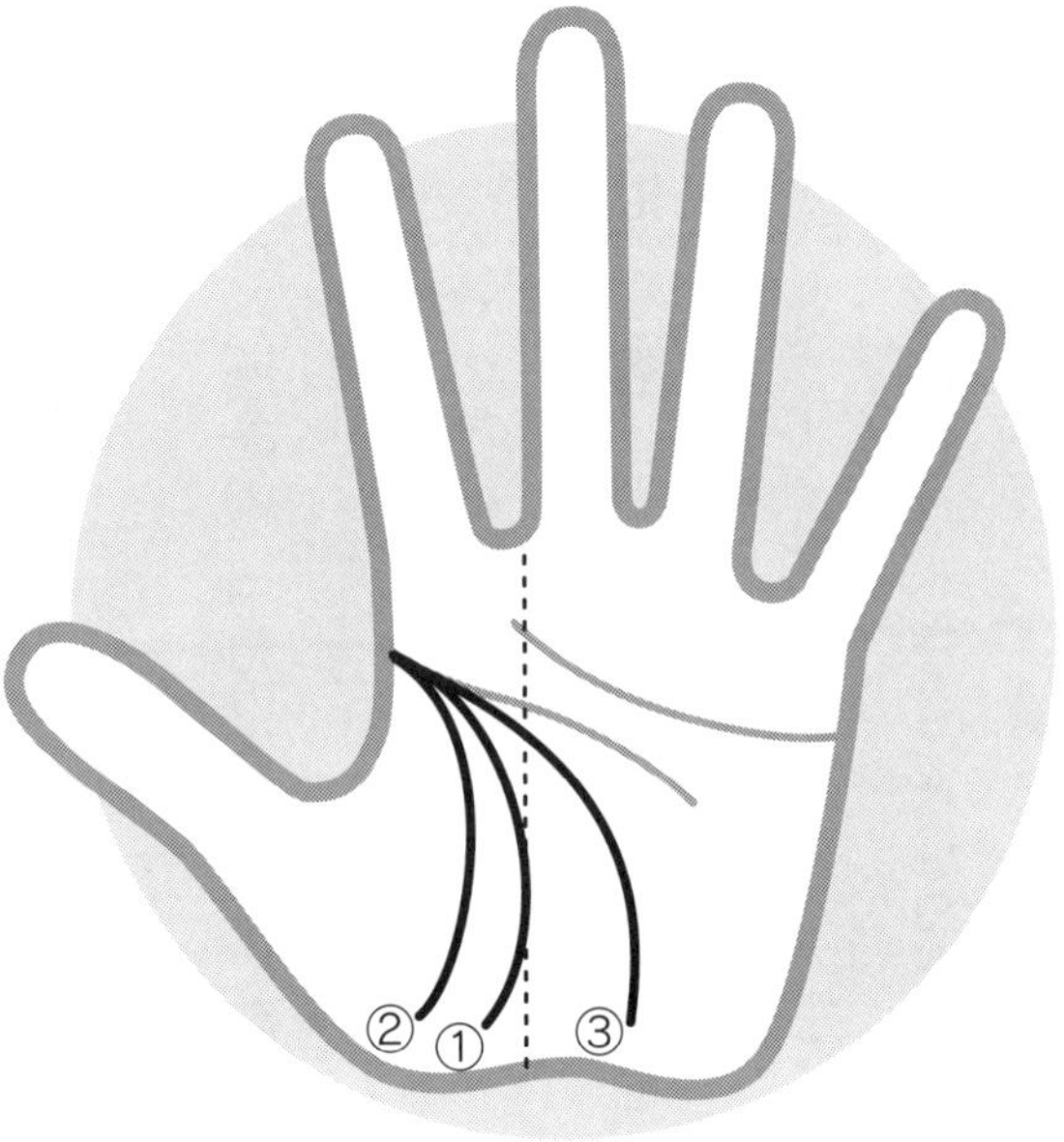

どんな線？

生命力、健康状態、体の強さがわかります。また、自身のバイタリティも、この線に表われます。

誤解されがちなこと

よく「私、生命線が短いから早く死んでしまうんじゃないか心配……」という人がいますが、それは大きな誤解です。生命線が**長いから長生き、短いから短命というわけでは、決してありません**。

生命線で重要なのは、長さではなく、「カーブの強さ（キツさ）」。カーブが大きく張り出しているほど、健康で丈夫な人といえます。

その目安は、人さし指と中指の間から下にまっすぐ線を引いたとして、

①生命線のカーブがその位置くらいまであれば、平均的な健康体の人。

②**それより内側**（親指側）の小さいカーブだと、健康面で難がありそうですので、体調に気をつけてください。

③**それより外側**（小指側）までカーブが張り出していれば、体が丈夫で強い人です。

☆

スポーツ選手や、ふだんから体を鍛えている人、体を使って仕事をする人などは、グ～ンとカーブが張り出している人が多いようです。

そんな人は、病気やケガに強いだけでなく、精神的なタフさも兼《か》ね備《そな》えている傾向がみられます。

いっぽう、張り出しの弱い人は、疲れやすかったり、病気やケガをしがちだったりします。メンタル面でもちょっと「打たれやすい」傾向があります。

なかには、カーブがほとんどない人もいます。その人は心身ともに疲れやすく、メンタル的にもかなり打たれ弱い人です。

心の病を抱《かか》えてしまいやすいので、積極的に心身の休養を図りましょう。

ここに注目！

僕が生命線をみるときに、かならずチェックするポイントが2つあります。

ひとつは、最初にお話しした「カーブの張り出し具合」。そして、もうひとつは「線のでき方」です。

具体的には**「きれいか、ぐちゃぐちゃっとしていないか」「線の入り口や出口に乱れはないか」**が重要になります。

まず、「線がきれいか、ぐちゃぐちゃっとしているか」は、「きれいに、ハッキリとでている線」が良い線です。

つぎに「線の入り口や出口に乱れはないか」。

とくに、線の入り口は「生命の入り口」。こ

こが乱れているということは、**「生命の入り口＝呼吸器の乱れ」**につながっています。つまり、ノドや肺、気管支などに疲れがあるということです。ぜんそくもちの人やタバコを吸う人にも入り口の乱れがよくみられます。

また、都会に住む人は、線の入り口が乱れている人が多いように思います。これは、空気が汚れてしまっているからだと思えてなりません。

いっぽう、線の出口が乱れている人は暴飲暴食などによる、胃や腸など消化器の疲れが表われています。

入り口、出口のほかに「線の真ん中」が乱れている場合もあります。ここから**何歳ぐらいのころに体調に気をつけるべきか**もみえてきます。

健康診断や人間ドックをしっかり受けることはもちろん、自分の手のひらも、よくみつめてみてくださいね。

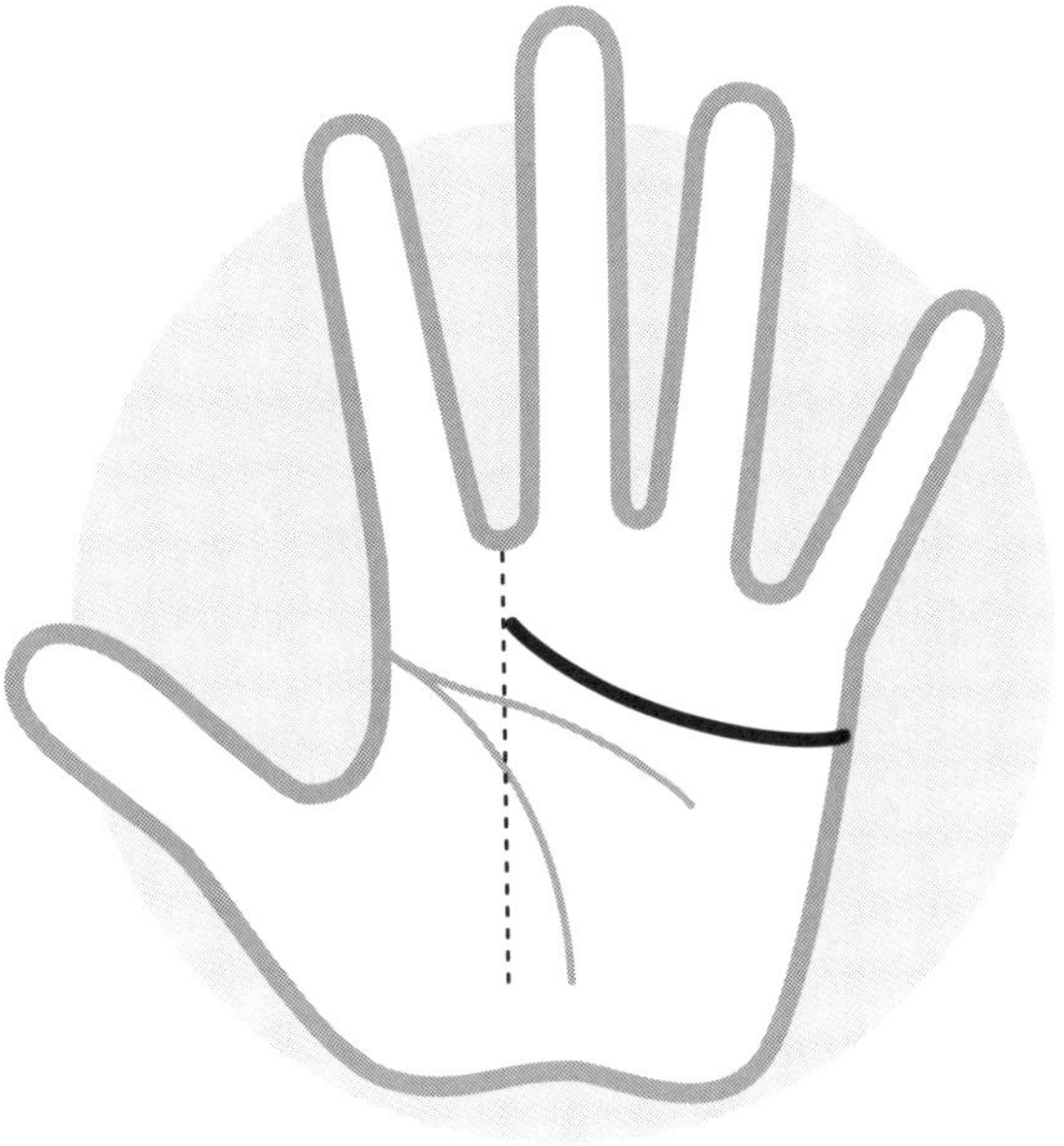

感情線の占い方

どんな線？

感情・性格、さらには、その人の恋愛傾向を表わす線です。

ここに注目！

僕が感情線をチェックするときに注目するのは**「長さ」**と**「線の向き」**の2つです。

人さし指と中指の間から線を引いたところが基準になります。線の長さは、そのまま感情の長さに比例し、短い人は短気だったり、怒りやすい人。

いっぽう、長い人は穏《おだ》やかで、のんびり屋さんな人だといえます。恋愛でも友達関係でも、感情に大きな波がなく、つき合いやすい人です。

また、線の長さは「恋愛に落ちる時間」とも比例します。

短い人ほど恋に落ちる時間が速く、「熱《ねっ》し

やすく、冷めやすい人」。長い人は奥手で慎重派、「なかなか人を好きにはならないけど、好きになったら長つづきしやすい人」です。

☆

線の向きもみてみましょう。

感情線が上向きになっていればいるほど、情熱的な傾向があり、人とのつき合い方も上手で、気配りができる人といえます。

いっぽう、下がれば下がるほど、いつも冷静で、クールな傾向があります。ときには人と壁をつくってしまったり、周りから「何を考えているのかわからない」と誤解されることもありそうです。

どちらかというと、コミュニケーションに苦手意識をもっている人といえます。

☆

感情線は、自分のものだけでなく、相手の線をみることで、「自分がどのように接すれば、相手が過ごしやすいのか」を知る術《すべ》にもなります。感情線ひとつをみても、さまざまなことがわかるのです。

たとえば……

★相手との相性のよしあしを知りたい…相手の感情線が、自分の感情線と似ていれば似ているほど、相性がいい（恋愛傾向が似ている）ということになります。

★もし、「いいな」と思う人がいたら…相手の感情線が短かったら、「短期集中」で攻めるのが吉です。

いっぽう、相手の感情線が長かったなら、「友達からじっくり」始めたほうがいいでしょう。急に距離を縮めていくと、相手が驚いて、警戒してしまうかもしれません。

★カップルとしてどうつき合えば、うまくいく？…相手の感情線が上向きだったら、ロマンチックな場所に行くなど、デートらしいデートをどんどんするといいでしょう。

逆に、相手の感情線が下がり気味なら、そ

の人は「恋よりも仕事や趣味を優先したい」という人。「毎日でも会いたい！」と押しまくるよりも、できるだけ、相手の都合を優先してあげるようにすれば、よい関係を築くことができます。

☆

感情線も生命線と同様に、ごちゃごちゃした線より、全体的にくっきりと、きれいに入っている線が良いとされます。

きれいな線とは「太い1本がハッキリと入っている線」のこと。そんな線をもつ人は、**感情をストレートに表わす素直な人**だということができます。

いっぽう、線に網が入っていたり、切れ切れだったり、フニャフニャした線をもつ人は、**気にしやすい人**です。

「感情線の乱れは心の乱れ」――自分の手をみるときも、相手の手をみるときも、ぜひとも、この言葉を心にとめておいてください。

頭脳線の占い方

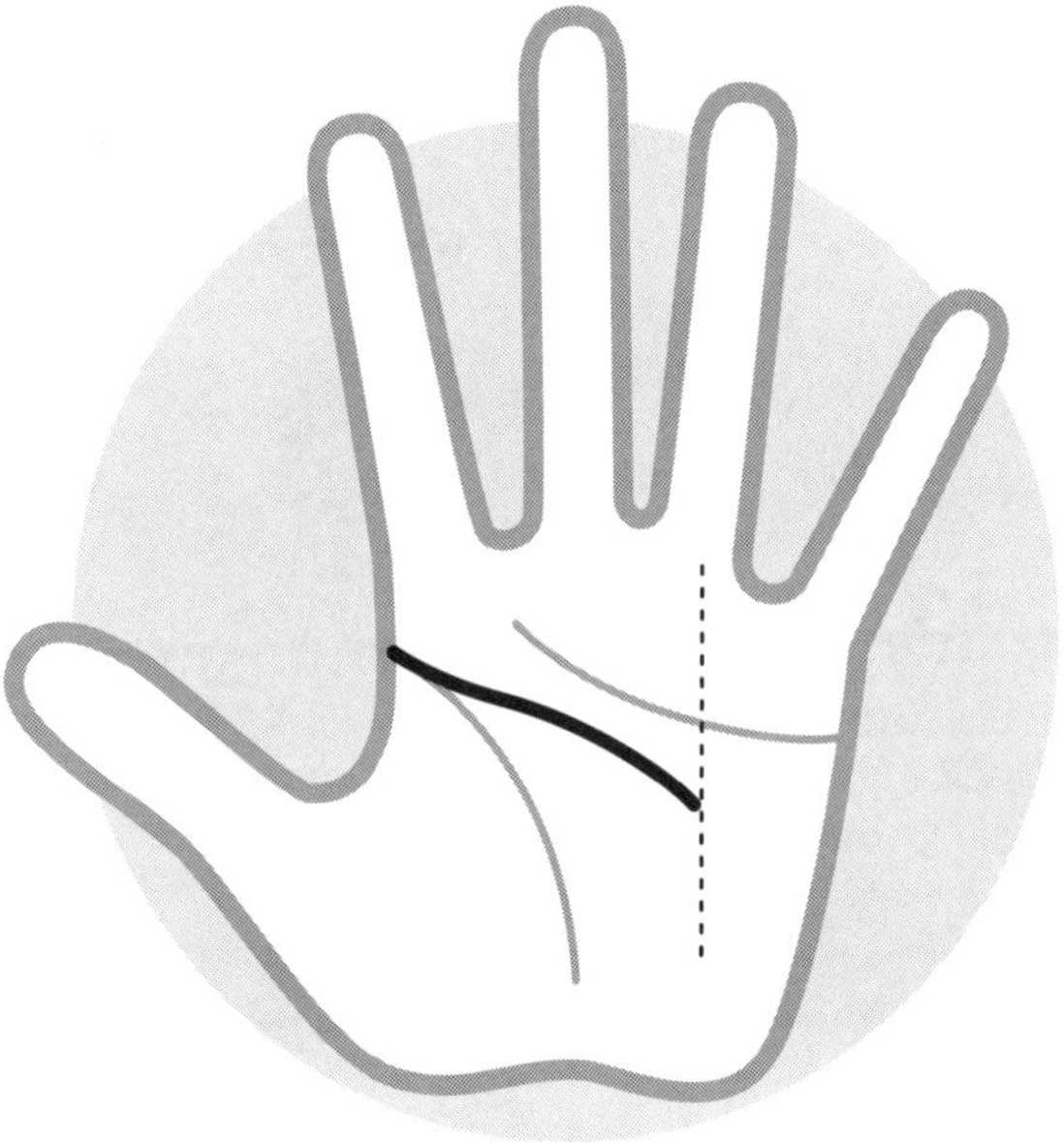

どんな線？

その人の才能や考え方、仕事の傾向がわかる線です。「思考線」や「知能線」と呼ばれることもあります。

誤解されがちなこと

誤解している人が多いのが「頭脳線が長いと頭がいい、短いとおバカ」ということ。しかし、頭脳線の長さに比例するのは「頭のよさ」ではありません。**「考える時間」に比例**するのです。

ここをチェック！

一般的な頭脳線の長さは、薬指の下あたりといわれています。

頭脳線が短い人は、考える時間が少ないので「直感型」。物事を瞬時に判断する力がありますが、その反面、思いつきで軽はずみな行動にでてしまうことも。ケアレスミスや早とちりも多いでしょうが、「裏表がない」という長所もあります。

いっぽう、**頭脳線が長い人は「熟考型」**。物事を深く、じっくり考えます。ミスは少ないですが、考えすぎてしまうあまり、決断するのに時間がかかってしまいがちです。

☆

頭脳線の長短には、それぞれ長所と短所があり、ひと言で「どちらがよい」とはいえません。

短い人は、おっちょこちょいなところがありますが、切り替えもまた早いので、くよくよせず、いつも前向きです。

長い人は、スランプから抜け出すまでに時間がかかりますが、一度抜け出してしまえば、ゴールまで一気に突っ走るパワーがあります。

雑誌の連載で、プロ野球選手の手相を多くみたことがあります。そこでわかったのは、投手には頭脳線が長い人が多く、野手には短い人が多いということ。

一流といわれる「3割バッター」でも、3回に2回は「失敗」しています。しかし、失敗後の切り替えが早いため、次の打席で結果を残せるのです。

そして投手は、過去の対戦データから、どのコースにどんな球を投げるのか、一球一球頭をひねります。まさに「熟考型」です。

試合時間の短縮のためには、投手も頭脳線が短いほうがいいかもしれませんが(笑)、ファンからすれば、投手と打者のかけひきがあるからこそ、面白いのですよね。

頭脳線が短い人がくよくよしているときは、あまりよくないサインです。もっと、自分の直感を信じたほうがうまくいきます。

逆に、頭脳線が長い人が、どんどん物事を決めているというのも、要注意のサインだと

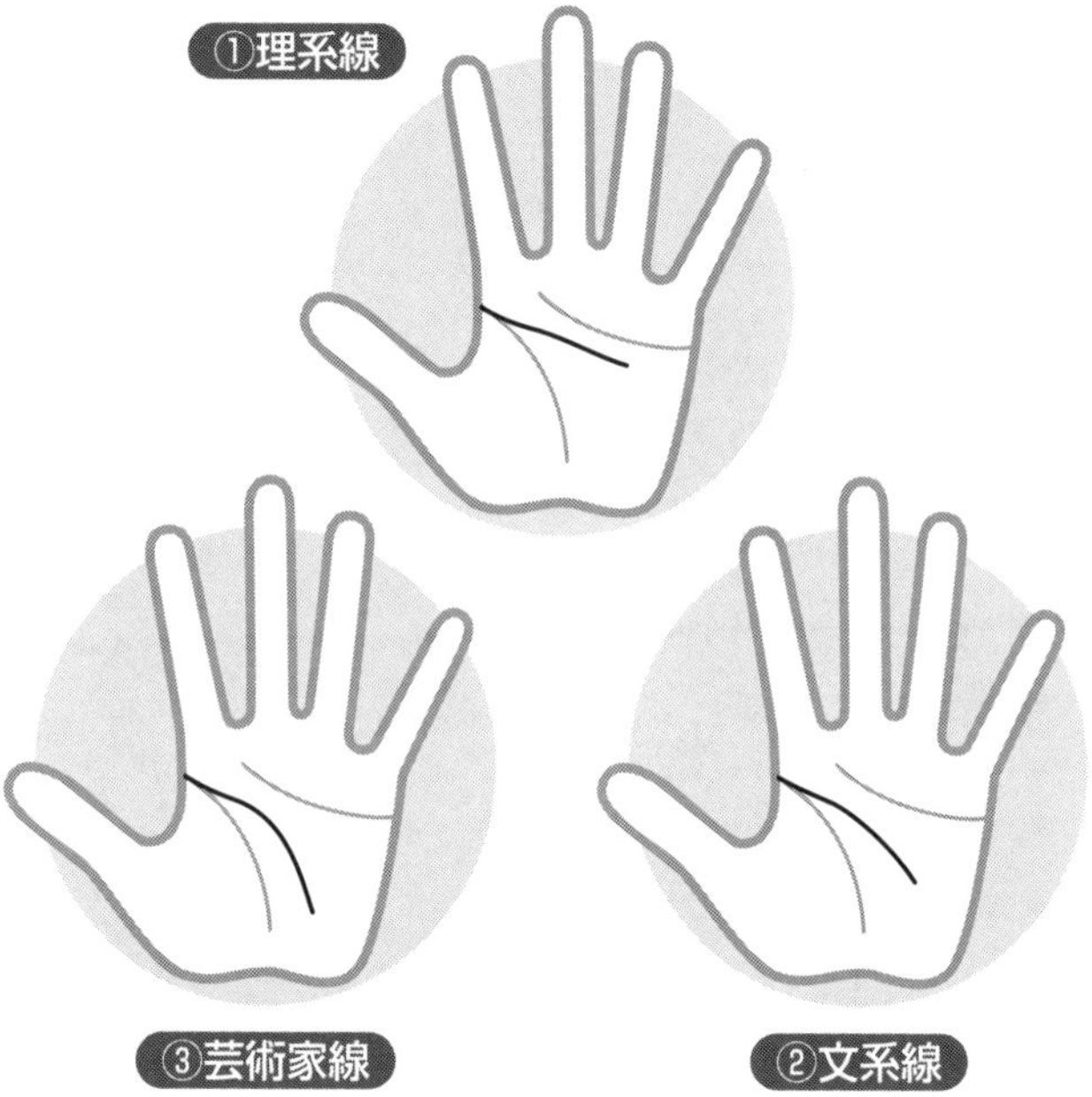

思ってください。思わぬミスにつながるかもしれません。

☆

長さとともに、角度も大きなチェックポイント。**①まっすぐのびるのか、②少し下降するのか、③急下降するのか**、この3つの角度の具合をみます。

①は理系タイプの人。「理論立てて物事を考えたい人」です。部下にいたら、物事を筋道立てて説明してあげれば、能力を発揮することでしょう。

②は文系タイプの人。理論・理屈より、ノリを大事にするので、心に訴えかけたほうがよい結果を生みます。日本人にいちばん多くみられるタイプでもあります。

③は芸術家肌の人で、②の傾向がさらに増します。天才肌ですが、線が下降していればしているほど、打たれ弱いところがあるので、とにかく褒《ほ》めて伸ばしましょう。

ますかけ線

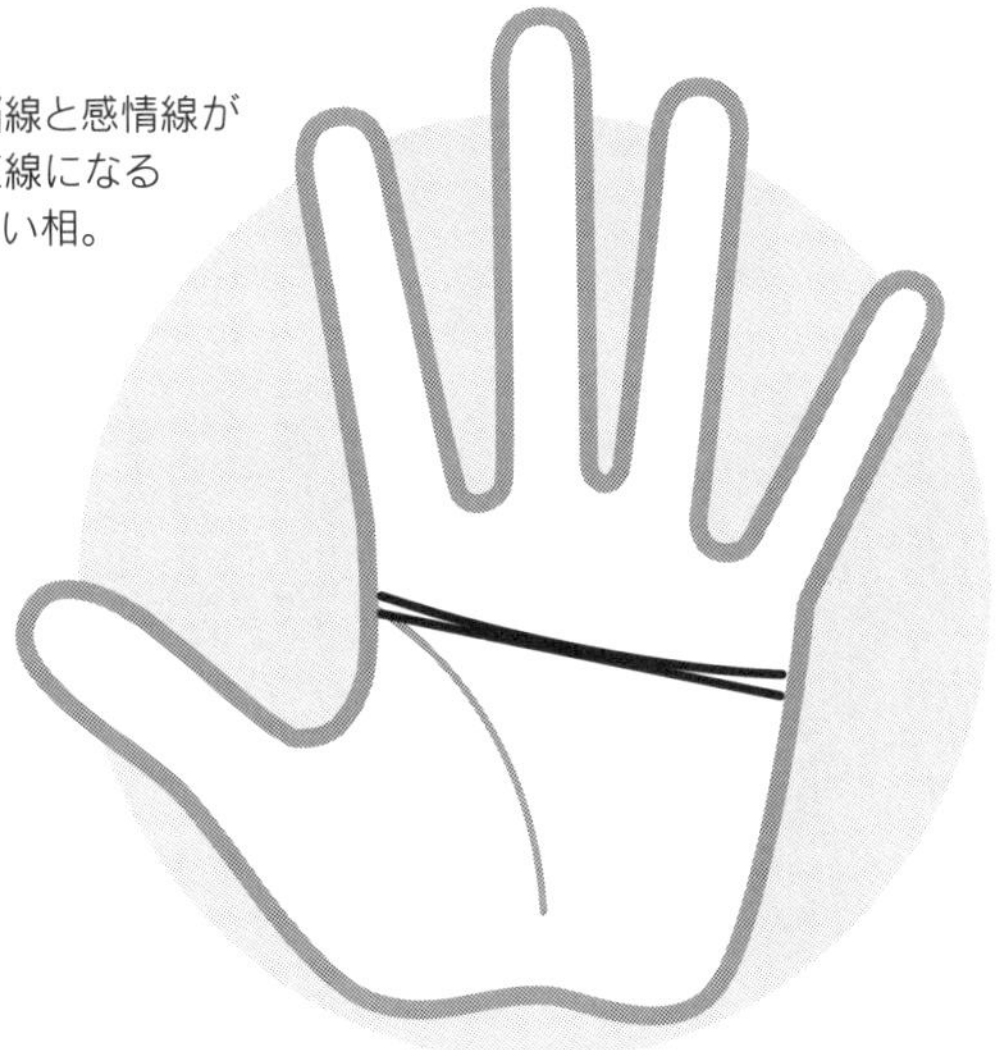

頭脳線と感情線が
一直線になる
珍しい相。

波乱万丈な人生を送るも「天下を獲れる相」!

ここまで紹介した**「生命線」「感情線」「頭脳線」の3つが「基本三線」**と呼ばれるものです。

ただし、この基本三線がない人もいます。

その相こそ、**「ますかけ線」**です。頭脳線と感情線が一本でつながっている相で、片手だけにある人は１００人に１人（「１００人づかみ」ともいいます）。両手にある人は１０００人に１人（「１０００人づかみ」ともいいます）といわれています。

☆

ますかけの語源は、手のひらにお酒を飲む「升《ます》」の角が描かれているからといわれます。指導者の資質をもっており、独特の魅力と個性、先進的な考えで人を惹《ひ》きつけます。

徳川家康にもあった線のため**「天下獲りの相」**とも言われ、大物政治家や芸能人にもこの線をもつ人が多くいます。

たとえば、渡辺謙さん、宮崎あおいさん、

この2つも「ますかけ線」

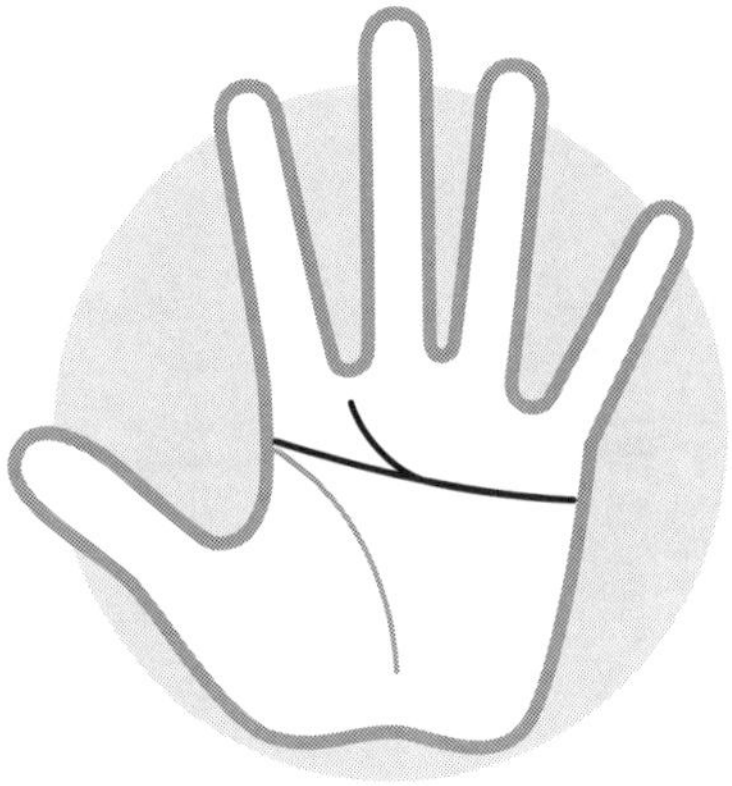

ますかけ線から
感情線が飛びだしている。

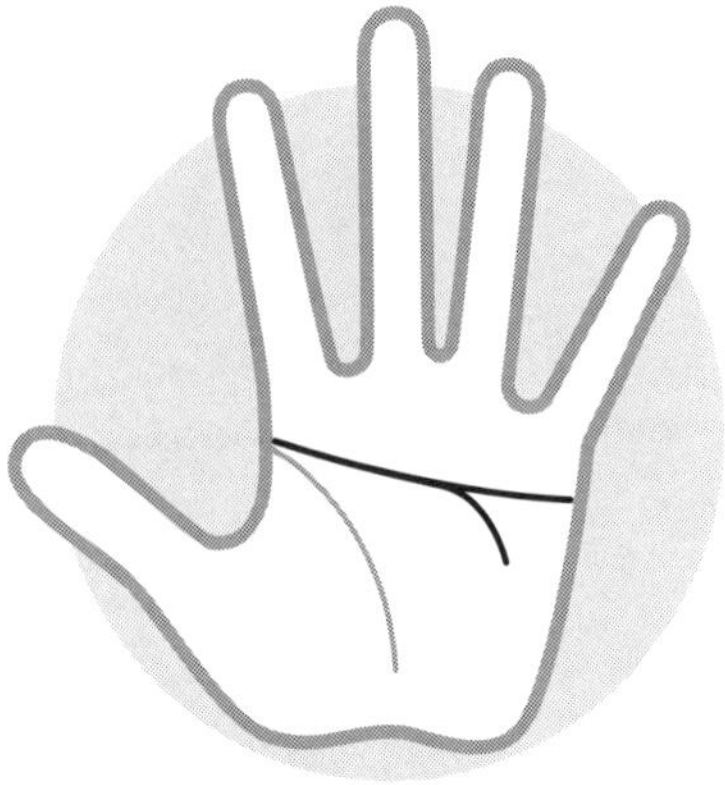

ますかけ線から
頭脳線が飛びだしている。

妻夫木《つまぶき》聡さん、福山雅治さんなど、大河ドラマの主役を演じた俳優さんも、この相がある人ばかりです。

☆

ますかけ線をもつ人は、知的で直感力にすぐれ、想像力も豊かです。「猪突猛進《ちょとつもうしん》」なイノシシのようなところもあり、向かう方向が合っているときの勢いはまさに無敵。

そのいっぽうで、運勢の浮き沈みも極めて激しく、「大成功のあとの大失敗」「大失敗のあとの大成功」というように、運気が極端に上下します。

真面目で多才な人ですが、「裏切りを許さず、頑固で意地っ張り」なところもあります。その豊かな才能によって、どの分野でも大きな成功を収めますが、頑固な性格が裏目にでてしまうと、周りから「とっつきにくい人」とか「変わり者」と思われてしまうかもしれないのでご注意を。

chapter 2

これからの「私」はどうなるの?

運命線の占い方

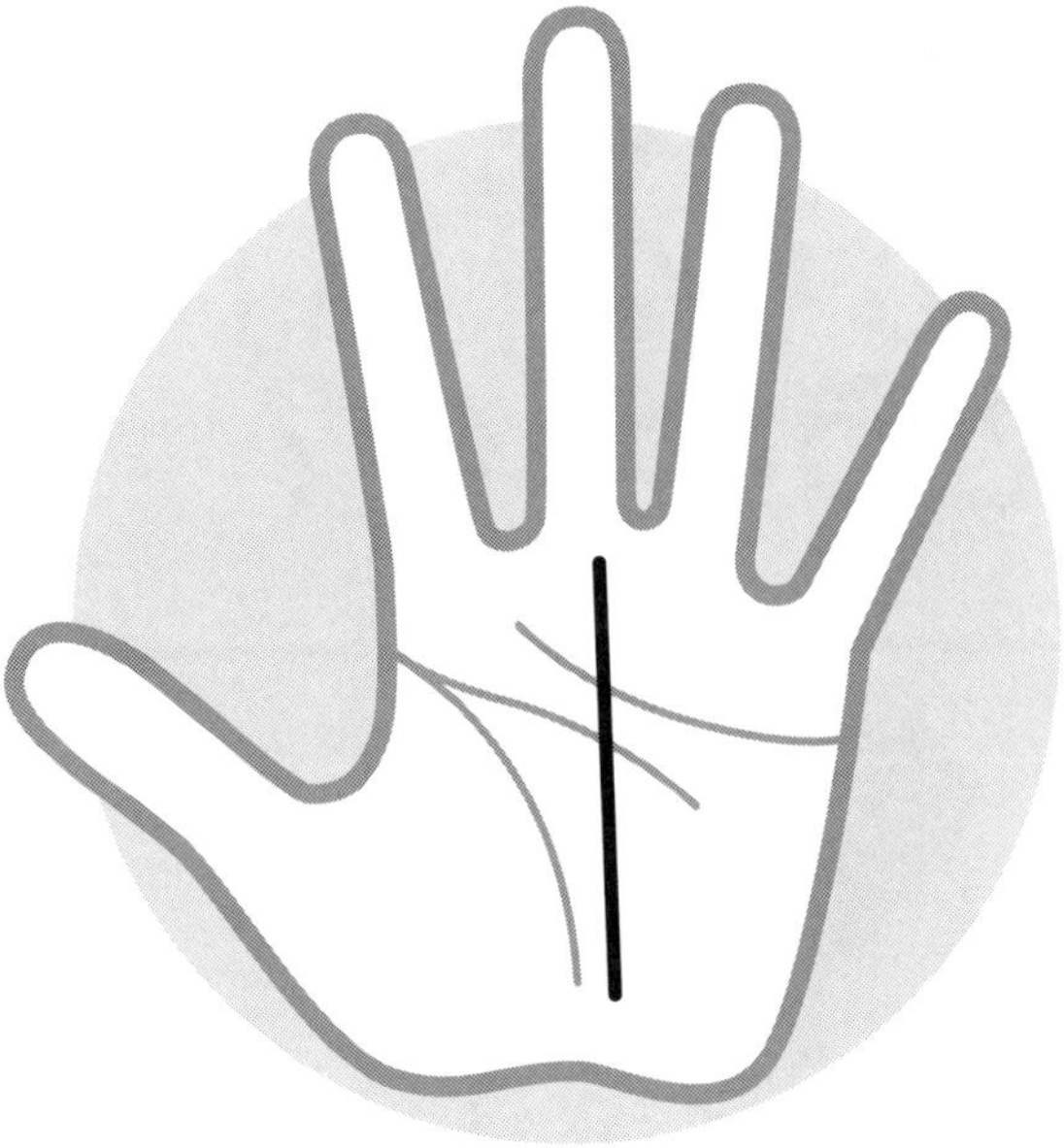

どんな線？

手のひらの中央に入る線です。「人生がこれからどのように進んでいくのか」は、この線をみれば、おおよその見当がつきます。仕事運も、この線でみることができます。

ここをチェック！

運命線は、その人の「人生の浮き沈み」を表わすといわれ、やはり、長く、強く、しっかりした線であるほどよいとされます。

同時に、**目の前にある幸運の知らせやトラブルの暗示**もこの線の上に多く現われます。どのようなサインが現われるかは、３章でくわしく解説します。

☆

運命線は、別名「成功線」とも呼ばれ、歴史上の人物では、徳川家康に長く立派な運命線があったといいます。

幼少期の家康の手には、これといった良い線がなく、また、織田家と今川家の人質になるなど、不遇な生活を送っていました。

ところが初陣《ういじん》のとき、敵の武将に切りかかられた家康は、とっさに手のひらで剣先をよけます。すると、その刀傷が偶然にも中指のあたりからまっすぐ下にのびて入り、立派な運命線ができたというのです。その後の活躍は、皆さんも歴史の教科書で読んだとおりです。あくまで言い伝えではあるのですが、もしかすると家康は「手相で天下を獲《と》った」といえるかもしれません。

☆

この家康の話を聞いたとき、じつは僕自身も半信半疑でした。

しかし、中国全土のオーディションを勝ち抜き、映画『レッドクリフ』の主題歌を歌った中国人歌手のアランさんの手相をみたときに、ビックリしました。彼女の手のひらにも、運命線のように真ん中にタテに入った大きな傷があったのです。

ウイグル地区の山奥に住んでいた彼女は、ある日、家の前の崖《がけ》からすべり落ちそうになり、思わずその場に生えていたツタのツルをつかんだといいます。そのときに入った傷なのだそうです。「運命線＝成功線」。なんだか素直にうなずける話ですね。

ただし、**自分で手のひらに傷を入れることだけはやめてください**。手は体のなかでも、とくに神経が多く通っている部分です。韓国では「手相の整形」などもありますが、そんなことをしなくても、手相は変えることができるのですから。

誤解されがちなこと

じつは、**運命線がない人もけっこういます**。しかし、「ない」からといってダメなわけではありません。

二重運命線

運命線が平行に
2本入っている

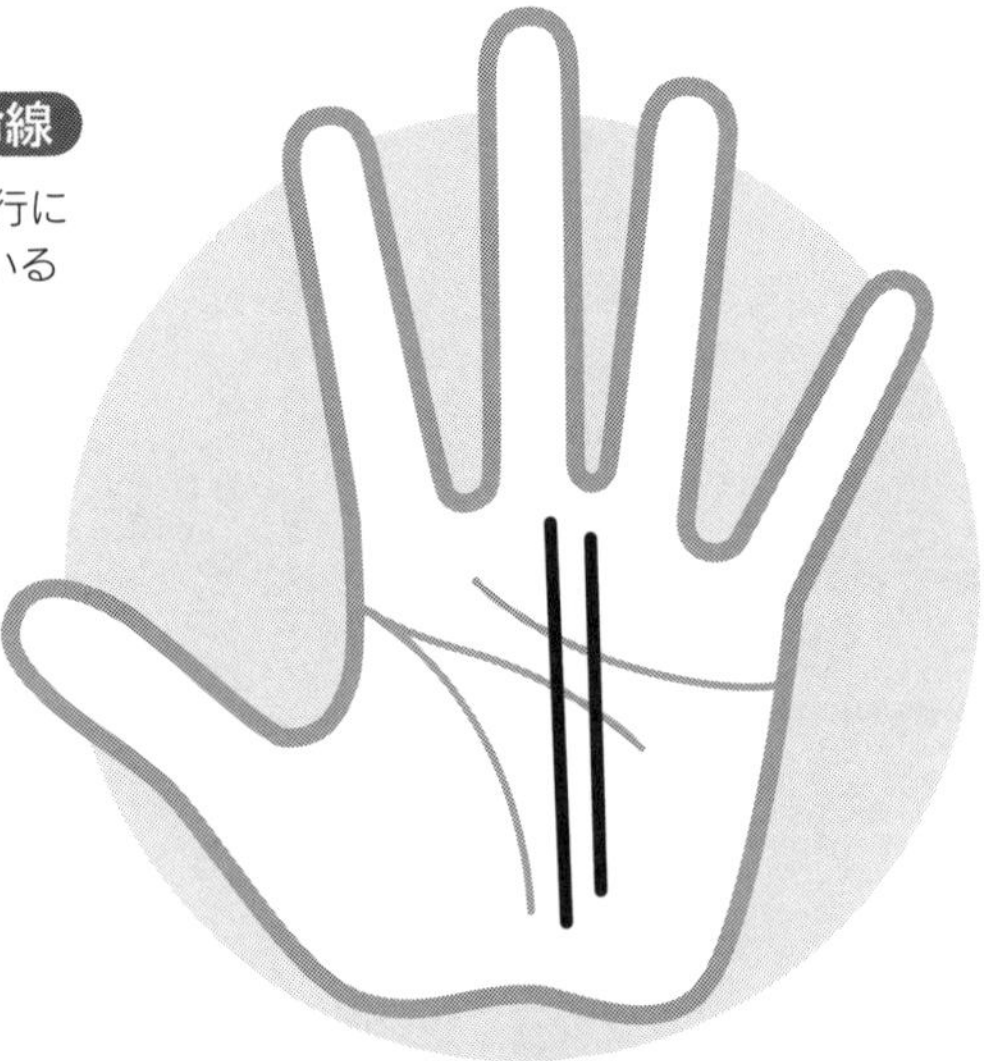

活躍の場が広がるほど チャンスが何倍にも訪れる！

運命線の強さは、自分が社会で突き進んでいく意志、荒波に立ち向かう意志、ととらえることもできます。「チャレンジ線」と言い換えてもよさそうな線です。

運命線がないという人は、たとえば組織のトップよりも、トップをサポートする立場にいるほうが力を発揮することができます。組織のナンバー2、夫を支える妻……という役回りがいいのです。

二重運命線がある人は…

運命線が2本ある人は、**底知れぬ運の持ち主**です。チャレンジ精神も2倍、社会に出て活躍する場も2か所、3か所と、どんどん広がっていきます。

芸能界では志村けんさん、観月ありささん、フィギュアスケートの浅田真央さんなど、長く、パワフルに活動をつづけている人にある線です。

金運線の占い方

長さに注目！

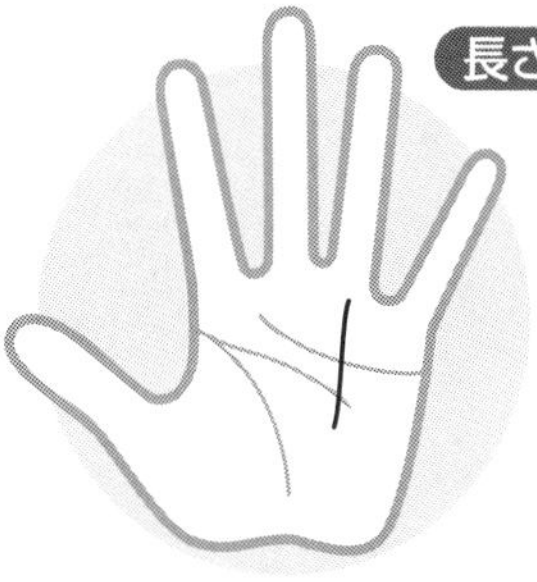

＜お金に恵まれる人＞

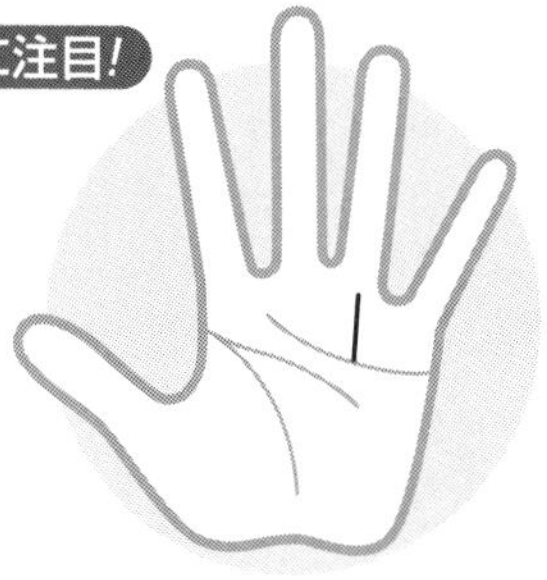

＜平均的な人＞

浪費家線

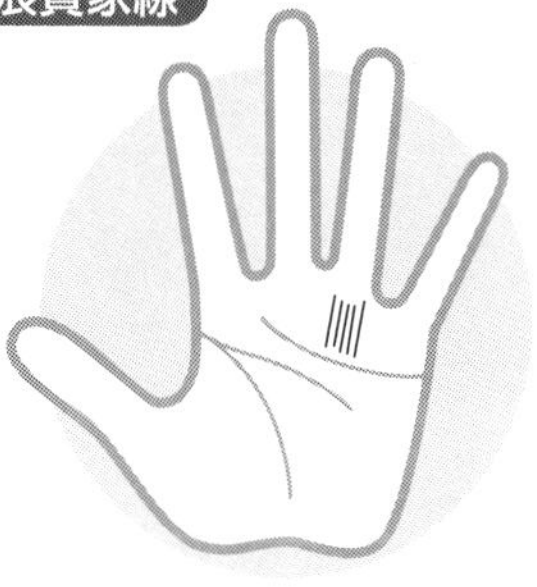

＜イマイチな人＞

どんな線？

薬指のつけ根あたりから、下に向かって縦にのびている線です。

お金を生み出す力が表われるといいます。薄くてみえにくい人もいれば、数本入っていることもあります。

ちなみに、僕がトークショーをすると、老若男女問わず、じつに９割９分の人が、この金運線について聞きたがります(笑)。

誤解されがちなこと

よくある誤解は「本数がたくさんあるほどお金持ちになれる」ということ。

じつは、本数は関係ありません。逆に**金運線が数本ある相は「浪費家線」**と呼ばれ、文字どおり浪費家の傾向がみられます。数本入っているよりも、１本の線がしっかりと入っていたほうがいいのです。

ここをチェック！

日本人の金運線の平均は、薬指の下から始まり、感情線のあたりで止まるといわれています。

この**感情線を超えるか超えないかが、ひとつのバロメーター**。これより短い人は「平均以下の金運の持ち主」ということになるかもしれません。逆に、感情線を超えていれば、平均以上、セレブの証しといえます。

ちなみに、宝くじに何度も高額当せんし、数億円を手にした「宝くじ長者」の人の金運線は、薬指のつけ根からくっきりとした濃い線がのび、なんと手首を突っ切るほどになっていました。

☆

金運線とは別に、「財運線」という線もあります。

この線は、小指のつけ根から下に向かってのびる線で、金運線の外側（小指側）からのびてきて、**線がハッキリしているほど、「将来的に財を成せる」**とされています。

では、金運線と財運線の違いはというと、金運線は「お金を生む力」、そして財運線は「そのお金を蓄《たくわ》え、ふやす能力」を表わしています。

つまり、金運線と財運線がそろってある人こそが、将来的にも安泰《あんたい》といえるわけです。

「金運線がくっきりとあるのに、財運線がない」という人は、じつは意外なほど多くいるのですが、財運線は年齢を重ねるほどハッキリとでる傾向があるので、早とちりは禁物ですよ。

☆

ちなみに、財運線における「財産」とは、お金のことだけではありません。「人」も含まれます。

さらにこの線は、もともと「健康線」と呼

「手のひらのどこがふくらんでいるか」にも注目!

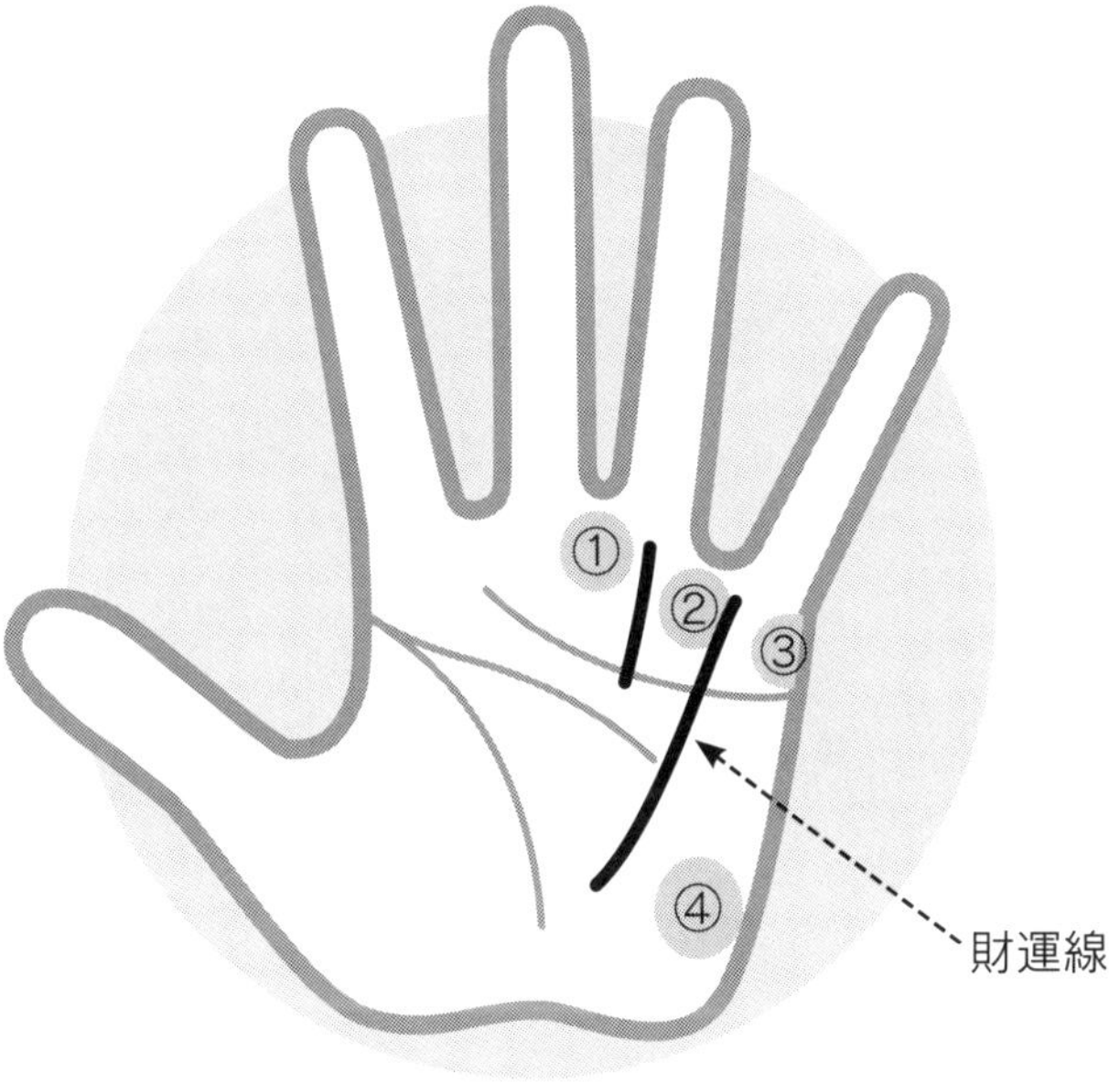

ばれていました。かつては「健康＝いちばんの財産」、そして「長生きする＝家に財産が入ってくる」とされていたからです。

そこから、「財運線」と呼ばれるようになったといわれています。

☆

手のひらの線ではなく、「手のひらのどこがふくらんでいるか?」でも、お金との縁がわかります。

①中指の下、やや薬指寄りのふくらみ＝やりくり上手で、貯金が得意。

②薬指の下、やや小指寄りのふくらみ＝金運に恵まれるが、ふくらみすぎると贅沢《ぜいたく》になりがち。

③小指の下、やや外側のふくらみ＝商才を活《い》かし、大金を得る。

④小指の下、手首寄りのふくらみ＝金銭感覚が鋭く、ギャンブルなどにも強い。

結婚線の占い方

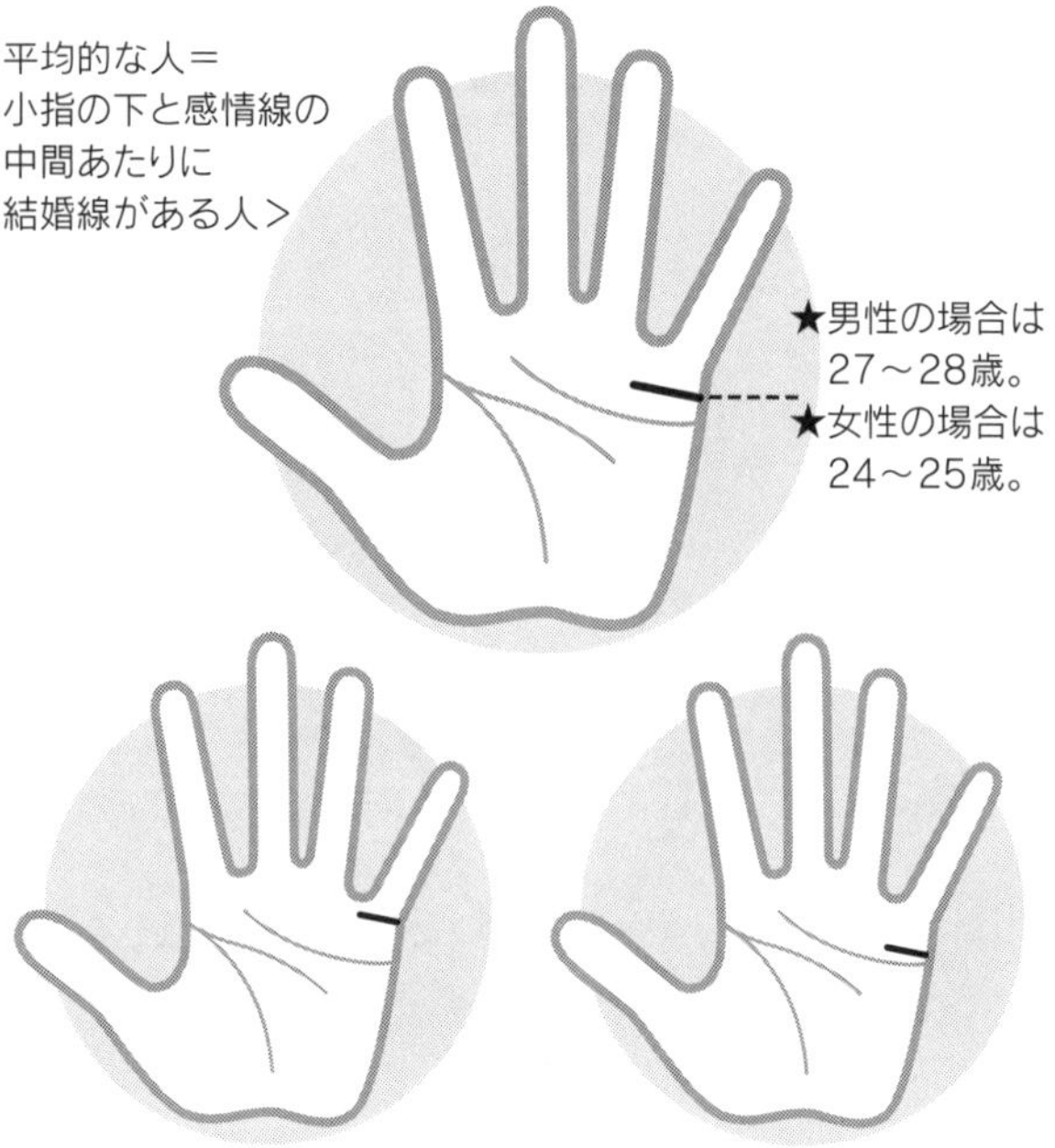

どんな線？

小指の下と感情線の間にできる線です。結婚のタイミングだけでなく、現在の結婚生活の状態についてもよくわかる線です。

誤解されがちなこと

「結婚線の本数＝結婚回数」…多くの人が誤解しているポイントです。僕も「私は結婚線が3本あるから、3回結婚するんですか？」という質問をよく受けます。

そんなことはありません。基本的に、**結婚線が複数ある場合は、一番長くて、強い（はっきりした）**線をみます。

とはいっても、理想的な結婚線というものはあります。それは「長い線がピシッと1本だけ入っている」というもの。そんな線が入っている人は、ひとりの人を愛し、生涯添《そ》い遂げる運命にあるといわれます。

ここをチェック！

結婚線は、どこに入っているかで、おおよその婚期もわかるといわれます。

小指からみて、中間あたりを目安に、結婚線がそれより下（感情線側）に刻まれている場合は「早婚」、上（小指側）に刻まれている場合は「晩婚」といわれます。

男性の場合は、その中間の目安が27歳〜28歳ぐらい。女性の場合は24歳〜25歳ぐらいと考えます。ですから、女性の場合、中間より下にあれば24歳以前、中間より上にあれば25歳以降の結婚を暗示します。

さらに、短い線がたくさん入っている場合は**「片思い線」**。自分から好きになった人と、どうしても縁遠くなってしまう傾向があります。

☆

結婚線の向きも大事なポイントです。上向きでまっすぐのびているのがよいとされています。既婚なら夫婦円満、未婚なら結婚に前向きだといえるでしょう。

いっぽう、線が下がり気味になっていたら要注意。**既婚なら夫婦での話し合いが必要な状態**といえますし、**未婚なら結婚に後ろ向きな状態**になっているといえます。

☆

この線が「結婚線」という名前になったのは、じつは昭和になってからだそうです。その前の呼び名は「根性線」。上がっている人は根性があり、下がっている人は根性がないとされていました。

長い結婚生活では、我慢を必要とする時期もあるでしょう。子どもやお互いの両親にも常に目を配らないといけません。かつて根性線と呼ばれたというのもうなずけますね。手相の名前も、時代によってどんどん変わってくるのです。

とくに「喜んでいい線」「ちょっとマズイ線」とは？

理想的な線の入り方は？

基本的には、6つの線それぞれが「強くてきれいな線」になっていることが理想です。

先にお話ししたとおり、手相は「川」を表わし、そこに入る線が「川に流れる水＝運」だとされています。

手のひらによどみなく、線がしっかり入っているということは、水、つまり「運」が障害にぶつからず、きれいに流れてくるため、自然とチャンスがつかみやすくなるというわけです。

いっぽう、線が切れ切れだったり、弱かったりする人は、障害にぶつかることで流れてくる運も散らばってしまい、チャンスをつかみにくくなってしまいます。

☆ じつは、手相は「タテ線」がよく、「ヨコ線」がよくないといわれています。

ここまで紹介したタテ線には、生命線、運命線、金運線、財運線がありますが、これらの線にまつわる悩みの多くは、病院で治療する、お金を貯めるなどといった方法で解決することができます。

いっぽう、感情線や頭脳線といったヨコ線がつかさどる感情や頭脳というものは、どれだけ満《み》たされていようと、新たな悩みがどんどんでてくるものです。

人間は悲しいかな、感情があるから、そして感情の乱れを解決しようと考えるための頭脳があるから、悩みが尽きないのです。もしかすると、この2つがなければ、人間はもっと幸せに生きていくことができるのかもしれませんね。

同じくヨコ線である結婚線も、別名「根性

線」と呼ばれるように、もともとは我慢ができるか否《いな》かがわかる線でした。

このように、手のひらにヨコ線が入るのは、人間である以上、仕方がないことなのです。

僕の知り合いの手相占い師のなかには、しっかりとしたタテ線が入るように、**手のひらを入念にマッサージしたり、寝るときにわざと手のひらにタテ線が入るようなポーズをとる**ということを実践している人がいます。これもまた、タテ線がもつ力を証明しているといえるでしょう。

運は、どのように引き寄せる？

くり返しになりますが、手相は変わっていきます。

悩んでいたり、迷っていたり、自分に自信がないときは、線が弱々しくなりますし、「自分の進む道はこれだ！」と決断できたり、悩みが消えたりすると、線の強さが上がってきます。

また、休日は積極的に外出することをおすすめします。遠出をしないといけないわけではなく、近所で買い物をしたり、ちょっと散歩するだけでもいいのです。

「運」という字は「運ぶ」という字を書きますよね。

つまり、**運を引き寄せるのは「足を運ぶこと＝行動力」**なのです。行動力が上がれば、運を引き寄せるだけでなく、自分に自信もついてきます。

そして、「自分はこういう人間で、こういうふうに生きていくのだ」という確固《かっこ》たる自信をもつことができれば、自然といい線ができ、運もつかみやすくなります。

「自分を知り、自分を信じ、自分のことを好きになり、自分をつくっていけば、自信がつき、運がつかめる」のです。

6 線以外の注目ポイントはどこ？

注目ポイント①…手のひらの厚さ

僕が手相をみるとき、最初にチェックするのは、じつは線ではありません。パッとみたときの「手のひらの厚さ」です。

肉厚な手をもっている人は「情にあつい人」。面倒見がいい親分肌です。

そんな人には、こちらから相談してみたり、甘えてみたほうが、関係を深めることができます。

では「手のひらが薄い人」は、面倒見が悪く、薄情《はくじょう》なのかというと、そういうわけではありません。

ただし **「相手よりも、自分自身に興味がある人」** といえます。

こんな人には、自分の話を聞いてもらうよりも、相手の話を聞いてあげることを重視することで、自然に関係がうまくいくようになります。

注目ポイント②…手のだし方

手のだし方も重要な要素です。

「勢いよく広げてだす人」 は、自分に自信があり、精神的にも余裕がある人です。

「閉じ気味にだす人」 は、あまり自分に自信がない人。

自信がないからこそ、どんなことを言われるのかを気にしてしまうので、おっかなびっくりだしているわけです。

そして、最近多いのが **「中指と薬指をくっつけ気味にだす人」**。これは、疲れがたまっている人です。

中指と薬指は神経がつながっています。つまり、疲れているあまり、指を離すこと自体をおっくうがっているわけです。

あなたは、どのように手をだしていますか?

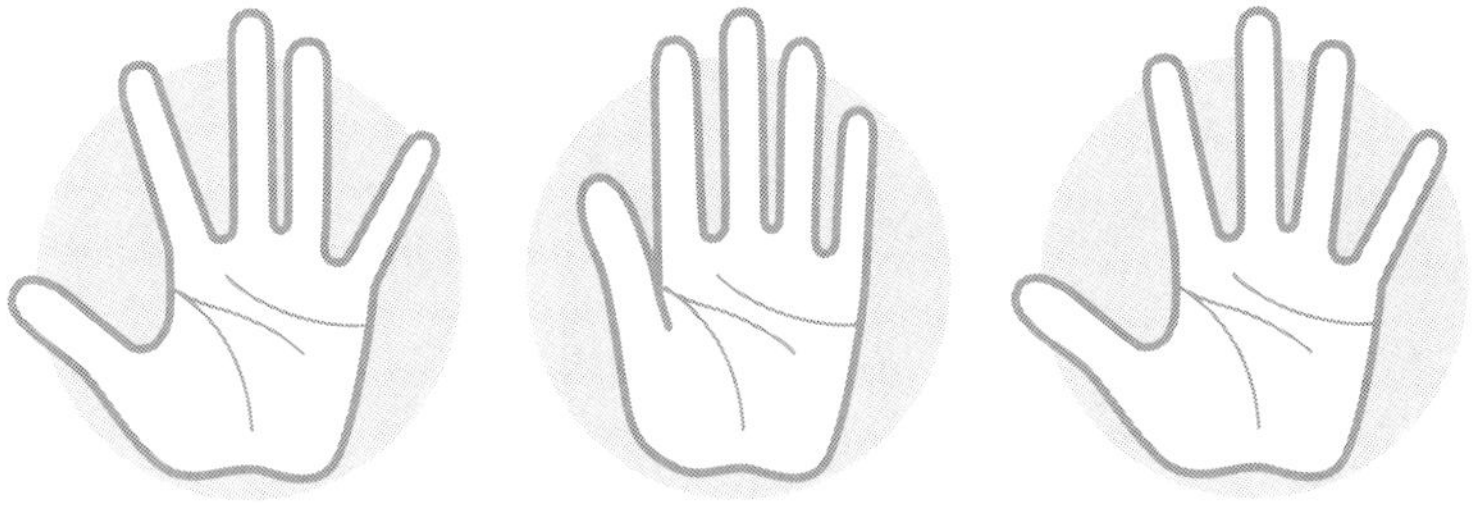

中指と薬指を
くっつけ気味に
だす人
↓
疲れがかなり
たまってます…。

指を閉じ気味に
だす人
↓
自分に自信なし。
警戒心が強い。

勢いよく広げて
だす人
↓
自分に自信あり。
余裕もあり。

注目ポイント③…手のやわらかさ

「手のやわらかさ」もチェックします。

じつは、握手したとき、**手がやわらかければやわらかいほど、金運がある**といわれます。

板のように平べったくてカチンコチンの手より、やわらかくて弾力《だんりょく》のある手に、お金は自然と吸い寄せられていくらしいのです。芸能界でいうと、秋元康さんの手は、まるでゴムまりのようにボヨンボヨンでした。

自分の手も、どんどんマッサージしてやわらかくすれば金運がアップしますし、ビジネスでも、手がやわらかい人をパートナーや取引先として選べば、チャンスが広がることでしょう。

女性もたくさんの男性と握手をしてみてはいかがですか？　そのなかで、いちばん手がやわらかい男性をつかまえることができたら、玉の輿《こし》に乗れるチャンスかも。

注目ポイント④…指の長さ

「指の長さ」も意外なポイントです。

「人さし指と薬指のどちらが長いかで、男性的か女性的かがわかる」という話を聞いたことはないでしょうか？

人さし指のほうが長い人は「女性的」、薬指のほうが長い人は「男性的」だといわれています。女性で薬指が長い人は、どちらかというと〝じゃじゃ馬〟的な性格の人が多いようです。

ちなみに、メンタリストのＤａｉｇｏ氏によると、「お母さんのお腹のなかにいるときに、男性ホルモンと女性ホルモンのどちらを多く浴びているかによって指の長さが変わる」という説もあるようです。

注目ポイント⑤…オーラ

手相占いをはじめてからこれまで、何万人もの手のひらをみてきました。

これだけたくさんの人をみていると、みた瞬間の第一印象というか、手から放たれるパワーやオーラのようなものがわかるようになってきました。

芸能界でも、いまノッている人や、明るい人の手相はずっとみていることができます。しかし、**何かに悩んでいる人や、迷いが生じている人の手相は、長い時間みることができない**のです。

何というか、手が「つらさ」を訴えているように感じてしまうのです……。

☆

ここまで、線以外のチェックポイントをお話ししましたが、一般の人がみるうえでわかりやすいのは、やはり「線」でしょう。

とくに線の数が多いか少ないか、濃いか薄いかは、すぐにチェックできるはずです。

「線の数は、心のアンテナの数に比例する」

といいます。

多い人は感受性豊かな人（でも、気にしやすく、考えこみやすい人）、**少ない人はシンプルに物事を考えられる人**（でも、ガサツになりやすい人）、**シワシワな人は精神的に不安定になりやすい人**だといわれます。

濃さ薄さについては、すでにお話ししたとおり、基本的には濃いほうがいいとされています。

薄い人は「自分自身がまだしっかり確立されていない」「悩みや迷いの中にいる」人です。とくに若い女性には、線が薄い人が意外なほど多くいます。

ただし、濃ければ濃いほどよいとは言い切れないところもあります。

線が濃い人は、ひと言でいうと「頑固で自分を曲げない人」。意地っ張りな面もあるので、周りの人からは、ちょっと変わった人というようにみられてしまうことがあります。

いっぽう、薄い人は悩みこそ多いものの、「柔軟性がある人」ともいえます。

自分の線の特徴を知ることは「自分を知ること」。ぜひ、自分をよく知って、人生を切りひらいていってください。

6つの線を、これからの人生にどう活かすべき？

手相は「自分の取扱説明書」

手相からは、自分を知ることができます。いうなれば**「世界に1つしかない、自分の取扱説明書」**。「自分はこういう人間なんですよ」ということを教えてくれる、すぐれたツールなのです。

そんな便利な道具を使わない手はないですよね。

「手相日記」のススメ

少し前に「レコーディングダイエット」というダイエット法が話題になりました。毎日、自分が食べたものを記録していくだけで、自然とダイエットができるというものです。

もちろん、それだけでやせられるわけではないですから、記録することで自分の体重や体調を無意識のうちに、きちんと管理できるようになったのだと思います。

そこで、僕からも提案があるのです。ぜひ「手相日記」をつけてみてはいかがでしょうか。

携帯電話のカメラで手のひらの写真をとったり、コピー機で手のひらを写したり、手帳に気になったことを記してみたり……つづけられる方法なら、記録の仕方はなんでもかまいません。

たとえば、「仕事を頑張って、出世するぞ！」と決意したら、その時点の手相を記録しておきましょう。

仕事と深いかかわりがあるのは金運線です。もし、3か月後に金運線の長さがのびていたら、その頑張り方が間違いではなかった、ということです。

もし、逆に短くなっていたら、そのやり方が間違っていたということになりますから、ちょっと立ち止まって冷静になり、新たな策を考えるとよいでしょう。

このように、**記録をとることで、手相の変化をすぐにキャッチする**ことができます。

仕事を頑張りたいときなら金運線を、上司が部下のことを知りたいなら、向上心や仕事へのやる気がわかるベンチャー線を中心にチェックするといいでしょう。結婚線なら、線の向きが上下のどちら側に向いているかで、結婚生活における自分の吉兆《きっちょう》がわかります。

まず、「自分はどうなりたいか」という目標をもち、その目標にかかわる線をみつけて、記録していく。そして、その過程で自分は精いっぱい努力することがもっとも大切です。

また、記録をつけるということは、**日々の自分や、これまでの生き方を見つめ直すきっかけ**にもなります。

「手相を自分の人生に活かす」ということは、人生を変えるきっかけづくりだともいえるのです。

手相で、人生は変えられます！

手相からは、自分自身の長所や弱点もみえてきます。

手をみていたら「あっ！　ベンチャー線がでてきた！　自分はダメな人間だと思っていたけれど、今、自分はヤル気に満ちあふれているんだ！」とポジティブになれるでしょう。

結婚線が下がっていたら、「もっと奥さんのことを考えて、家族のことを大事にしよう」とか、結婚していない人は「そろそろ自分も幸せをつかむために動かないといけないな」と考える……手相から、自分が進むべき道を見出《みいだ》し、小さくてもいいので一歩を踏み出してみることです。

実行してから3か月後に、線が濃くなっていたり、線の向きが上昇していたら、そのやり方は間違いではなかったということ。

いっぽう、サボってしまったら、せっかくの良い線も薄くなったり、のびが止まってしまったり、縮んでしまうことさえあります。

自分が目標とする手相の線になるよう、日々努力を積み重ねていくことが大事なのです。

☆

ここまで基本の6線についてみてきました。「手相は変わる」と何度もお話ししてきましたが、漫然《まんぜん》とチェックしているだけでは変わらないこともまた、理解していただけたと思います。

目標を立て、日々記録をとっておき、3か月に一度、じっくりチェックしてみましょう。「3か月に一度、チェックする」を習慣にすれば、変化していくのが楽しみになるだけでなく、自分を冷静に、客観的に振り返るための〝反省会〟にもなってくれます。

ときには、「頑張ったのに、良い線がでてこない」なんてこともあるかもしれませんが、そこであきらめてしまうのは、本当にもった

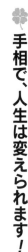

いないこと。

もしかすると、良い線がもう少しで出てくるのかもしれません。**手相の線にだって〝生みの苦しみ〟はある**のです。

☆

「相手の手の内を知る」「手の内をみせない」「先手」「後手」「手当てする」「お手合わせ」など、手にまつわる格言や言葉はたくさんあります。

そう考えてみると、昔の人は「すべては手の中にある」ということがわかっていたのかも？　なんてことを考えます。

また、握手はお互いの手と手を握り合わせます。お寺や神社でする合掌《がっしょう》は、みずからの手と手を合わせます。

日本だけではありません。外国にも手と手を合わせるハイタッチがあります。手のひらというものは、とかく不思議な存在なのです。

手相も人生も、みんなつながっています。


ですから、何かが変われば、芋づる式によくなっていくのも人生。何か悪いものをほうっておけば、どんどん悪くなっていくのもまた、人生です。

というわけで、ぜひ、自分の手相を、奮起《ふんき》したり、自分を見つめ直すきっかけにしていただきたいのです。

「未来は自分の手の中にある」といいますが、僕もその通りだと思います。

手相というのは「生きていくための道具」。これからの人生を活かすために、手相を有効に使ってみませんか？

手相面白話

僕のご先祖も「占い師」なんです！

僕は、長野県長野市の生まれです。長野県といえば、真田《さなだ》氏。今、大河ドラマの『真田丸』で盛り上がっています。

じつは僕のご先祖さま、真田家と深いかかわりがあるんです。

島田家の家系図をたどっていくと、初代は島田太郎兵衛《たろべえ》さんという方になります。

この太郎兵衛さんは、『真田丸』の主役・真田幸村に仕えていました。太郎兵衛さんのお役目は「太鼓《たいこ》もち」。太鼓もちと聞くと、いまでは上司などにおべっかばかりを使う、ちょっと調子のいい人、というイメージがあると思いますが、当時は意味合いが違っていました。

それは、**「大将の横で命令を聞き、いち早く太鼓を鳴らして陣形などを伝える」**役。さらには、**「その日の天気や風向きなどについて相談される」**ことも多かったようです。

天気について相談された太郎兵衛さんは、「天気がこう変わりそうだから、このように戦ってはいかがですか？」などと進言していたのでしょう。

僕の実家には、太郎兵衛さんをはじめとしたご先祖の肖像画の掛け軸があるのですが、たしかに、初代から3代目まで、その姿は皆、本を読んでいたり、脇に本が置いてあったりしています。

不思議に思っていましたが、この話をきいて、「なるほど！」と思いました。

ちなみに、このご先祖さまの話、僕が手相占いを始めてしばらくたったころに、母親が話してくれました。それまで、太郎兵衛さんのお役目の話を聞いたことがなかったので、とても驚いたことを覚えています。

天気や戦術を占う役割をしていた太郎兵衛さん。時代は流れて、僕も占いをやっています。自分でも、不思議な縁だと思います。いつか、太郎兵衛さんについて、じっくり調べてみたいですね。

chapter 3

吉兆サイン・不吉線を見逃さないで！

流年法であなたの運命がみえる！

流年法のみかた

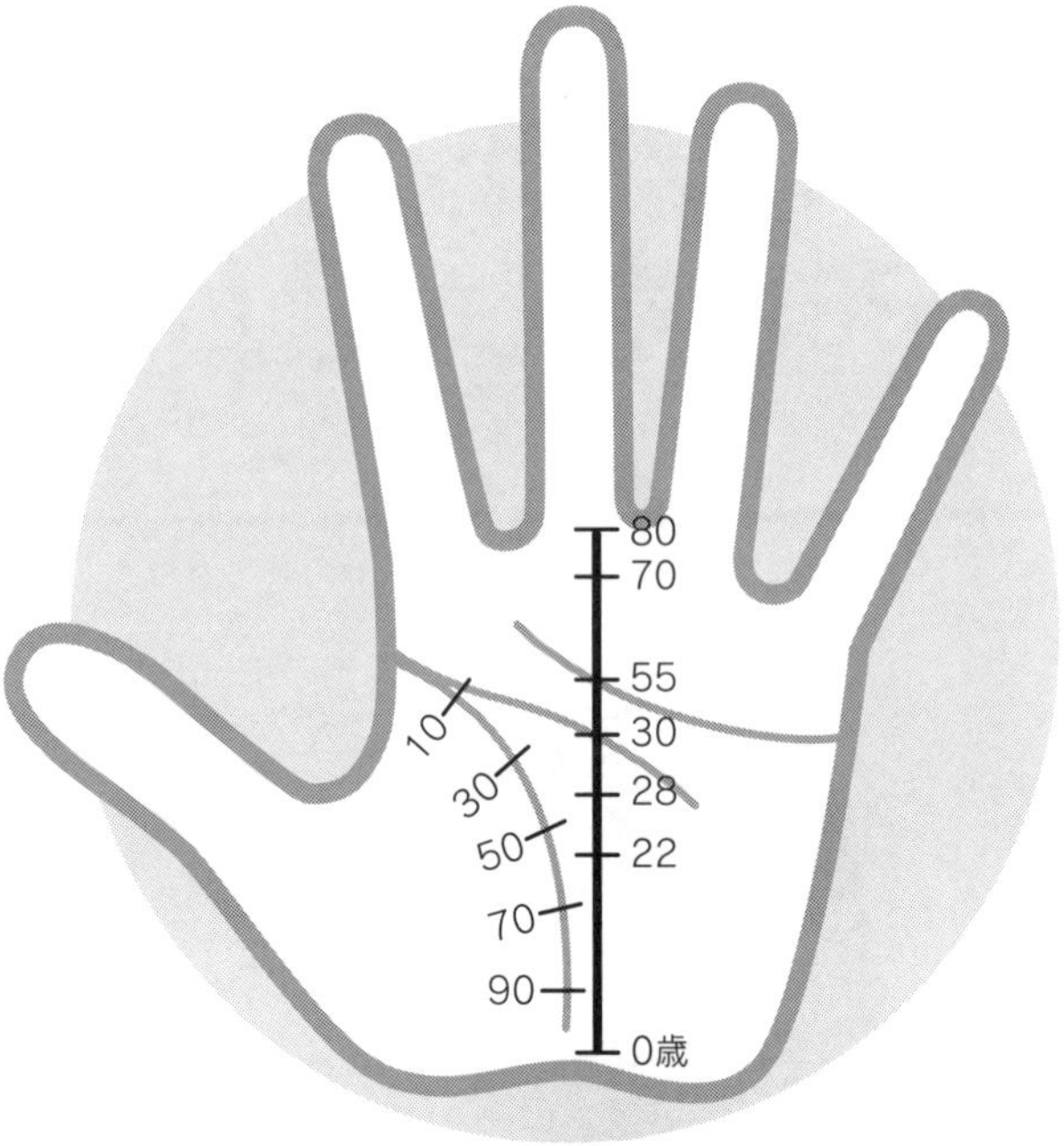

人生の大転換期や障害が いつ頃起きるかがわかる！

手相では、運命線や生命線などに他の線やマークが交差すると、大きな転換期や障害を暗示しています。

そして、**「それが人生のうちのいつ頃なのか？」をあるていど特定できるのが「流年法《りゅうねんほう》」**という手相の見方。運命線や生命線を横切る線が入る位置で、現在、過去、未来の人生を知る手がかりになります。上の図の線上に年代を刻んだので、ぜひ、参考にしてみてください。

運命線がはっきり現われない人も多いですが、「濃い人生」を送りがちな芸能人には、濃くでている人が多いです。ちなみに、生命線に刻んである年代は「寿命」ではないので注意してください。

手に現われるマークの意味

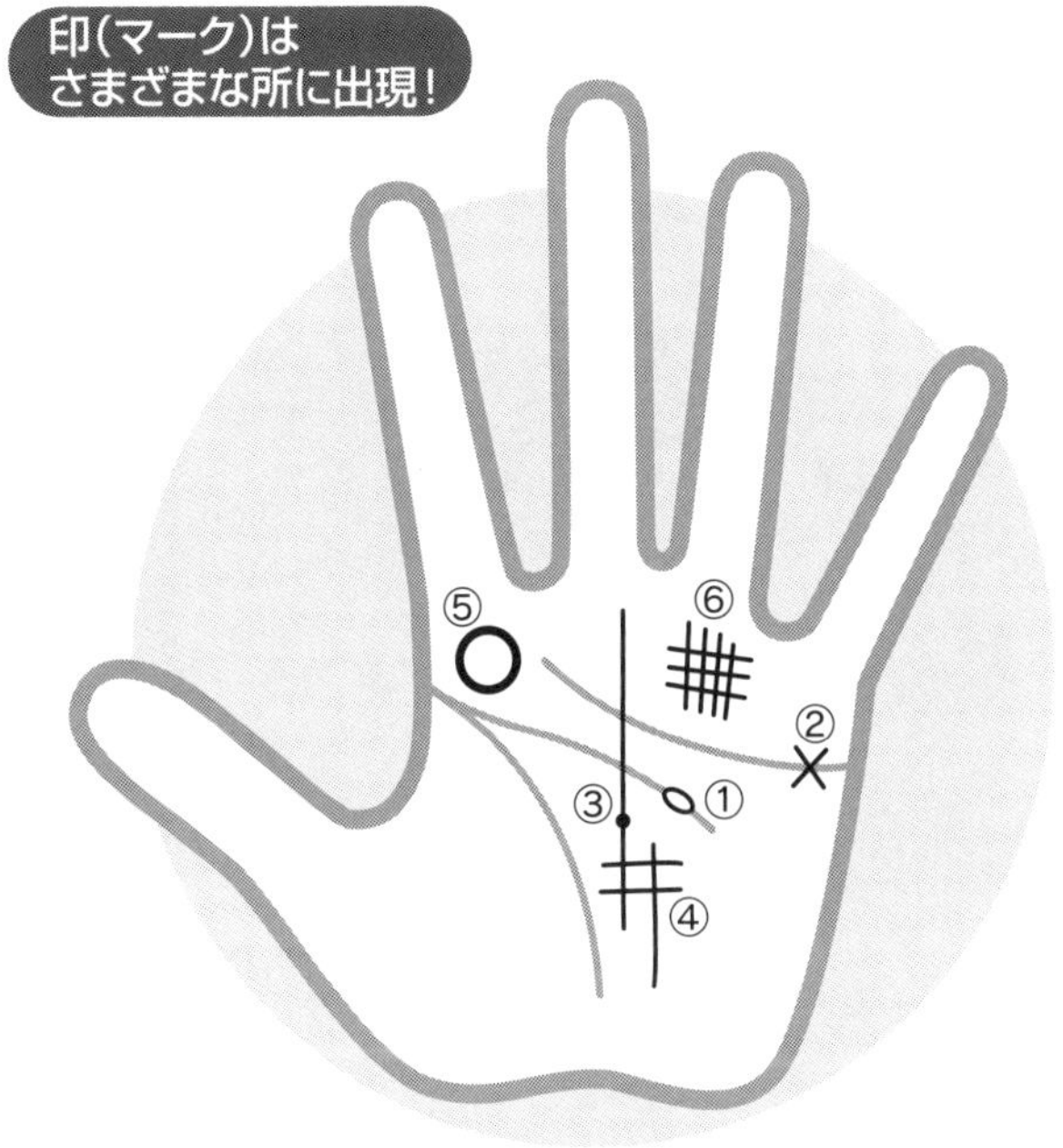

線の途中や手のひらのどこかに、印（マーク）が現われることがあります。幸運の前兆を示すときもあれば、不運の兆《きざ》しを示す場合もあります。

☆

①**島**＝さまざまな線の途中に5ミリくらいの「島」ができる状態でトラブルを暗示。

②**クロス**＝1センチくらいの×印で、さまざまな場所に出現します。外部からの思いがけない災いを暗示しています。

③**スポット（点）**＝線上にでる赤または黒の点。一時的なトラブルを暗示。

④**スクエア（四角）**＝漢字の「井」のような形。壁を乗り越える予兆。

⑤**サークル（円）**＝島よりも大きく5ミリ〜1センチていどで、その丘（70ページ参照）の意味を強める。

⑥**グリル（格子状）**＝縦横数本の短い線が集まったもので、その丘の意味を弱める。

幸運のサインをみつけよう！

スター

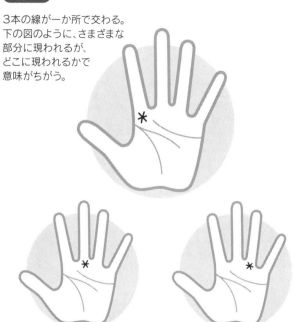

3本の線が一か所で交わる。
下の図のように、さまざまな部分に現われるが、どこに現われるかで意味がちがう。

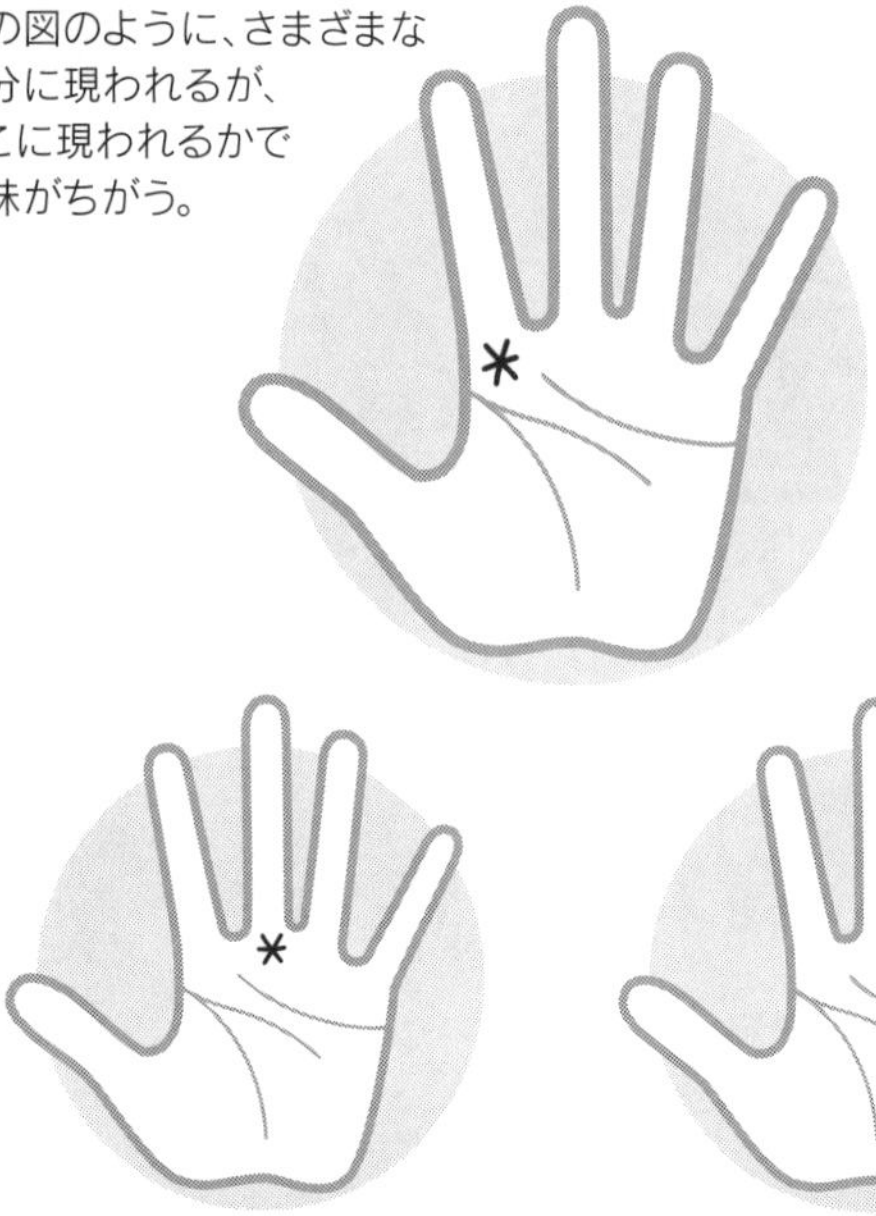

期間限定の無敵状態に突入！人生最高の瞬間を味わえます!!

先ほど、手のひらにサインやマークが現われると、大きな転換期や障害を暗示しているとお話ししました。ここでは数々ある「幸運のサイン」を紹介しましょう。

＊

★スター…手のひらに現われる一番のラッキーサイン。仕事でも、恋でも「**今なら、何をやってもうまくいく、無敵状態に突入しましたよ！**」という知らせです。

一生のうちで、数回しか現われないといわれます。さらに、2〜3週間で消えてしまうので、毎朝起きたら、まずこのサインのチェックをおすすめします。

＊

★トライアングル…やはり、大幸運の知らせです。スターの予兆と

トライアングル

3本の線が、もう少しで
一か所で交わる。
きれいな三角形は
なしていない。
さまざまな場所に
現われる。

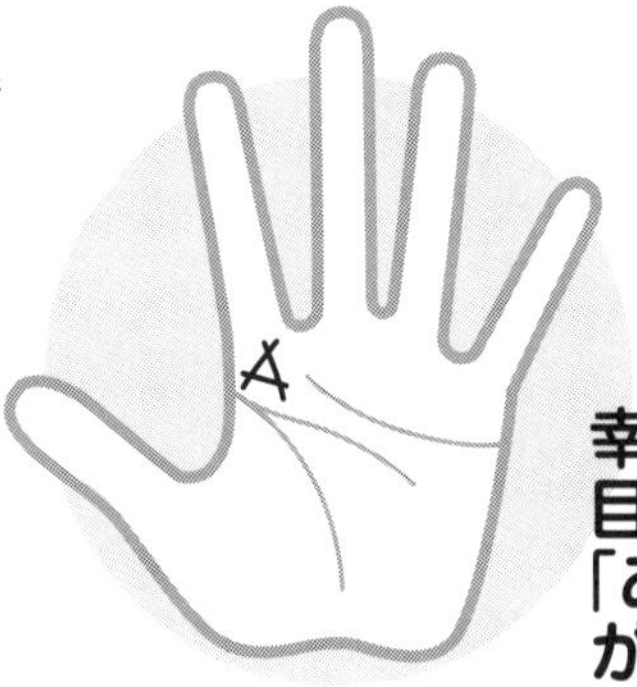

幸運はもう
目の前に!
「あなたの時代」
が到来!

ソロモンの環《わ》

人さし指のつけ根に現われる、
ゆるやかなカーブを描く線。
やや直線的な
ものもある。

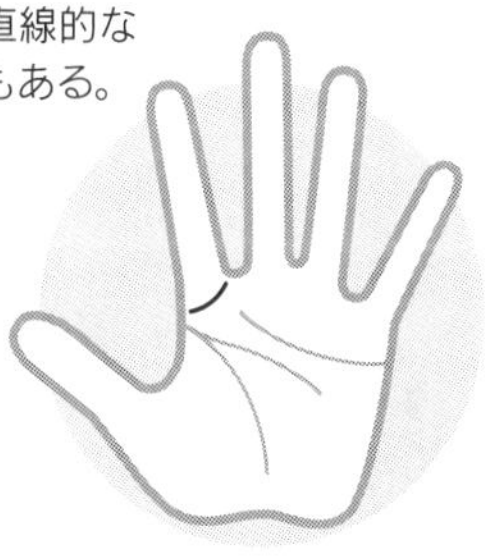

複数本あれば
神の加護が?!

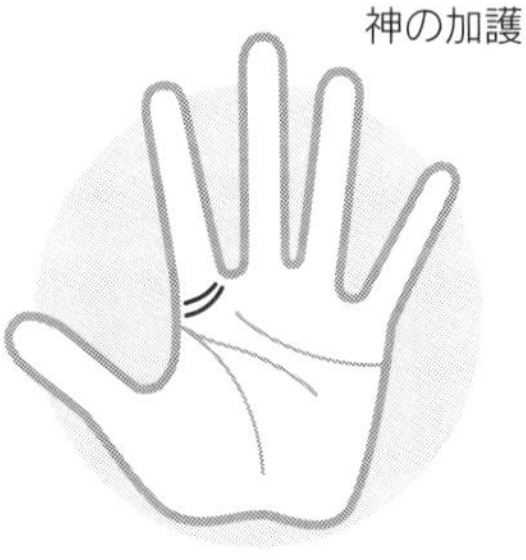

1本でもあれば幸運のサイン!
複数本あれば、怖いものなし!!

もいわれます。**決して多くはないですが、スターにくらべれば、多くの人にみられる相**です。

ただし、こちらも2~3週間で消えてしまうといわれるので、絶対に見逃さないように!

＊

★ソロモンの環…とても珍しい「幸せの象徴」の線です。旧約聖書に登場し、古代イスラエルで栄華《えいが》を極めた王「ソロモン」にあったといわれています。

結婚、出世、夢が叶《かな》うなど、近いうちに幸運が舞いこむ予兆とされています。**一本でもあれば超大吉**。複数本あれば、まさに「神のご加護《かご》を受けた」といってもいいほど、あなたを保護する力が巨大なものになります。

前途有望線

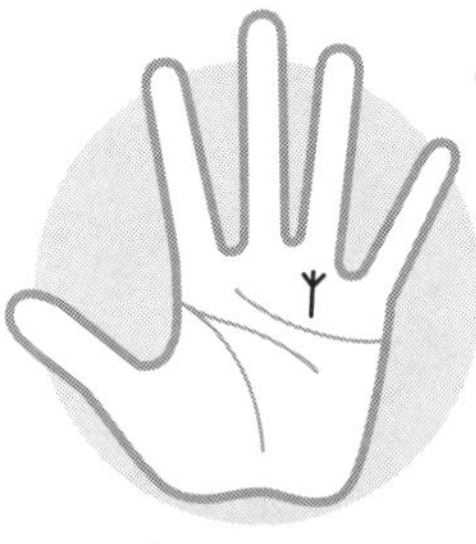

★上側の枝分かれ

努力が実ります！
未来は明るいです!!

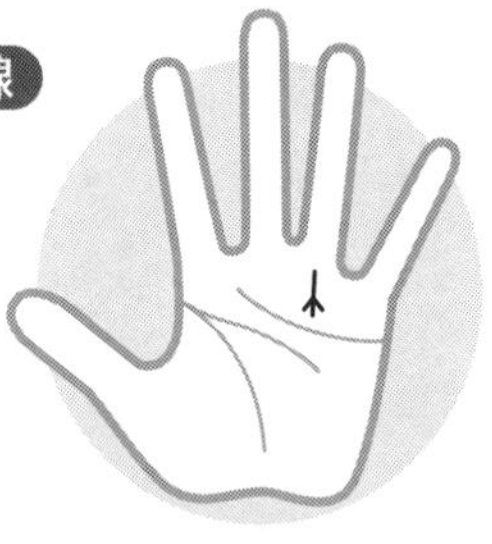

★下側の枝分かれ

頑張りが報われる！
お金が入るサイン!!

イケイケ線

多少、強引に行っても
運が味方についてくれます!!

＊

★前途有望線…努力が実を結び、大きなお金を生む予兆です。

金運線の上下が枝分かれしていますが、**下が枝分かれしているのは「お金の成る木が根を張った」**サイン。**上が枝分かれしているのは「花が開き、あなたの時代がくる」**サイン。両方とも枝分かれしているケースもあります。

＊

★イケイケ線…「冒険しても大丈夫！」というサインです。**進むか退《ひ》くか迷ったとき、このサインがでていたら「迷わずGO！」**。すぐにアクションを起こすことで、幸運が舞い降りてきます。

＊

★ブレイク線…「運気が上がる」

ブレイク線

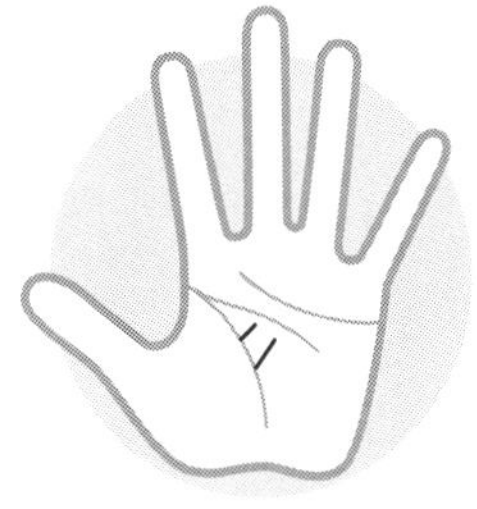

★薬指側に上がっている

**お金に関して
吉報が入る予兆が！**

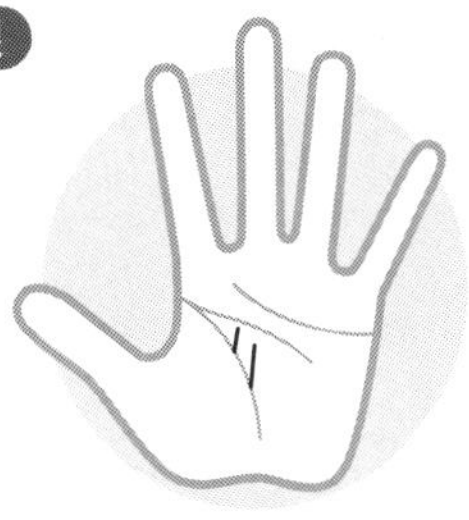

★中指側に上がっている

**人生の基盤に関して
よい変化の兆しあり！**

フィッシュ

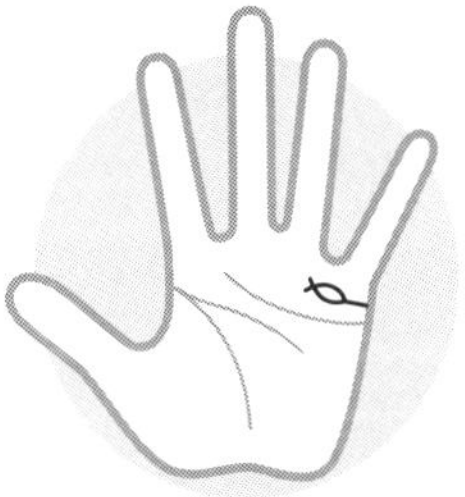

★結婚線の先

**素敵な結婚を
暗示。式場を
押さえましょう！**

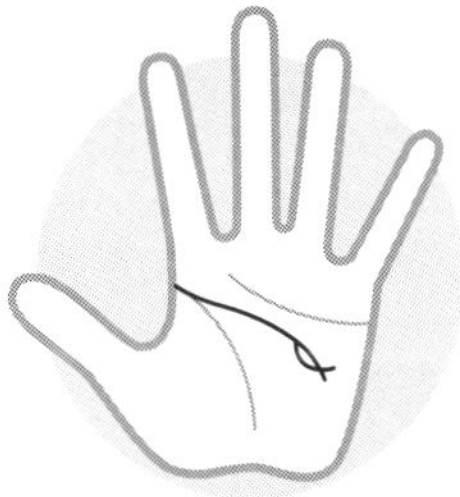

★頭脳線の先

**仕事がうまく
いく！昇進の
チャンスも!!**

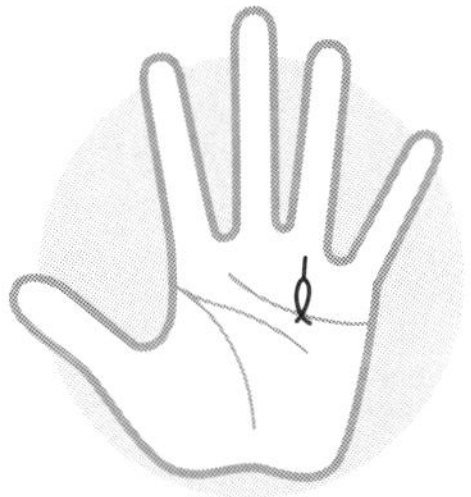

★金運線の先

**大金があなたの
手に！使い道を
考えておこう!!**

ことを知らせてくれますが、**向きによって、どの分野でブレイクするか**を教えてくれます。

●中指側に上がっている場合…恋愛や結婚、出産、昇進など、人生の基盤に関することで良い変化がありそうです。

●薬指側に上がっている場合…お金や仕事での大成功など、富に関して好転する兆しがあります。

＊

★フィッシュ…幸運の相ですが、このサインも、どの線の先に現われるかで、幸運が訪れる場面が変わります。

　金運線の先なら**大金をつかむ予兆**、頭脳線の先に現われたら**仕事の幸運**、結婚線の先なら**素敵な結婚が近い**ことを示します。

一発逆転線

線が漢字の「井」や、
音楽記号の「♯」のような
かたちになっている。
さまざまな場所に
現われる。

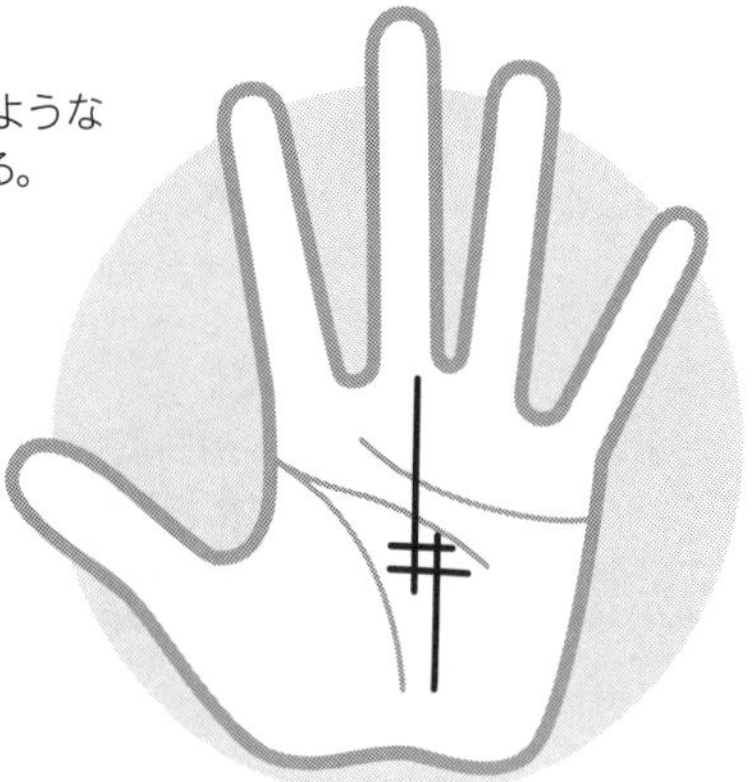

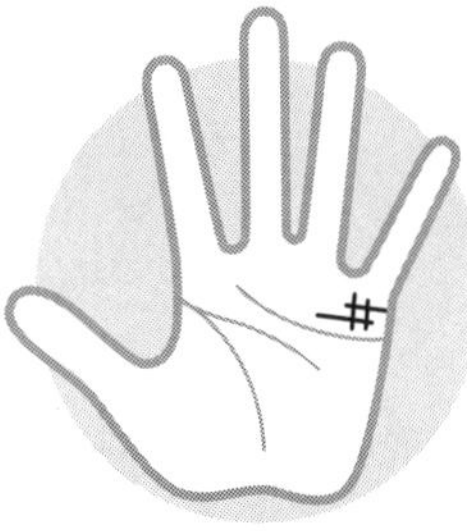

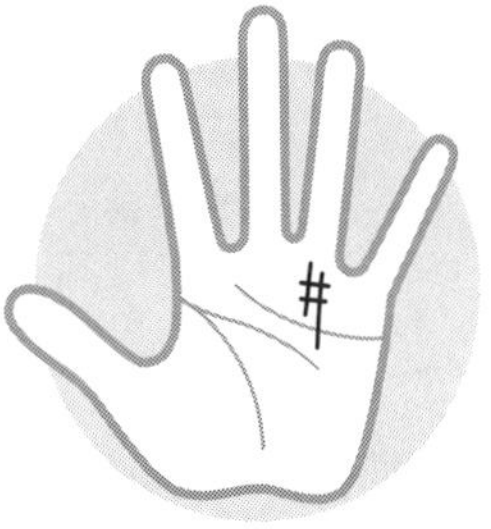

今、どん底でもあきらめないで！起死回生の逆転ホームランが近い!!

＊

★一発逆転線…「井」（スクエア）の状態になった運命線は、一発逆転のチャンスを表わしています。

この線がでた人は、**何か神がかり的な力で、今のつらい状況を逆転し、幸運をつかむ可能性大**です。

たとえば、借金で自己破産手前だったのに、莫大《ばくだい》なお金を手にして人生を挽回したりします。

＊

★勝負線（変則ますかけ線）…感情線と頭脳線をつなぐ線です。

感情（こころ）と頭脳（あたま）がひとつになって**「グッと突き進んでいく」**、**まさに人生のターニングポイント**というときに現われます。

＊

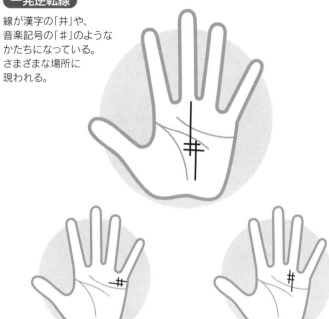

勝負線

感情線と頭脳線を
つなぐ横線。

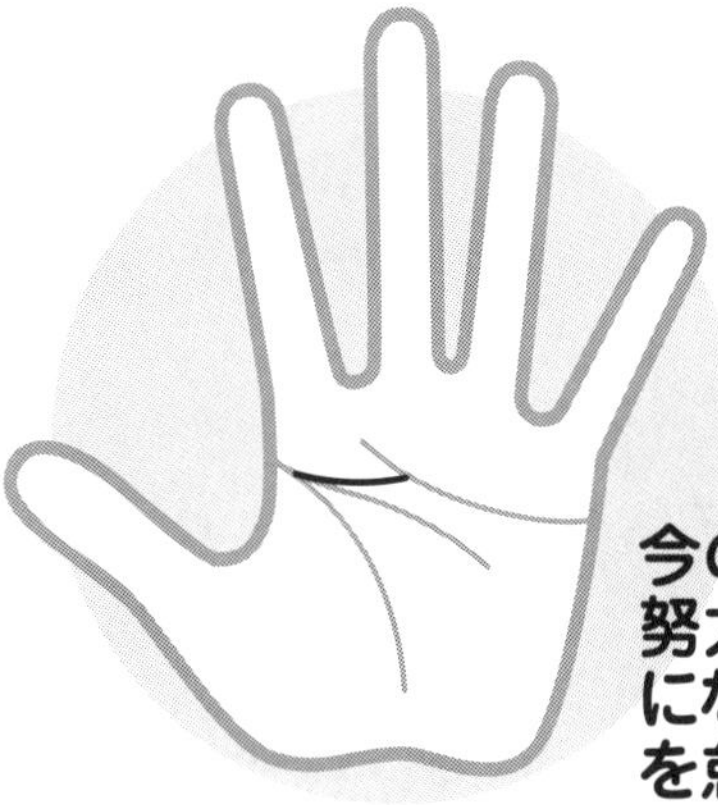
今の頑張りや
努力が未来の糧
になる！自分磨き
を怠らずに!!

ソロモンの星

頭脳線の先に
星が現われる。

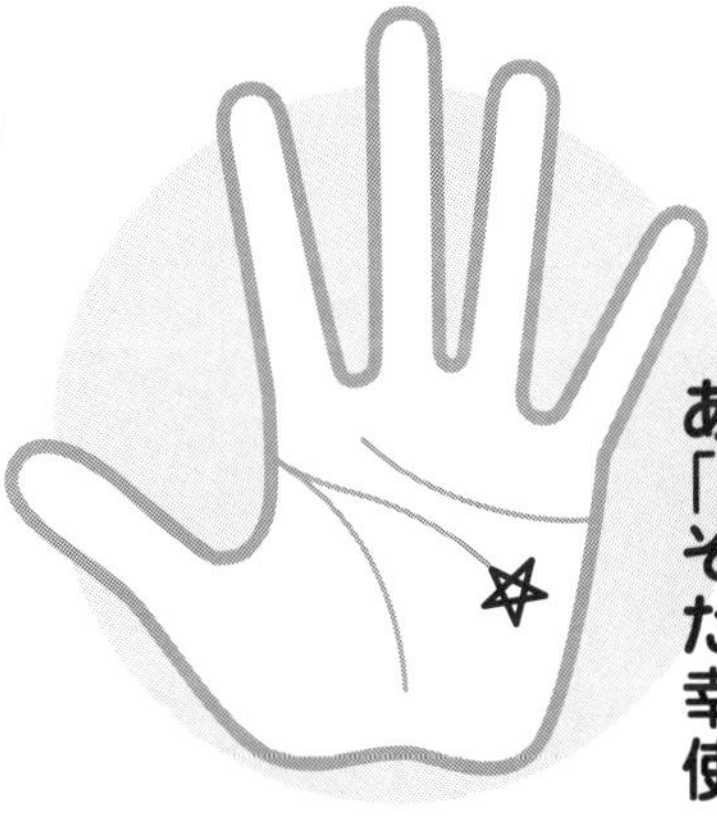
あなたは
「選ばれし人」。
そのパワーを、
たくさんの人の
幸せのために
使ってください！

★**ソロモンの星**…ごく稀《まれ》に、手のひらに星が現われる人がいます。

これまで、何万人もの手相をみてきましたが、2人しかいなかった〝奇跡のサイン〟です。

そのうちの1人は、競馬のミルコ・デムーロ騎手。ある大レースに勝利する前にこのサインがでていました。

このサインが現われた人は、「選ばれし人」。歴史を変えたり、新たな扉を開く力があります。

一生を懸《か》けた使命をもってこの世に生まれてきた人ともいえるので、ぜひ**「自分が社会を変えてみせる」という大志を抱いて生きてください**。歴史の1ページをあなたが書きかえる……そんなことも決して夢ではありませんよ。

不運のサインを見極めよう！

トラブル線・不倫線

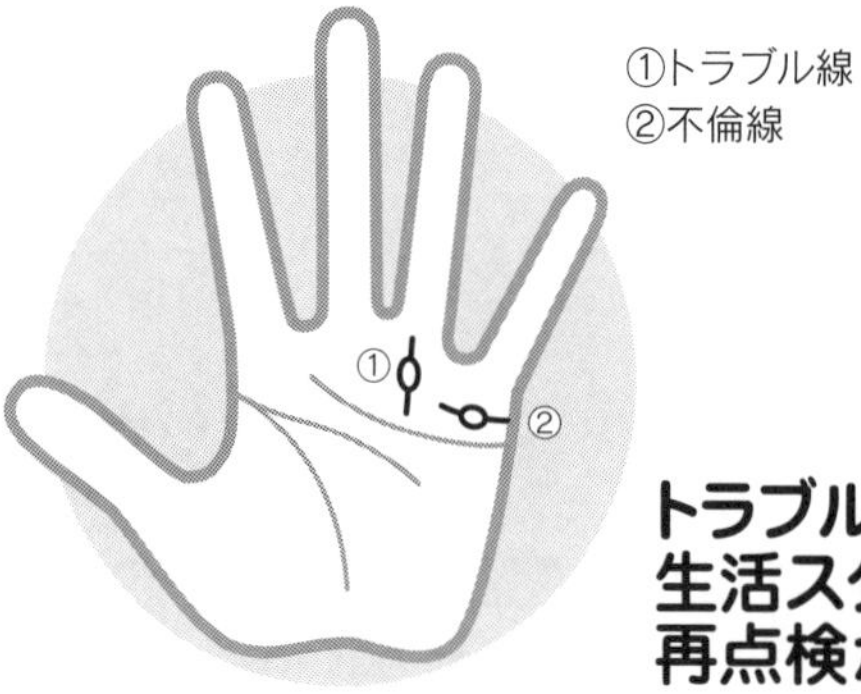

トラブルの暗示。生活スタイルの再点検が必要かも。

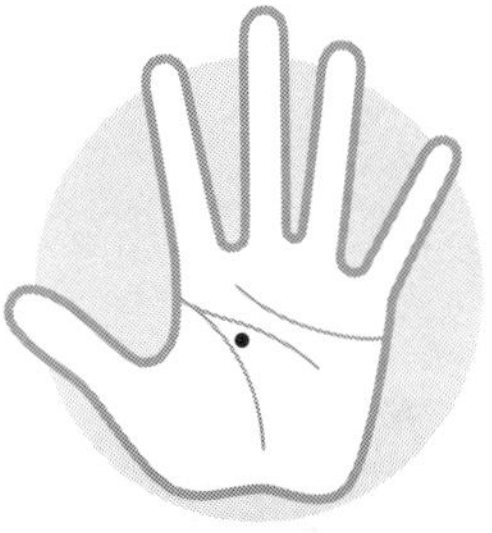

スポット

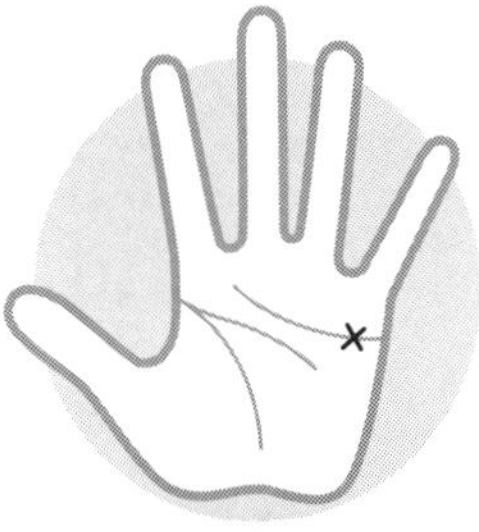

クロス

突発的な災い、予期せぬトラブルの注意報。心の準備をしておきましょう！

幸運のサインがあるということは、当然、不運の到来を暗示するサインもあります。

ただし、この線があるからといって落ちこんではいけません。**「不幸を最小限に抑えるために、心構えをしておきましょう」という啓示**だととらえてください。

基本的には、58ページでお話しした流年法でみます。ポイントはどの線に「島」や「クロス」があるか、そして、どこが切れ気味なのかということです。

＊

★トラブル線・不倫線…上の図のように**「島」が金運線上にある場合は「トラブル線」**と呼ばれ、お金のトラブルに見舞われる可能性があります。

悲しみのモノサシ線

生命線を横切る
細かい線が何本もある。

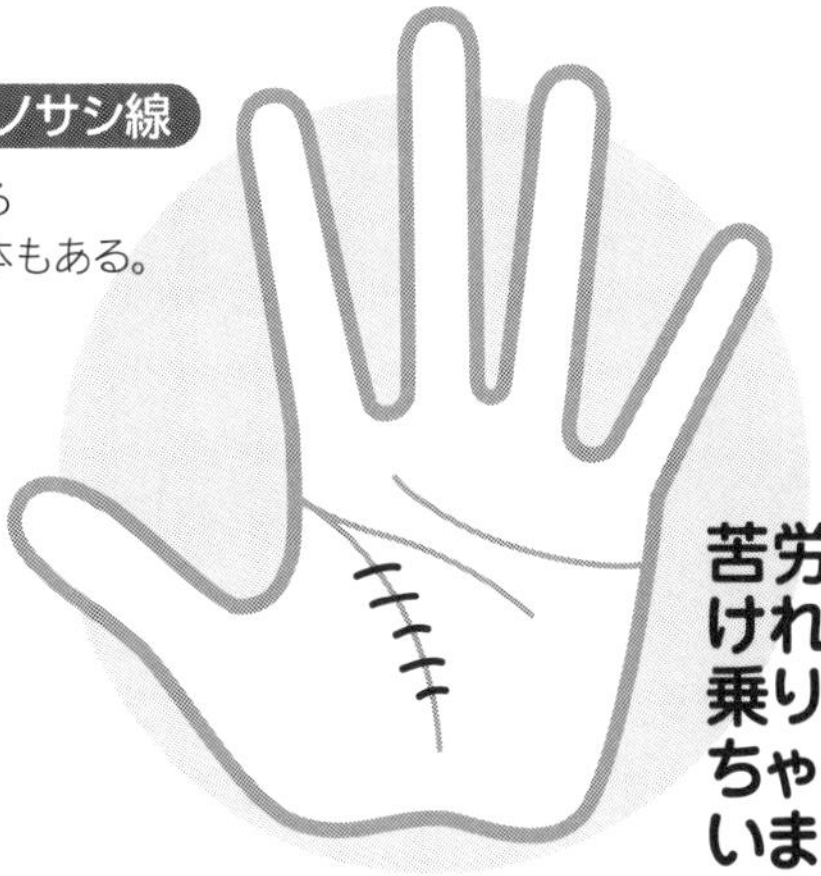

苦労は多いけれど、乗り越える力もちゃんと蓄えています！

しばらくは、大きな買い物やお金の貸し借り、株・投資、ギャンブルなどは控えたほうがいいかもしれません。支出と収入のバランスも見直す必要があるでしょう。

また、結婚線上に島があれば、パートナーや自分が不倫に走る暗示（**不倫線**と呼ばれます）。クロスやスポットも一時的なトラブルの暗示です。

＊

★悲しみのモノサシ線…人生のつらい経験が、手に刻まれてしまっています。別名**「悲傷線」**。どちらかというと女性に多い相です。

他人の痛みがわかる人なので、涙もろい一面があるいっぽう、困難に立ち向かう心も持ち合わせています。

ただし、注意すべきは、ピュアでやさしい人ゆえ「ダマされやすい」こと。金運面では、お金の貸し借りはご法度《はっと》。相手につけこまれて、なかなか返してもらえないことが多そうです。恋愛面でも、相手にふりまわされないよう、パートナー選びは慎重に。

＊

★ハードル線…**仕事とお金にかんして、壁にぶつかりそうな暗示です**。流年法によって、その時期もだいたいわかります。

頭脳線と運命線の交《まじ》わるあたりにこの線がでたら30歳ぐらい、感情線と運命線が交わるあたりなら55歳くらい、そのちょうど中間なら、42～43歳くらいというようにみます。

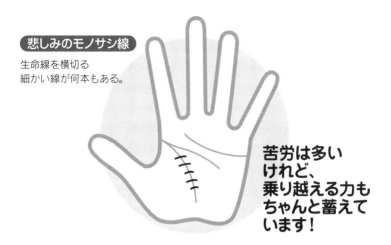

ハードル線

★感情線と運命線の交わるあたりに線がでたら、55歳ぐらいで壁にぶつかる可能性あり。

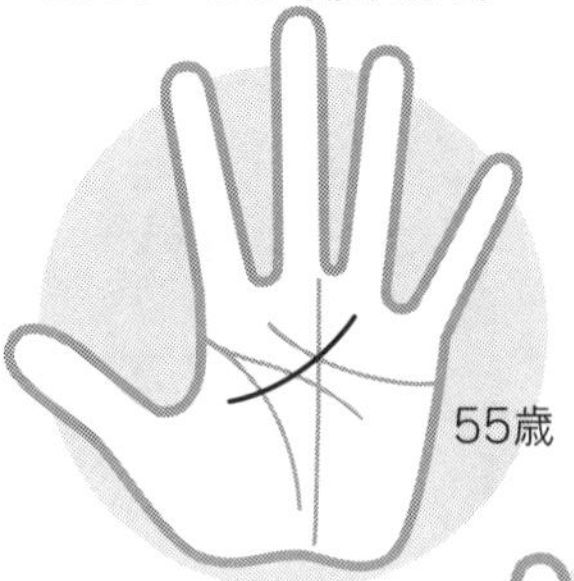

★頭脳線と運命線の交わるあたりに線がでたら、30歳ぐらいで壁にぶつかる可能性あり。

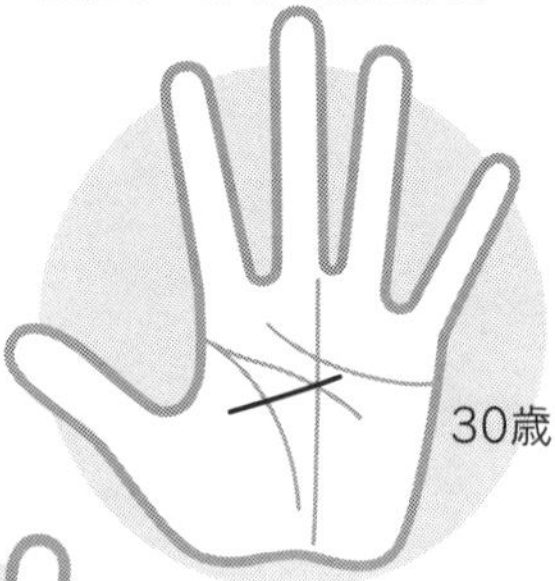

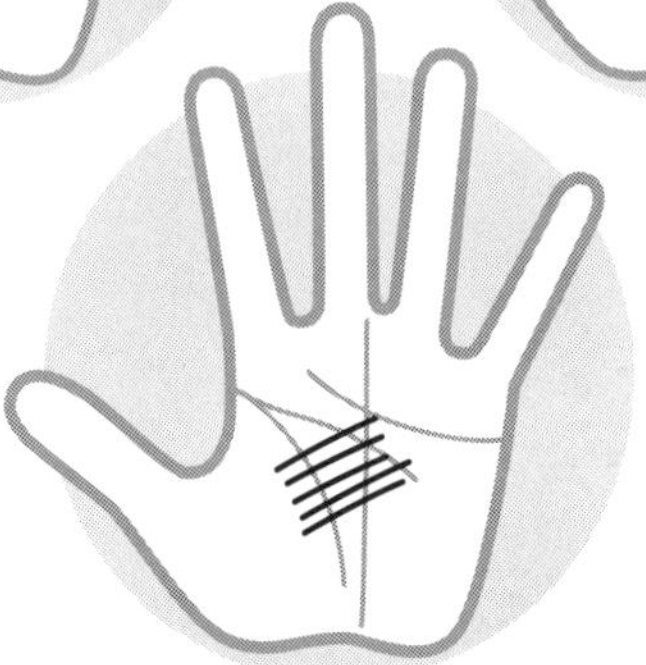

多数本刻まれているのはハードルの多さを物語る。

目の前のピンチはチャンス！ 今できることをコツコツとやるべし!!

また、たくさんの数の線が刻まれている場合は、人生におけるハードルの多さを物語っています。

＊

何万人もの手相をみていると、「みずから主張してくる手相」に出会うことがあります。

線の色が赤みを帯《お》びている、どす黒くなっている、以前より線が濃くなっているなど、みた瞬間に良くも悪くも、引きこまれそうなオーラを放つ手相です。

そこから、さまざまなことを読み取ることができます。

たとえば、結婚線が赤みを帯びていると、結婚が近いといわれています。いっぽう、線の色がドス黒くなっている、前よりフニャフニャしてきたというときは、注意

サイン。
　つまり、どの線に変化があったかによって、**ふだんなかなか気づくことができない心や体の変化がわかる**のです。
　たとえば、最近結婚した人が、「ここにヨコ線がでてきたんだよ」というので手のひらをみてみると、頑固な人にでる「あやまりま線」だったりしました。
　告白しますと、僕も年々、不思議ちゃん線が濃くなってきていきます。おそらく、自分のおっちょこちょいなところが隠しきれなくなってきているからかも（笑）……と自己分析しています。

＊

　くり返しになりますが、これらの線は「壁にぶつかるサイン」ではありますが、線が現われたといっても悲観的になってはいけません。「自分は今が頑張りどきなんだ。その壁を超えたら、きっと、今以上に成長できる」ととらえてください。

　また、「このまま調子にのっていると、痛い目にあうよ」という啓示でもあるので、線が現われたことをきっかけに、自分の生活習慣や人とのコミュニケーションを見つめ直してみることもおすすめします。

　早めに対策をとっておけば、いざトラブルに遭遇したときに、適切な対処ができ、傷を最小限にすることができるはずです。

　ぜひ、**手相が発するサインを見逃さないように**してください。

手の丘も大事な情報ゾーン

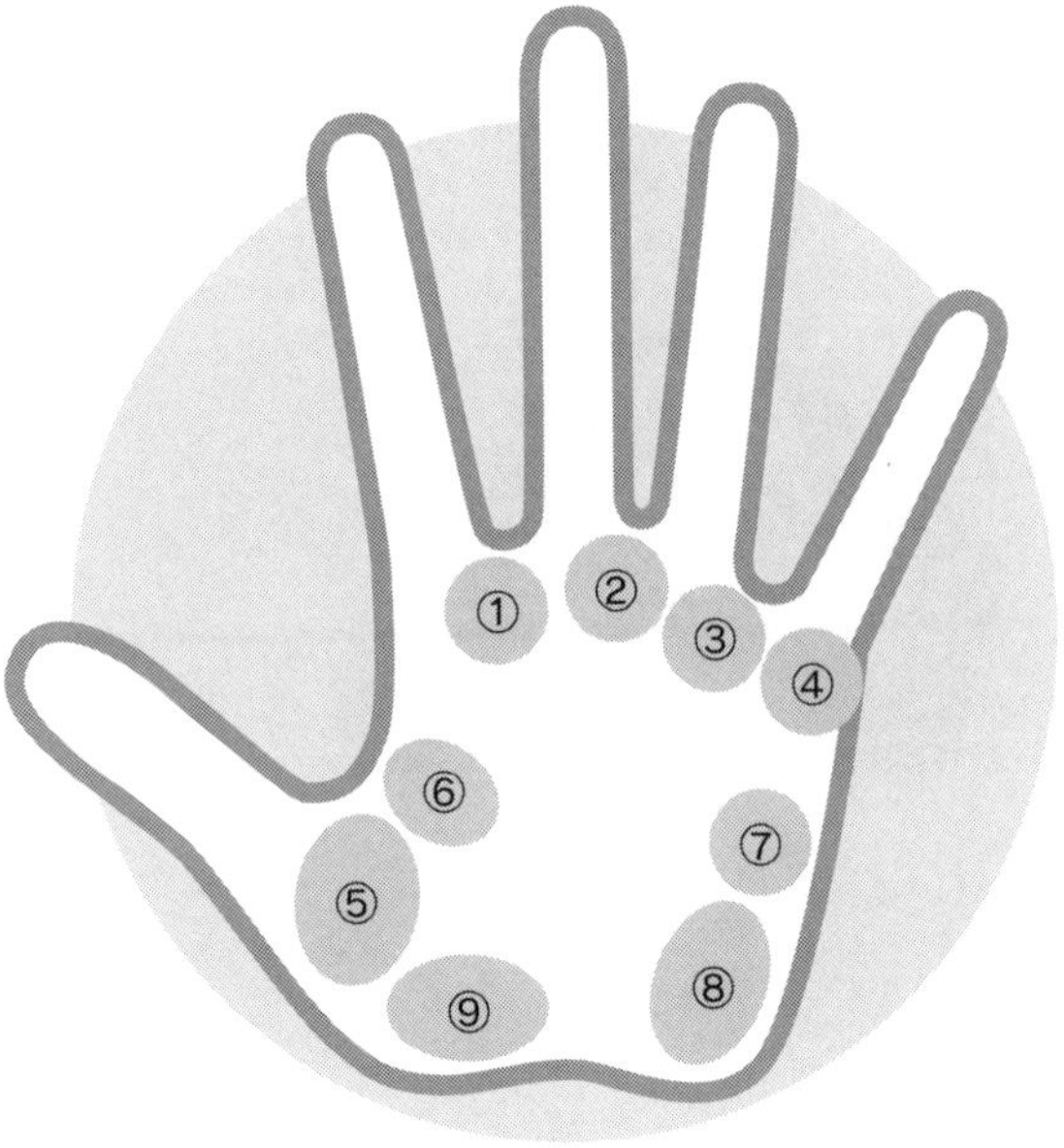

手相をよく知るには「手のどの部分から線がでているか？」「どの部分に線があるか？」も大切なポイントになります。

上の図に示したように、大きく分けて9の部分があり、それを「丘」といいます。

丘にでるタテ線はいい意味、ヨコ線や弱い線は悪い意味で現われてきます。また、その丘がふくらんでいる場合は、その意味合いが強くなります。

☆

①**木星丘**＝名誉、権力、野心。
②**土星丘**＝粘り強さ、慎重さ、探究心。
③**太陽丘**＝芸術性、アイデア、名声、金運。
④**水星丘**＝社交性、商才、知識力、分析力。
⑤**金星丘**＝生命力、スタミナ、愛情、性欲。
⑥**第一火星丘**＝積極性、行動力、攻撃性。
⑦**第二火星丘**＝精神力、自制心、正義感。
⑧**月丘**＝創造力、神秘性、芸術性。
⑨**地丘**＝家族や先祖からの恵み。

ネイルで幸運を引き寄せる！

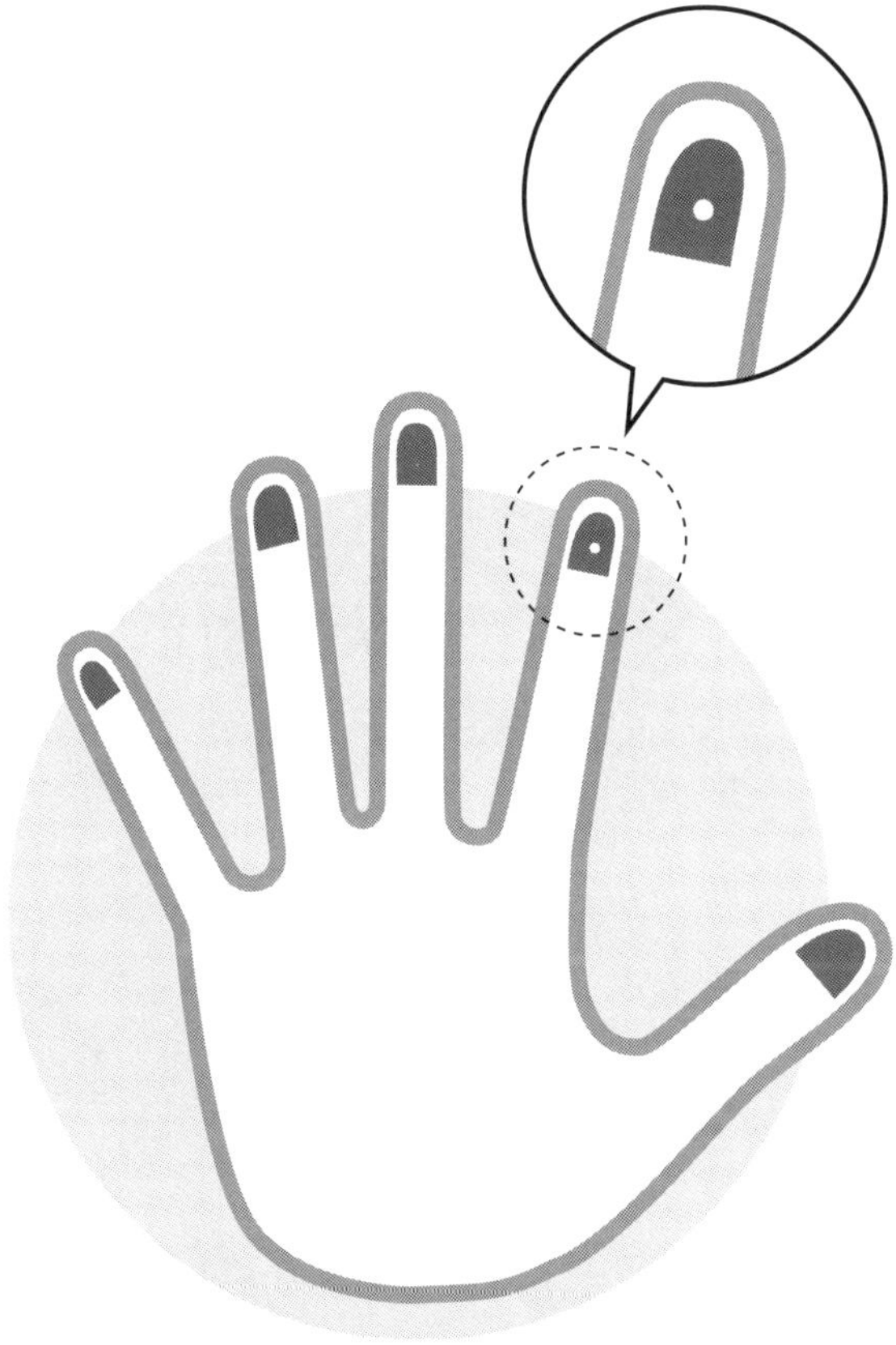

手のひらの線ではないのですが、手の爪に1ミリぐらいの「白点」が現われたら、4か月くらいラッキーがつづくサインとされています。

爪のどの部分に入るかは関係なく、どの部分に白点が入っても、幸運を呼びこんでくれるのです。

そして、どの指に現われるかによって、どんな幸運が舞いこんでくるかという意味も異なります。

①親指→家族・健康の運
②人さし指→名誉の運
③中指→恋愛・対人の運
④薬指→お金の運
⑤小指→仕事・勉強の運

＊

白点が入ってくると、現われた指にまつわる幸運が近づきます。

たとえば、人さし指にあれば「昇進が近い」「社内で表彰される」。中指なら「いい出会いがありそう」「モテ期に入りつつある」など。小指だったら「受験がうまくいく」、親指だったら「家族にうれしいことがある」などです。

＊

手相をよくするために「手に直接、線を書く」という方法があります。

僕の後輩芸人も、ギャンブル運が上がる「スター」を手のひらに書いて馬券を買ってみたら、147万円という、万馬券を取ったことがあります。

しかし、若い女性がそれをやると、他人に見られたらちょっと恥ずかしいですよね。

それならば、白点をつくればいいのです。修正液をひと粒爪の上に落とすのでもいいのですが、**女性ならネイルの上にラインストーンを置いてみたり、自分の運気を上げたい指だけネイルを派手にしてみたり**すれば、運気が上がってくるのです。

たとえば「今日は合コンだ！」というときは、中指に開運ネイルをつければいいし、昇進したいなら人さし指、最近お疲れ気味なら親指、大事な受験・仕事のプレゼンなら小指、金欠気味なら薬指というように。

ただし、すべての指にやると、運が分散してしまうので、毎日、自分がその日上げたい運気が宿る指のみにやりましょう。

大金が入ってくるサイン

一発逆転線

線が漢字の「井」や、
音楽記号の「♯」のような
かたちになっている。
さまざまな場所に
現われる。

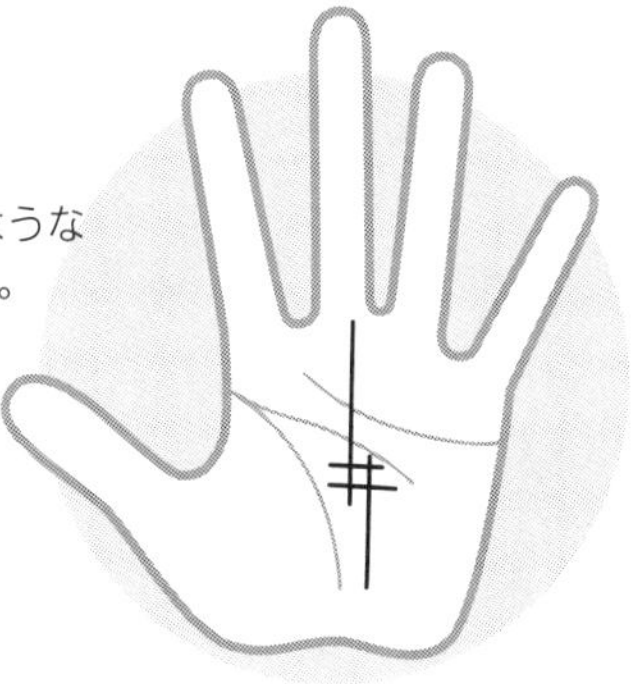

前途有望線

★金運線が下側に
枝分かれしている

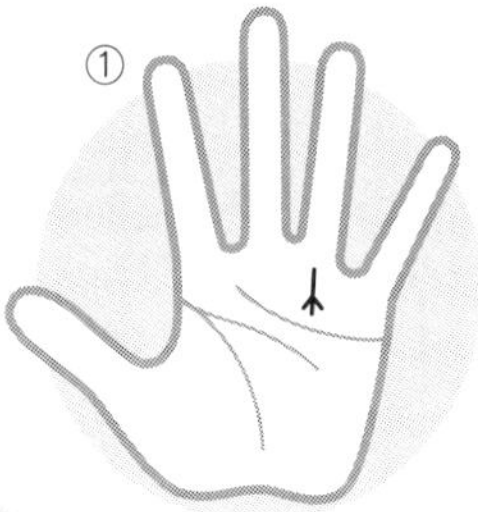

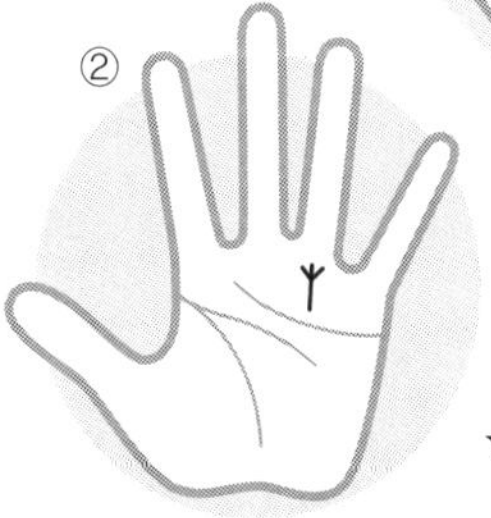

★金運線が上側に
枝分かれしている

※①と②が合わさったタイプもある

金運をみるには、先にお話しした金運線もありますが、ここでは金運に恵まれるというよりも、手元に臨時収入的なお金が入ってくるサインを紹介します。

＊

★一発逆転線…まさに**「一発逆転」の予兆があります**。お金の危機はもちろんのこと、仕事でも恋愛でも、絶体絶命の危機を奇跡的に脱するだけでなく、幸運までも呼びこんでくれます。

＊

★前途有望線…今は金銭的に不遇でも、**過去の努力が報われ、一気に大金を手にできる**ときが、そこまで迫っています。

＊

★サポート線…別名「タニマチ

サポート線

金運線の横に、寄り添うように刻まれる線。
サポート線は金運線の外側（小指側）にある場合と、内側（中指側）の場合、両側にある場合がある。

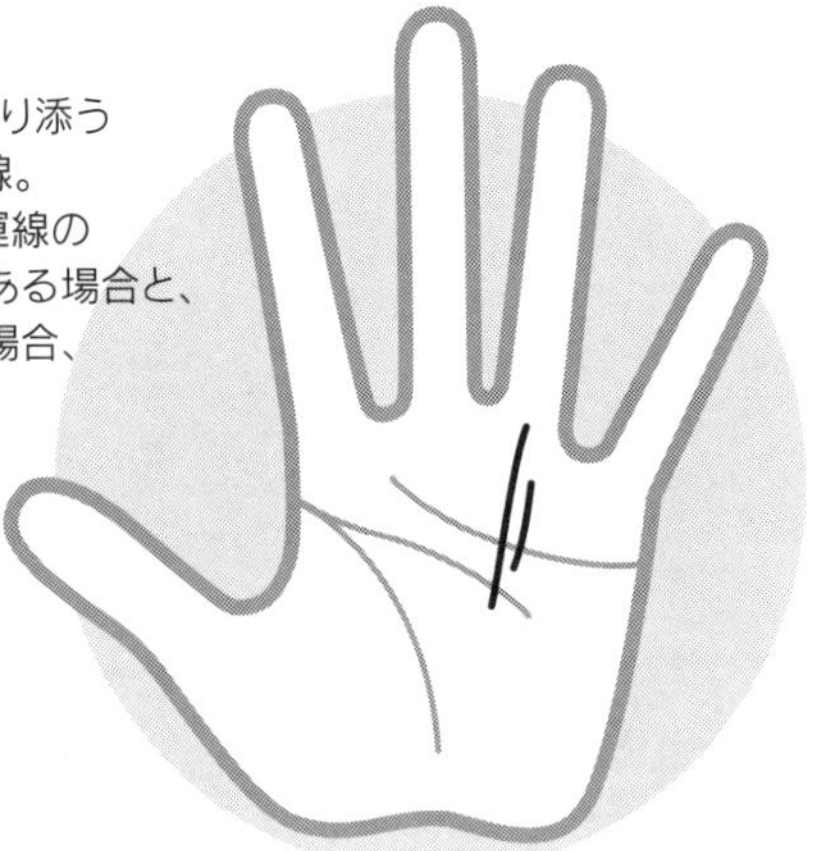

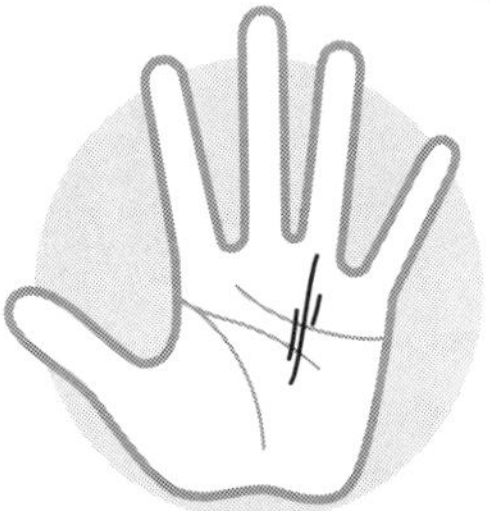

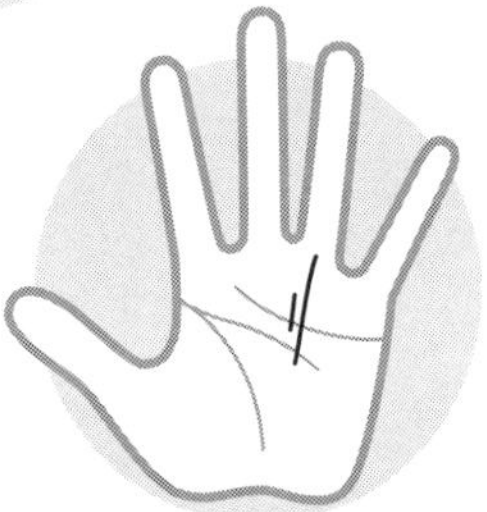

資金援助が期待できそう！
人にやさしくすれば、幸運が舞いこむ!!

線」。**だれかの協力を得ることで、より大きな力を発揮できます。**

金運線の外側にある人は、第三者や他人からの力添えによって金運がアップし、内側にある人は、家族や親戚など身内からの援助によってお金を生みだす人です。

＊

★遺産線…その名のとおり、親の遺産を受け継いだり、親の功績を土台にして成功します。

きっと幼いころからお金に困ったことがないでしょう。芸能界では二世タレントなどに多い線です。**生まれながらに金運に恵まれた人**だといえます。

ただし、親の力を自分の力だとカンちがいしないように。努力を怠《おこた》ると、今はよくても、未来でど

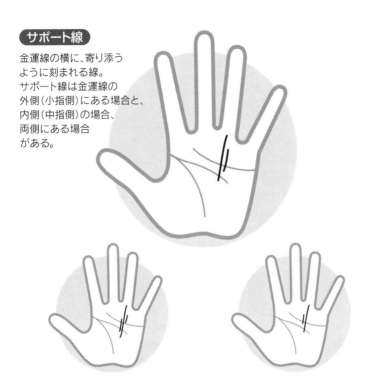

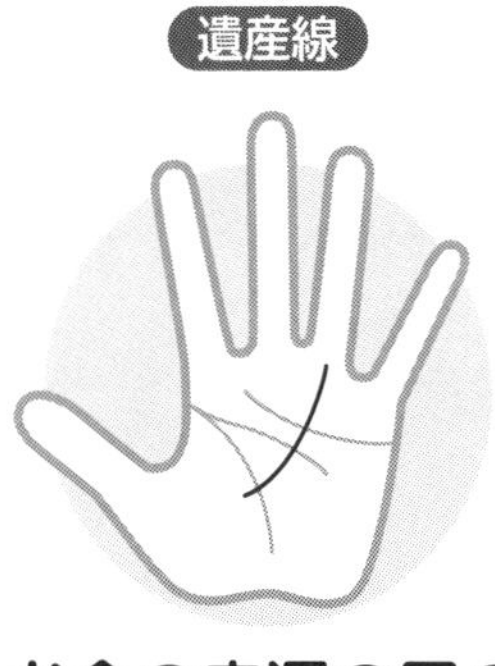

お金の幸運の星の下に生まれた人！

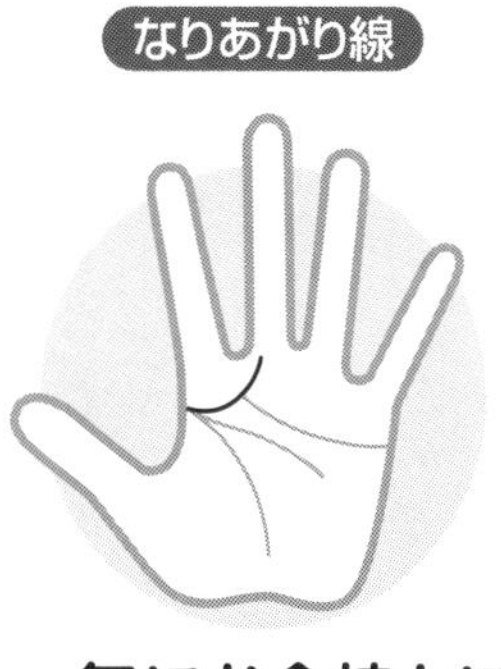

一気にお金持ちになれるサイン！

ん底に……となりかねません。

また、性格的に大らかな人なので、キャッチセールスや詐欺などにダマされないよう、注意してください。

＊

★なりあがり線…貧乏から一転して富豪になることを暗示しています。ちょっとしたアイデアや、人との出会いをきっかけに、人生がみるみるうちに好転するのです。**人気急上昇中の若手芸人の手には、必ずこの線が入っています。**

人間、何が「成功のタネ」になるかわかりません。この線がある人は、自分の才能や未来の可能性を信じて、上を向いて歩いてください。

＊

どの線も**「今はダメかもしれないけれど、人生投げずに努力すれば、自分を助けてくれますよ」**というメッセージを表わしています。

ギャンブルや宝くじで一攫千金《いっかくせんきん》を狙うのもいいですが、自分の特技やできることを見直すのが、仕事やお金を呼びこんでくれる近道なのかもしれませんね。

秘められた才能がわかるサイン

商売人線

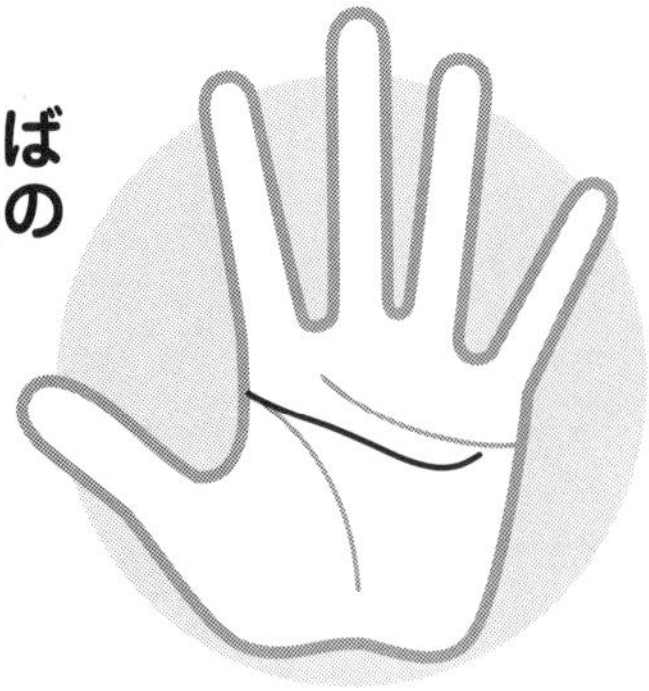

数字を扱わせれば天下一品の才能が！

アナウンサー線

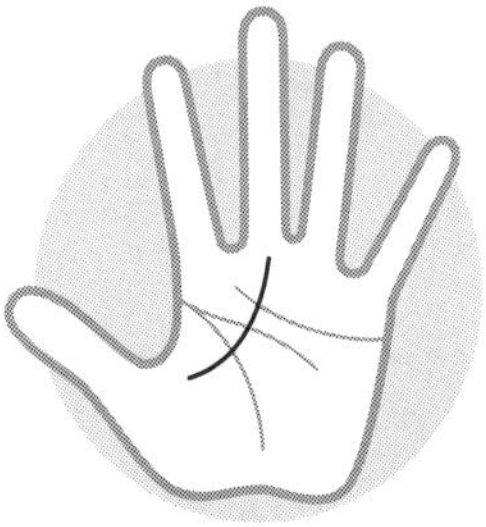

話術に長けた才能を活かせる仕事を！

ライター線

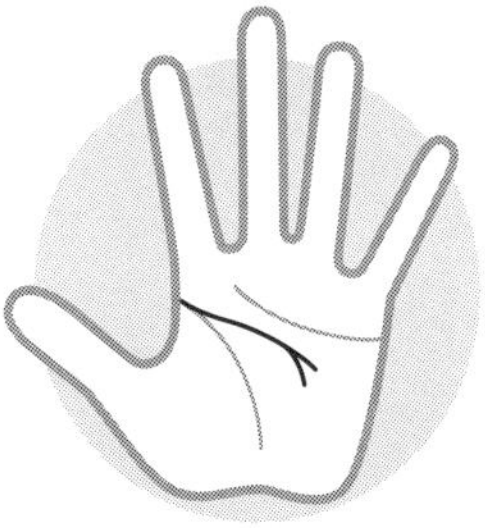

文才◎。ペン1本で食べていけるかも？

手相は、仕事をするうえでの知られざる才能も教えてくれます。学生の人は就職の、社会人は転職の参考にしてみてはいかがでしょうか。さて、あなたの才能は？

＊

★商売人線…超現実主義の人です。**数字やお金を扱う仕事**に向いています。銀行や証券などの金融関係、経理部門で力を発揮します。

＊

★ライター線…執筆活動に力を発揮します。**企画の立案や何かを構成する力にもすぐれ**、マスコミや広告、企画開発など、クリエイティブな仕事が向いています。

＊

★アナウンサー線…おしゃべりが上手で、この人の話には説得力が

ナイチンゲール線

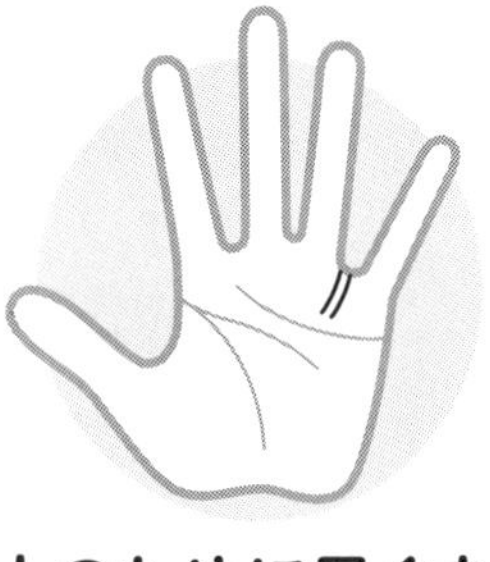

人のために尽くす仕事で能力を発揮！

不思議ちゃん線

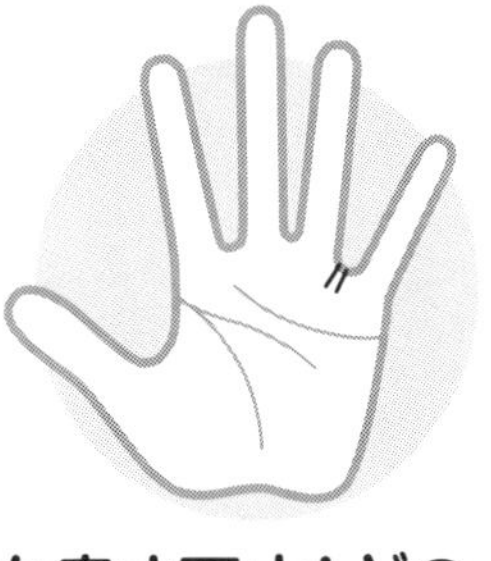

人を癒す天才！どの職場でも重宝されます！

あります。プレゼン能力もバツグンで、**営業や接客などに向いています**。人前で話す講師などに多い手相です。通訳の仕事も最適。
　政治家にも多く、アメリカのオバマ大統領には、この線がきれいにありました。

＊

★ナイチンゲール線…医療関係やボランティアにまつわる仕事が天職といえます。**人を癒《いや》す仕事への適性が高く、カウンセラーにも向いています**。また、別名は「マネージャー線」。裏方として人を支える仕事にも向いています。

＊

★不思議ちゃん線…人を癒す天才。どの職場でもオアシス的存在となり、重宝される人です。**保育士など、人を包みこんで癒す職業**にも向いています。

＊

★イチロー線…別名「旅行線」。**あちこち飛び回ることで才能が開花**するので、ツアーコンダクターや客室乗務員、パイロット、電車やバスの運転士さんなどが天職といえそうです。また、商社マンなど、活躍の場を海外においてもよいでしょう。

＊

★エロ線…**美的センスバツグン**の人です。じっさい、デザイナーさんや美容師さんに、よくみられる線です。独特な魅力で人を惹《ひ》きつける力があります。

＊

★ユーモア線…この人がいると、

エロ線

自分の美的センスを信じて勝負できる!

イチロー線

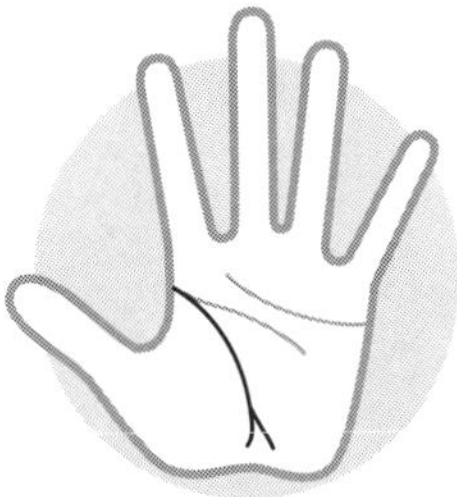

地元を離れて吉。海外進出も視野に!

世渡り上手線

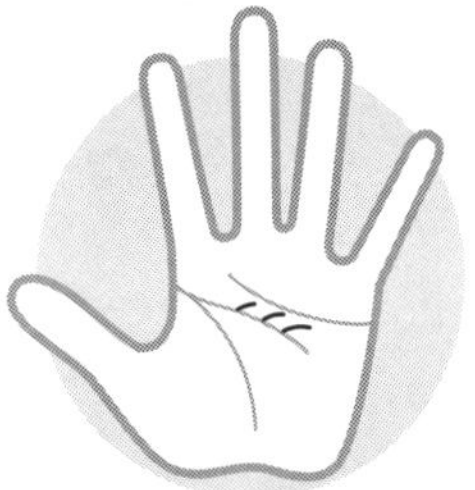

どんな仕事も器用にこなすバイプレーヤー。

あやまりま線

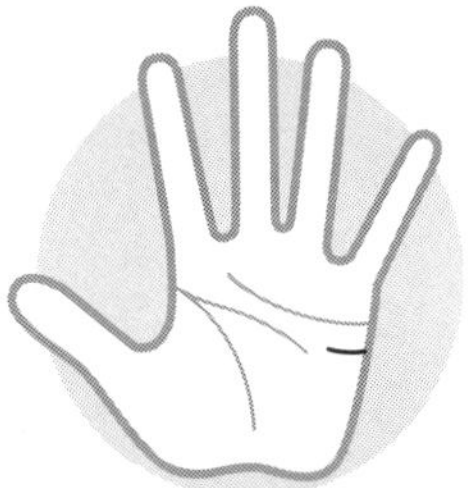

熱い正義感を存分に活かせる職業がGOOD!

ユーモア線

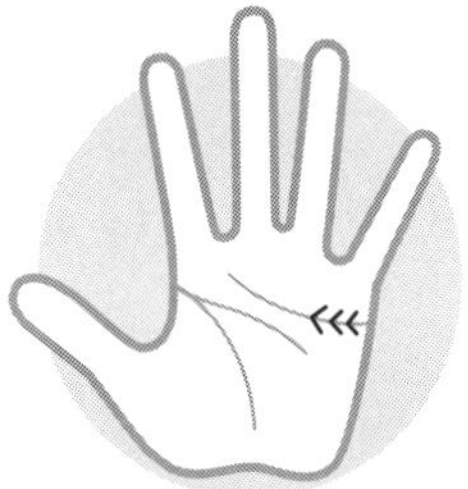

ユーモラスな営業トークで仕事をゲット!

職場が明るく、円満になります。細かい気配りも上手で、ムードメーカーとして欠かせません。**営業向きでもあり、ユーモラスな営業トークで仕事をつかむ**ことができるでしょう。お笑いタレントなどにも、よくみられる線です。

＊

★あやまりま線…**正義感に燃える人**です。警察関係者、裁判官、検察官、弁護士などにも多くみられます。教員にも多い線です。

＊

★世渡り上手線…どんな仕事も器用にこなす人です。**高い順応性があり、仕事ののみこみも早い**ので、転職したとしても、すぐに新しい職場に溶けこめます。

＊

①アブノーマル線
②オタク線

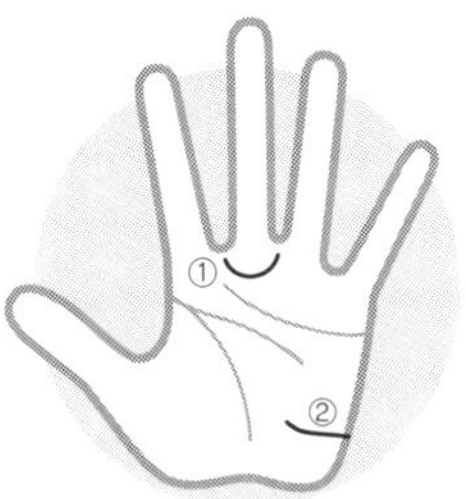

高い集中力と粘り強さあり！

神秘十字

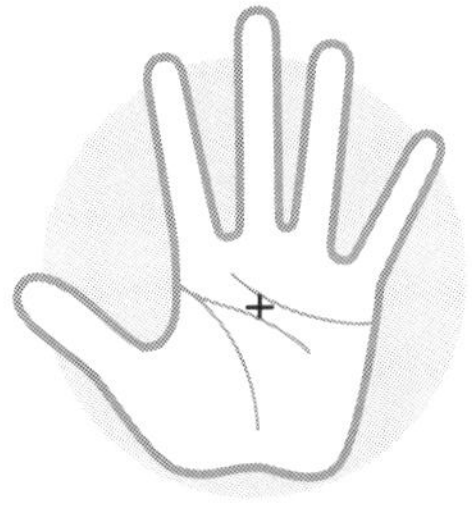

趣味は「人間観察」。繊細な感性を活かした職業が吉！

仏眼

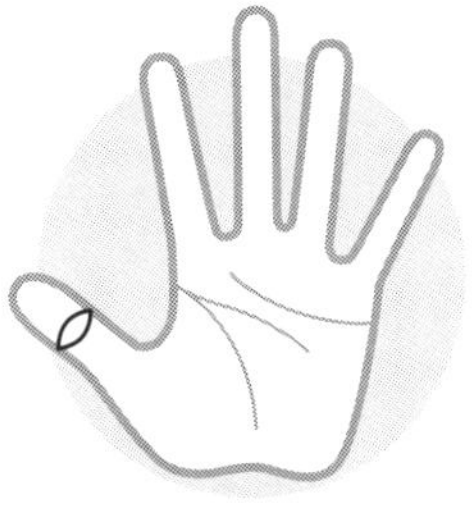

直感・記憶力◎。その発想力で周りを驚かせて！

★仏眼…直感、インスピレーションにすぐれている人です。**人にはない発想をもっている**ので、**ほかの**新たな視点でものづくりができます。記憶力を活かす仕事にも向き、多くの道を覚えるタクシードライバーや、細かいスケジュールを把握する秘書などもおすすめです。

＊

★神秘十字…**直感が何よりはたらく**ので、占い師向きの人だといえます。

また、繊細な感性の持ち主なので、詩人や小説家、ものづくりの職人、さらには、人間のウラの顔をさぐる探偵にも向いています。

＊

★アブノーマル線、オタク線…人とは違った感性をもち、**これぞと思ったら集中して、粘り強く突きつめていく**タイプです。学者や研究者に多い線です。

＊

★お見通し線…人や物事の本質を見抜く力があり、世間と人の心が見通せる人です。時代を読むことに長《た》けているので、**企画開発の仕事**にはもってこいです。

また、トラブル処理能力も天下一品。裁判官にも向いています。

＊

★スポーツ線…スポーツ選手やスポーツインストラクターなど**体を動かす仕事**に向いています。

＊

★実業家線…**事業を起こす才能**があります。

＊

実業家線

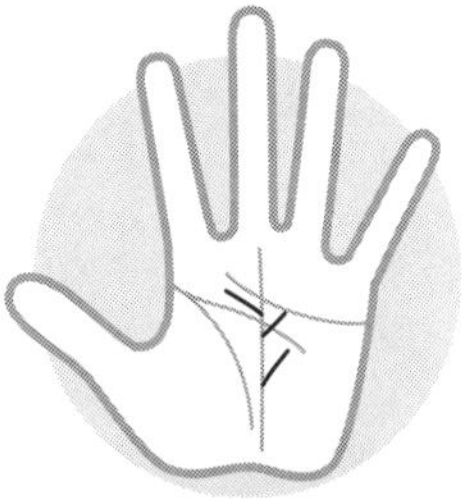

複数の事業も成功可能！超“やり手”です！

スポーツ線

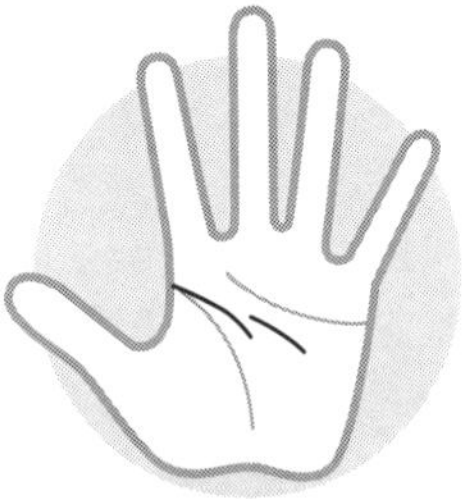

「考えるよりまず行動」！体を動かして吉。

お見通し線

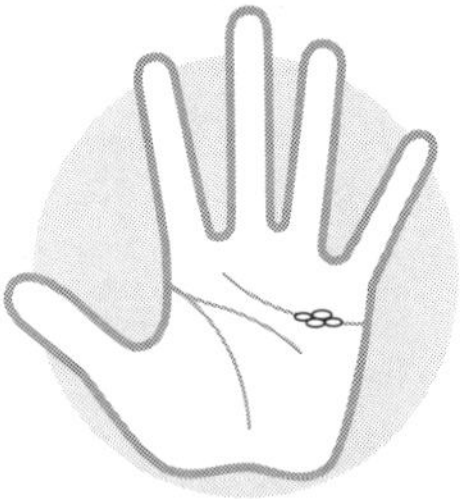

何でもお見通し。トラブル処理の才能もあり！

タレント線

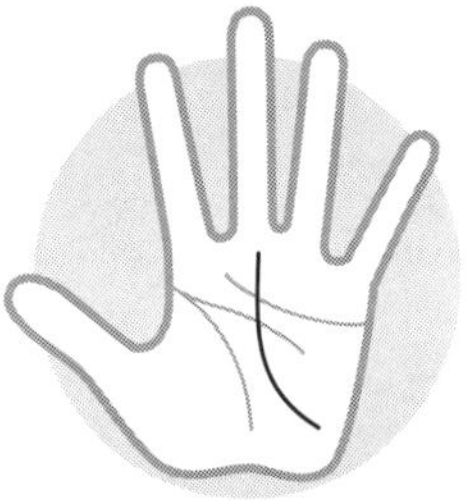

芸能の才能あり！芸能界に挑戦してみては？

モテ線

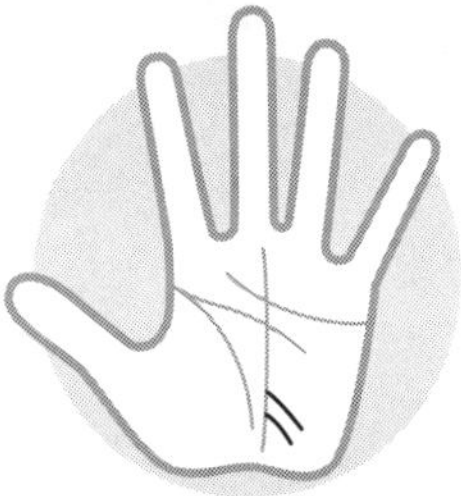

人と接する仕事に就くと、才能を発揮できる！

不動産線

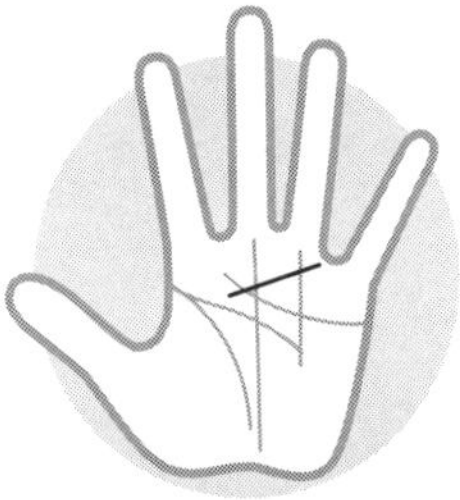

不動産関係の仕事があなたを呼んでいる！

★不動産線…**不動産業にかかわる仕事**で力を発揮します。

＊

★モテ線…対人能力が高いので、人と接する仕事向きです。たとえば、**経理や事務より、営業や受付の仕事**に向いています。芸能人にも多いですが、政治家にもよくみられる線です。

＊

★タレント線（運命線が右に流れている）…**芸能の才能に恵まれた人**に現われます。じっさい、芸能界にはかなりの確率でこの線の持ち主がいます。また、仕事とはちょっと違いますが、日本舞踊やお琴、俳句など、古典芸能にも向いています。趣味のひとつとして、ぜひ挑戦してみては？

「いま転職すべき！」のサイン

ヘッドハンティング線

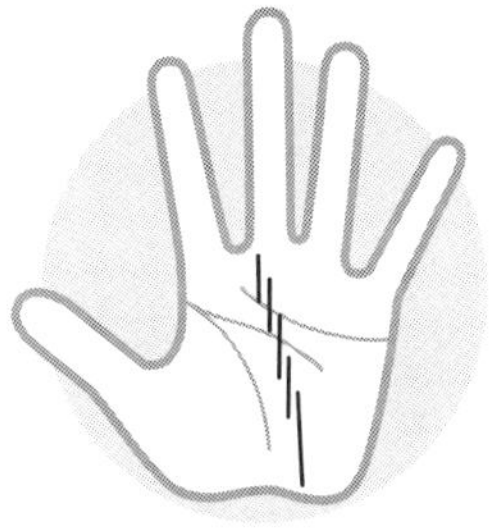

ためらわずに転職を！好結果が望めそう!!

イケイケ線

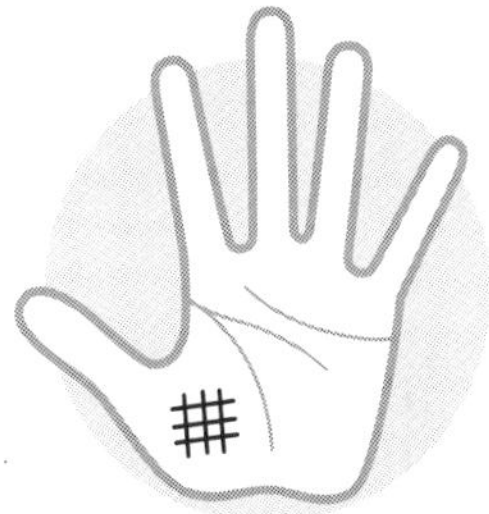

思い切って冒険しても大丈夫！機会を逃さずに!!

「今の職場では、自分の実力をだしきれていない」「いくら頑張っても、実を結ばない」……と考えながら、悶々《もんもん》としているあなた。

でも、転職したいと思っても、今すぐ自分に合った職場がみつかるとは限りません。タイミングを見極めることも重要でしょう。

＊

★イケイケ線…転職の時期を判断できる線です。**この線がでているときは「冒険しても、大丈夫！」**というサイン。このタイミングを逃さずにチャレンジすると、好結果につながりそうです。

＊

★ヘッドハンティング線…転職や移籍をくり返しながら、**収入も、地位も、スキルもアップ**していけます。前職の経験を確実に自分の力とすることができる人です。

＊

★勝負線…この線がでているなら、現在の場所で頑張ったほうが未来につながります。**まさに「今が頑張りどき」というときに現われる**ので、逃げずに、正面から向き合いましょう。今の頑張りや努力が未来の糧《かて》になってくれます。

＊

★二重運命線…運気が2倍、3倍、もしくはそれ以上ある人です。**活躍する場面をひとつに限定せず、さまざまなフィールドにはばたく**ことで、幸運を引き寄せます。

二重運命線

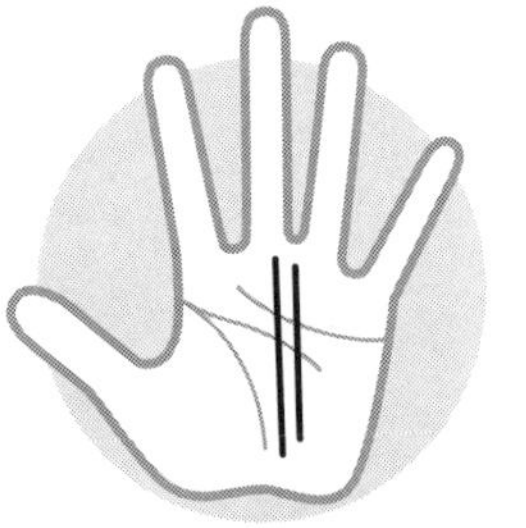

活躍する場が増えるほど、才能が開花！

勝負線

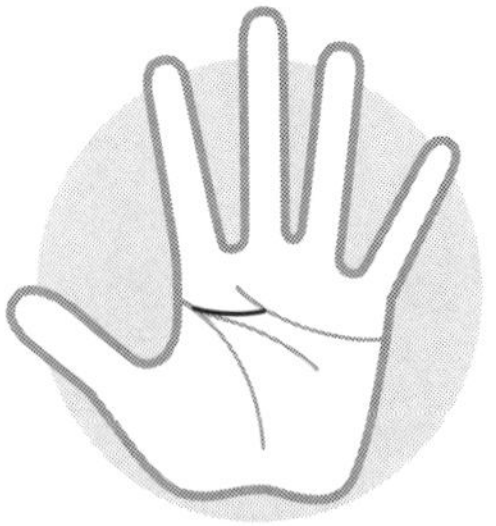

今の立場から逃げずに、真剣に向き合っては？

実業家線

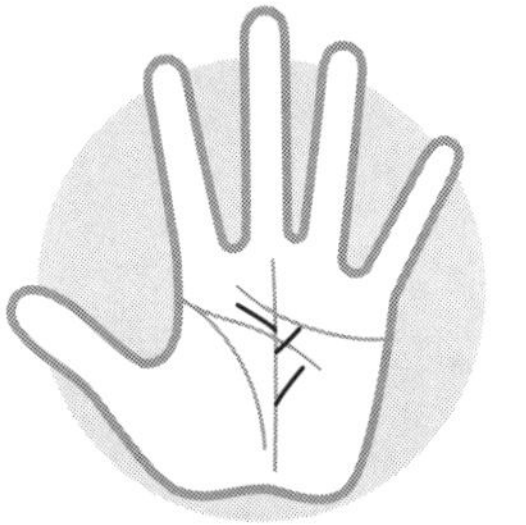

多才さを活かせば、億万長者にもなれる！

長つづきしま線

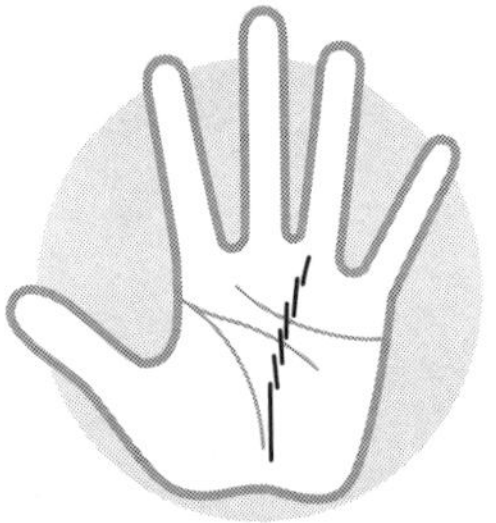

忍耐力に欠ける？我慢も大事です。

＊

★長つづきしま線…別名「投げ出し線」。飽きっぽく、忍耐力もありません。**どっしりと腰を落ち着ける覚悟**をもたないと、一度転職しても、また転職を考えることになるでしょう。

＊

★実業家線…器用で多才、マルチな能力があり、**複数の事業をすることで、さらにチャンスが広がる人**です。芸能界では、バナナマンの設楽《したら》さんにこの線がありました。設楽さんといえば、お笑い芸人だけでなく、俳優やキャスターとしても、大活躍されています。

この線があり、さらに新たなビジネスアイデアが頭のなかにあるならば、ぜひ形にしてみては？

リストラの予兆がわかるサイン

ハードル線

生命線と運命線の両方の線を、
またいで横切る長めの線。

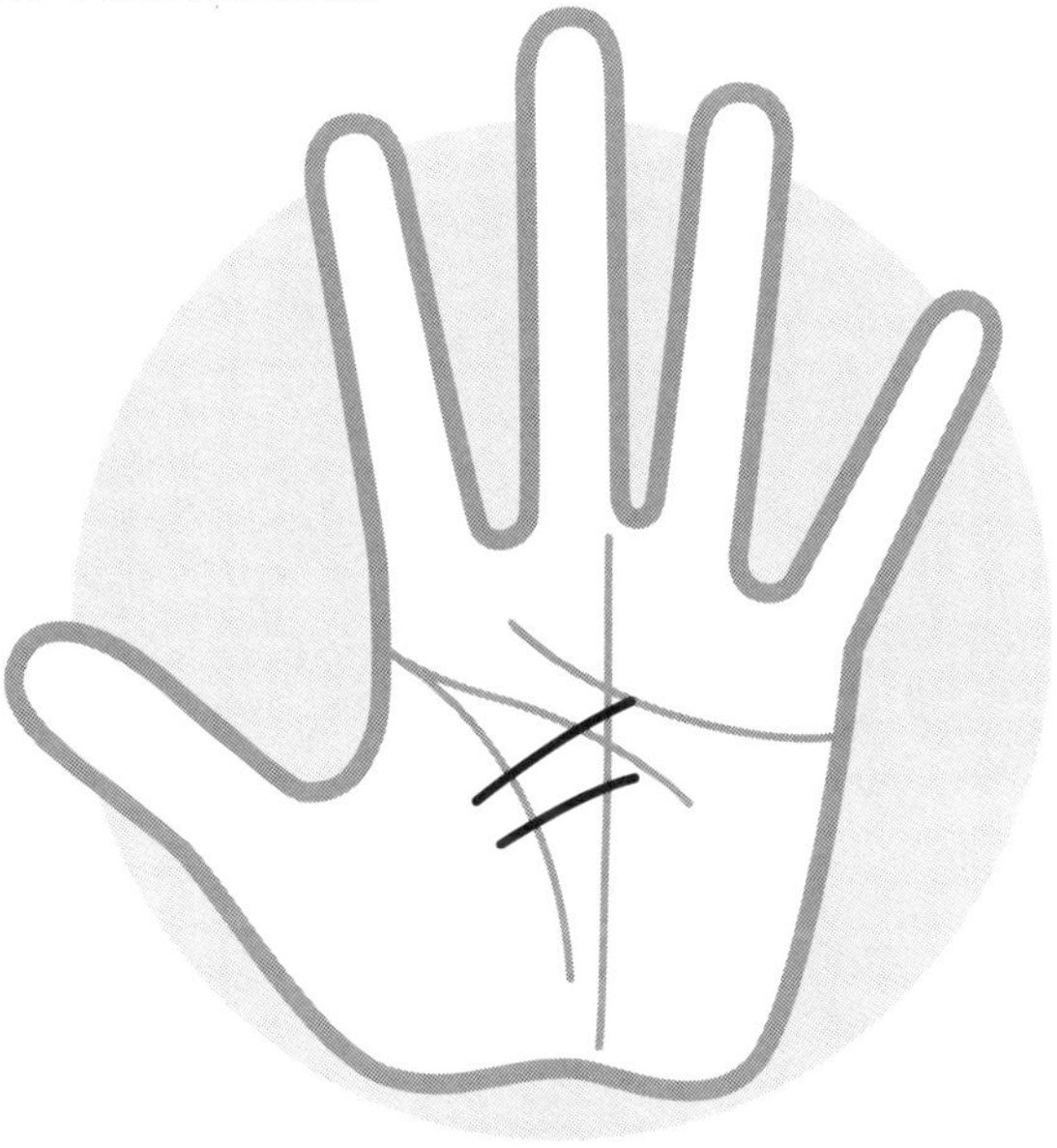

壁にぶつかる可能性あり。「成長のチャンス」と考えて乗り越えよう！

学生時代の仲間と話していると「俺の仕事運みてよ。リストラなんかされないよね」とよく聞かれます。そんなとき、僕は**「ハードル線」**があるかないかをみます。

そして、もしもこの線があった場合は、こうアドバイスします。

「うまくいかないと思うことがあっても、それは自分がもう少し大きく成長するための勉強期間。だから**ハードル線は『もう少し頑張ってみよう』と励ましてくれる線**なんだよ」と。

あらかじめ、このへんでハードルがありそうだと知っておくのは大切なこと。貯金をしておく、資格をとっておく、人脈をつくっておくなど、さまざまな手立てができるからです。

素敵な出会いが近々にあるサイン

モテ期到来線

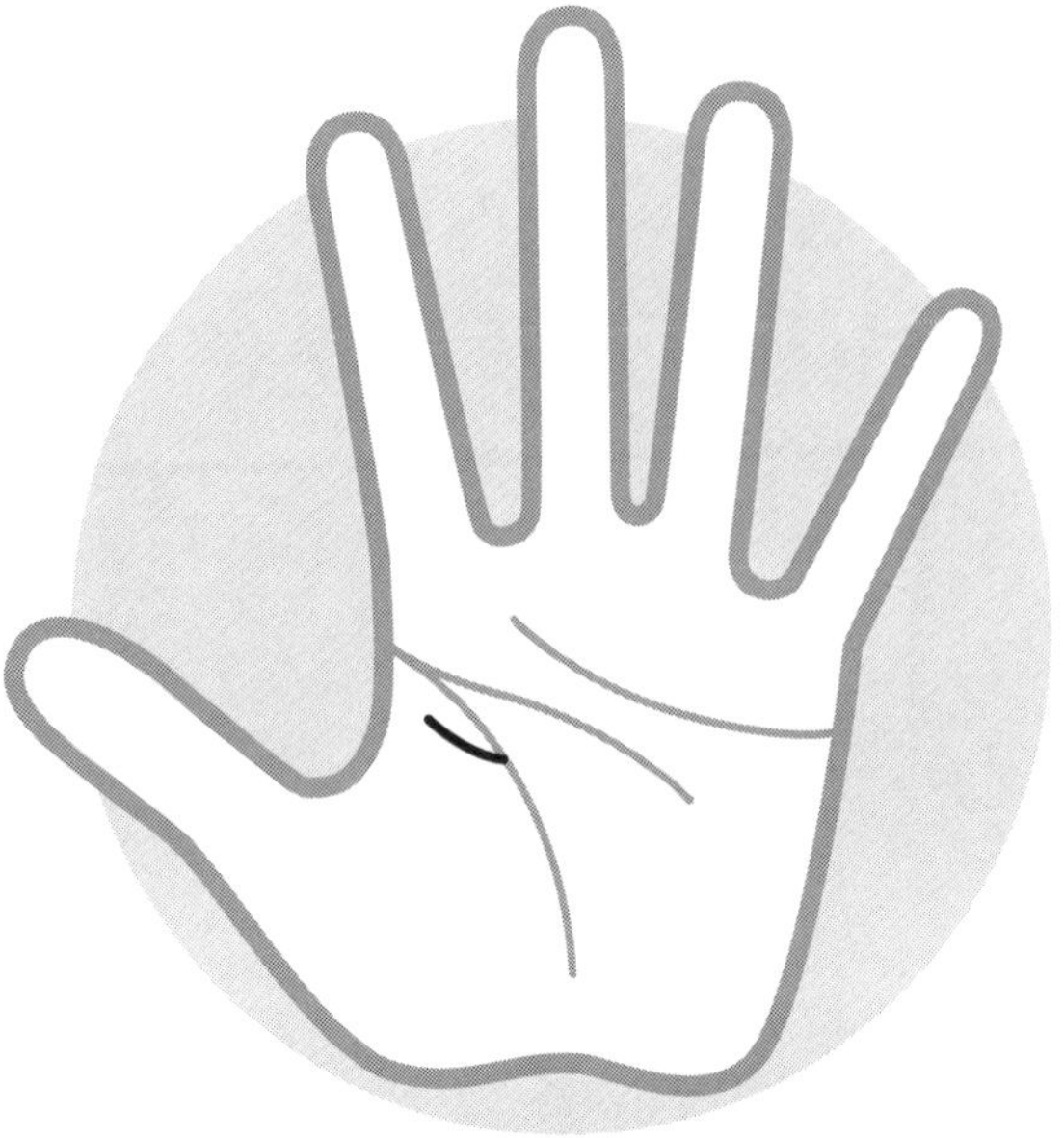

**対人運が大幅にアップ！
人脈も一気に広がります!!**

恋愛の悩みでいちばんよく聞かれるのは「いつ、良い出会いがありますか？」。

そしてもうひとつは「もう、私は運命の人と出会ってますか？」。

そのサインはどんな形で現われるのか、みていきましょう。

＊

★モテ期到来線…人生には何度かモテ期がくるといわれますが、「今まさに、その時期が来ていますよ！」と教えてくれる線です。

この線がでるときは、**異性からの誘いが多くなるばかりでなく、「対人運」そのものが上がっています。**さまざまな場所に積極的に顔をだすことで、人脈も広げることができます。

＊

人気線（モテ線）

運命線の下あたり、
右斜め下に流れる線。
本数が多く、太いほど
モテ度もアップ!
人生のモテ期には、驚くほど
長くなることも。

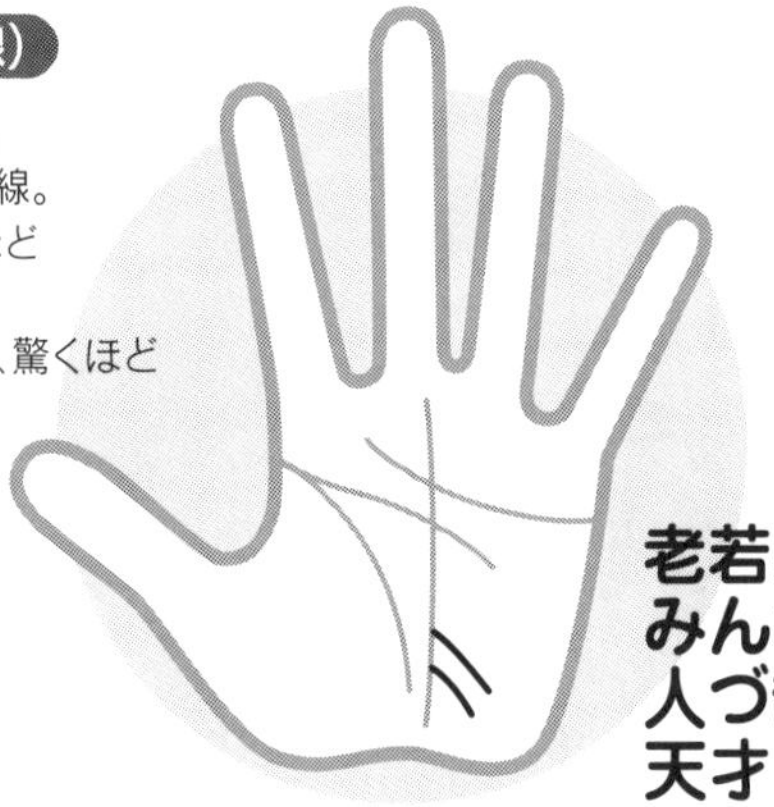

**老若男女問わず
みんなの人気者。
人づき合いの
天才！**

結婚線の上にフィッシュ

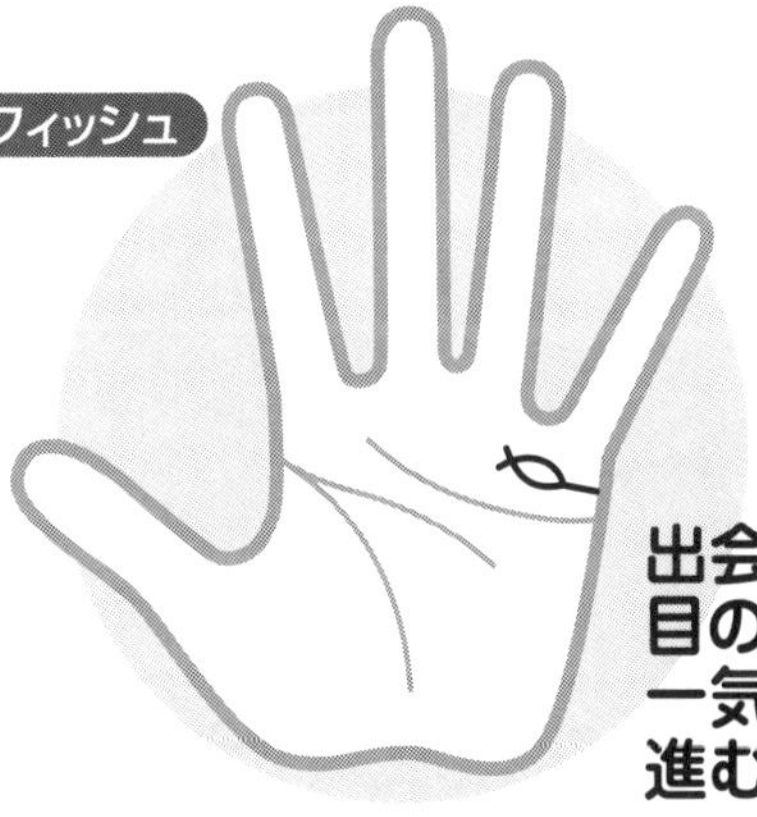

**出会いが
目の前に！
一気に結婚へ
進むことも!!**

★人気線がのびてくる…人気線は別名「モテ線」とも呼ばれます。

この線をもつ人は、天性のコミュニケーション能力があるので、あらゆるところで恋のチャンスに恵まれます。**できるだけ外に出て、たくさんの人に会いましょう。**思わぬところで、運命の人にめぐりあえるかもしれませんよ。

＊

★フィッシュ…結婚線の上にでたときは、出会いのチャンスです。

＊

「素敵な出会い」というのは、男女に限ったことではありません。同性どうしでも、心から信頼できる人と出会うことは素晴らしいもの。ぜひ、新たな出会いに、手相を役立ててください。

恋が成就するサイン

人気線（モテ線）の上にフィッシュ

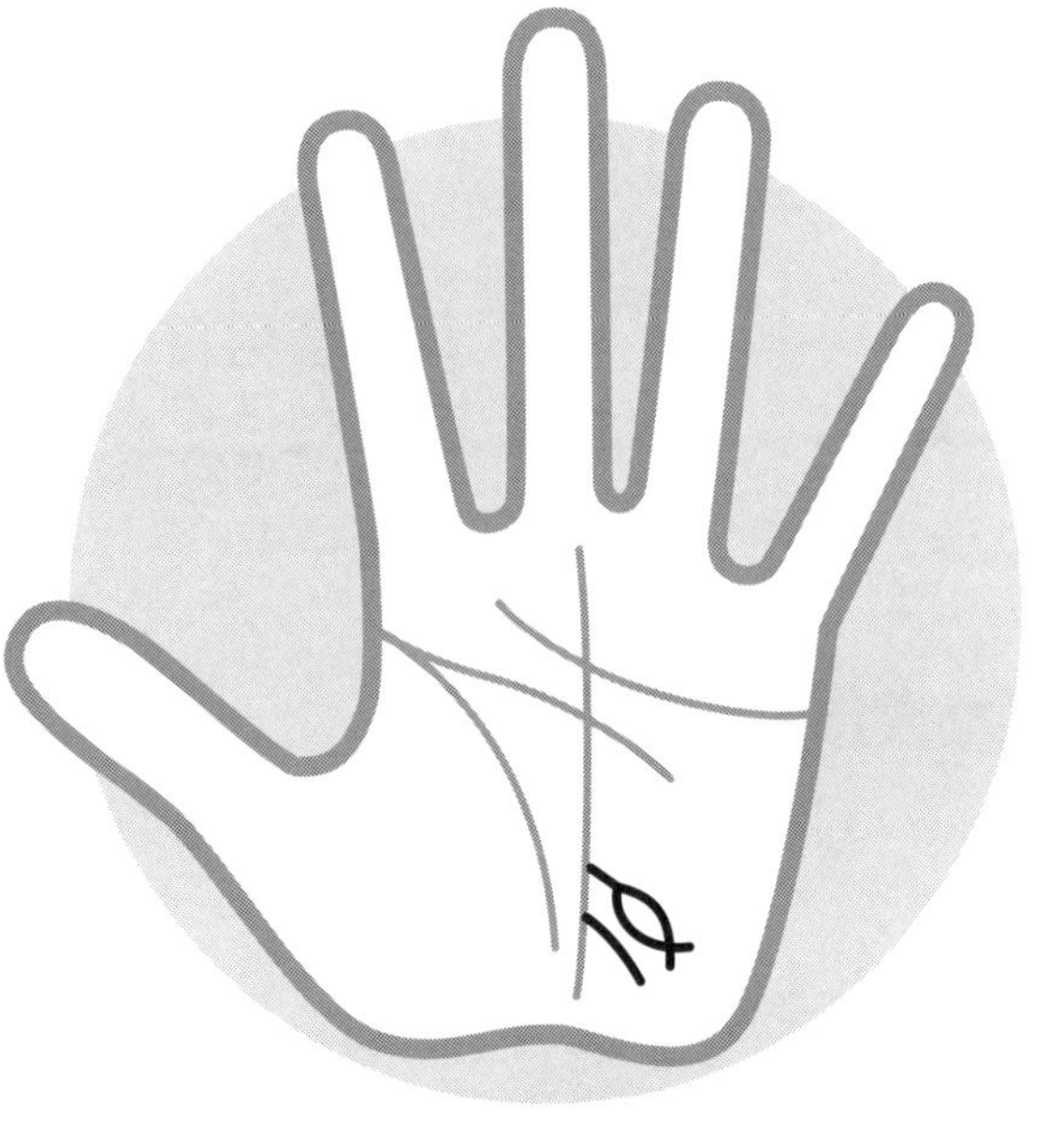

想いを相手に伝えるチャンス到来！
勇気を出せば、道がひらけます!!

片思いの相手は、じっとみつめているだけでも心がトキメキますが、せっかくの恋、ぜひ成就させたいもの。

相手がなかなか自分に振り向いてくれない、告白する勇気がだせない……そんな悩みを抱えるあなた、このサインをぜひ探してみてはいかがでしょうか？

＊

★人気線（モテ線）の上にフィッシュ…人気アイドルやナンバー1キャバ嬢などに多くみられる線です。たくさんの異性を虜《とりこ》にする魅力あふれる人に現われます。

この線がでていて、さらに幸運のサインのフィッシュまで現われているのですから、**片思いの相手も、もうすでにあなたの魅力に気**

結婚線の上にフィッシュ

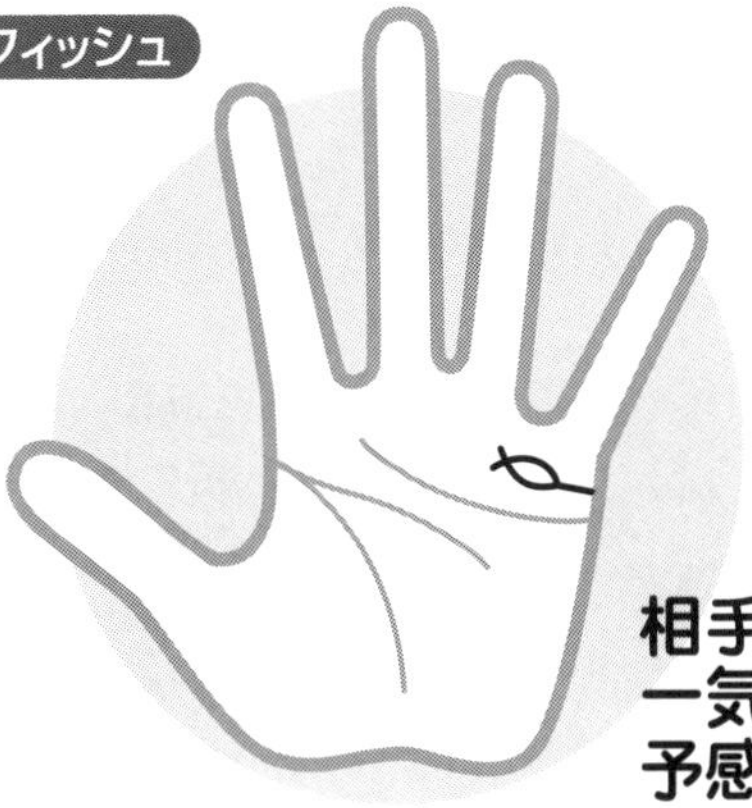

付いているかもしれません。

「鉄は熱いうちに打て」の精神で、すぐに告白することをおすすめします。タイミングを見計らっていては、相手の熱が冷めてしまいますよ。

まだ片思いの相手とあまり話したことがないのなら、まずは食事に誘ってみましょう。

きっといい返事が返ってくるはずです。

＊

★結婚線の上にフィッシュ…おつき合いしているパートナーと真剣に結婚を考えてよいサインです。ひと言でいえば**「即プロポーズしなさい!」**というサインですね。

ついでに、結婚式場も予約してしまいましょう(笑)。

＊

基本的に、**感情線の長さや角度が似ている人は、相性がいい**といえます。

同じような感情線をもっていると、お互いのことがよく理解できるため、上手に押したり引いたりができるのです。

ただし、考え方や行動の傾向も似ているので、お互いに遠慮してしまったり、勝手な決めつけをしてしまうこともあります。

それがエスカレートすると「相性がいいのに、うまくいかない」「遠慮し合って、ケンカさえもできない」なんていう悲劇につながってしまうこともあります。

あなたの想い人と、あなたの感情線はどうなっていますか?

婚期の到来がわかるサイン

結婚の時期は、基本的には44ページでもお話ししたとおり、結婚線で占います。おさらいすると、小指と感情線の中間にあれば、女性の場合は24〜25歳ぐらい。男性の場合は27〜28歳ぐらい。

中間より感情線側にあれば「早婚」、小指側にあれば「晩婚」です。

ただし、結婚線は、その時期に結婚するということを表わしているわけではなく、その時期が「結婚に適した時期」だということ。要は「結婚への頑張りどき」という啓示なのです。

＊

結婚線以外にも、婚期を占うためのサインがあります。

★ブレイク線の上にフィッシュ…生命線から上にのびるのがブレイク線。とくに、**中指側に上がっているケースで、恋愛、結婚や出産などのよい変化がありそう**です。

さらにフィッシュまで出現しているので、結婚すると「人生にいい流れがくる」ということがいえます。

＊

婚期については、くり返しめぐってくるという人もいれば、一回しかめぐってこないという人もいます。

この回数も、ブレイク線の数でみることができます。多い人は婚期が何度もめぐってくる人です。いっぽう、あまり入っていない人

ブレイク線の上にフィッシュ

中指側に上がっている

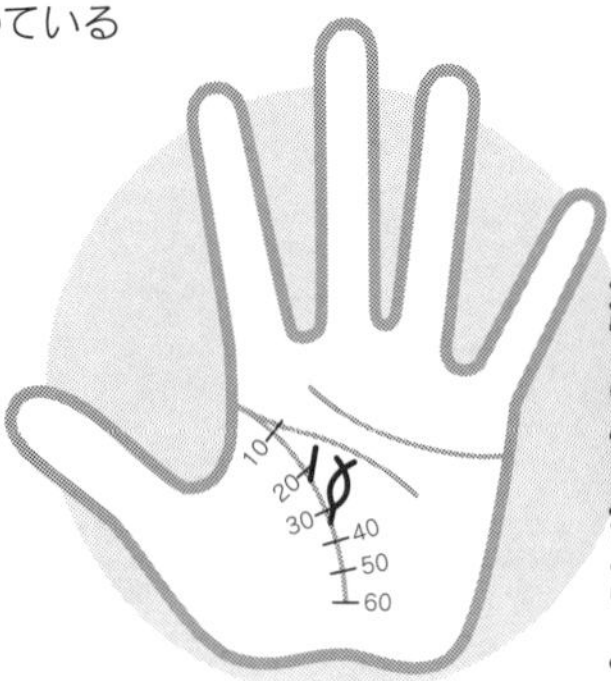

結婚が、あなたにさらなる幸せを引き寄せてくれる！

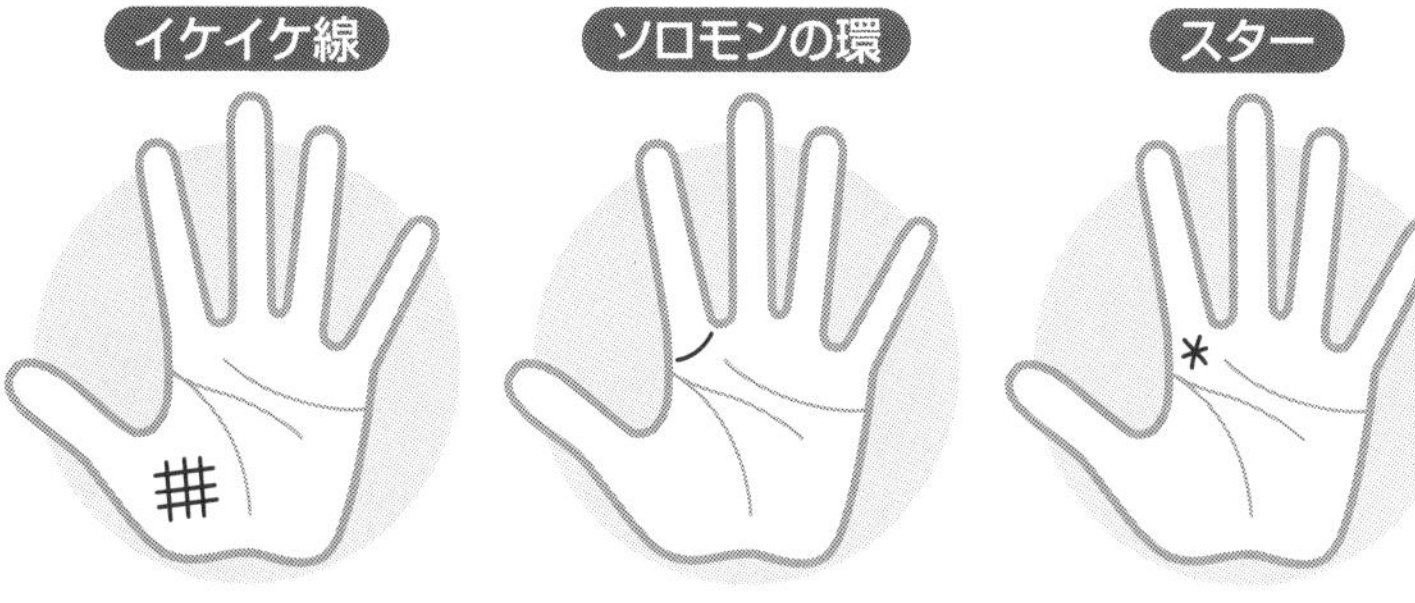

婚期到来のサイン！今、でていない人は自分を見つめ直し、作戦を練りましょう!!

は、一度きた婚期のチャンスを逃《のが》さないように頑張ってください！

＊

★スター、ソロモンの環、イケイケ線…幸運が近づいているサインですが、人生には波があるため、結婚適齢期だと思った時期でもサインがでないことがあります。

でも、悲観しなくても大丈夫。**「今は頑張る時期、まだ自分の時代が来ていない」**と考えましょう。

＊

★流年法…58ページでお話しした流年法からは、サインが出現するおおよその時期がわかります。

いつ、自分の運気が上がるのかということをあらかじめ知っておけば、その時期に向けて準備をしたり、作戦を練ることができるでしょう。また、励みにもなるはずです。

＊

感情線でみる方法もあります。ただしこれは、結婚時期ではなく、恋愛傾向の延長線としての考え方であるととらえてください。

★感情線の短い人…恋愛モードになるのが早い分、結婚も早い。

★感情線の長い人…恋愛に対して慎重な傾向があるので、考えすぎたあげく、せっかくの婚期を逃してしまうことも。

パートナーの愛情度がわかるサイン

幸せ婚線

ハッピーライフ間違いなしの幸せ者！ 深く、愛されています!!

後ろ向き線

結婚線が下降カーブを描いている線。
カーブが下降するほど、結婚に後ろ向きだったり、結婚生活に溝が。

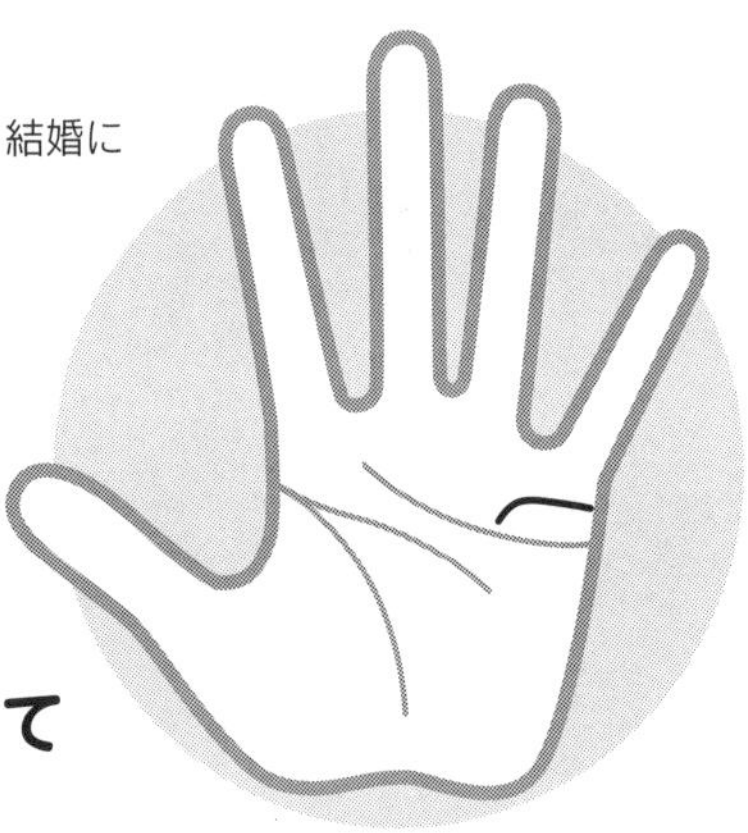

独身者は、「結婚あきらめモード」。既婚者は、「不満が積もっている」かも…。

結婚線は、すでに結婚している方にも、ぜひチェックしていただきたい線です。

結婚生活の現状はもちろんのこと、パートナーから受けている愛情の量もみえてきます。

＊

★幸せ婚線（結婚線が上がっている）…幸せな結婚生活を送ることができています。幸せはさらにつづいていきそうです。

＊

★後ろ向き線（結婚線が下がっている）…愛情の確認が必要かも、というサインです。

パートナーへの思いやりが欠けてきていないか考えてみましょう。相手への不満をためこんでいませんか？　夜のスキンシップはうま

無関心線

結婚線がない人。
けっこう多くいる。

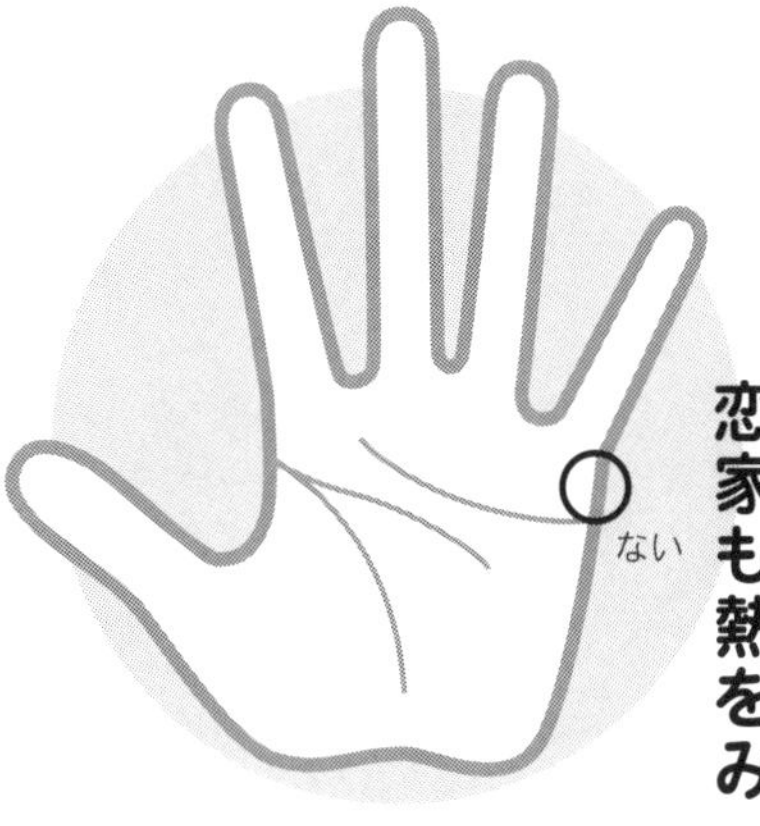

恋や幸せな家庭にはもう興味なし? 熱かった時期を思い出してみては?

不倫線

結婚線の途中に島ができる。

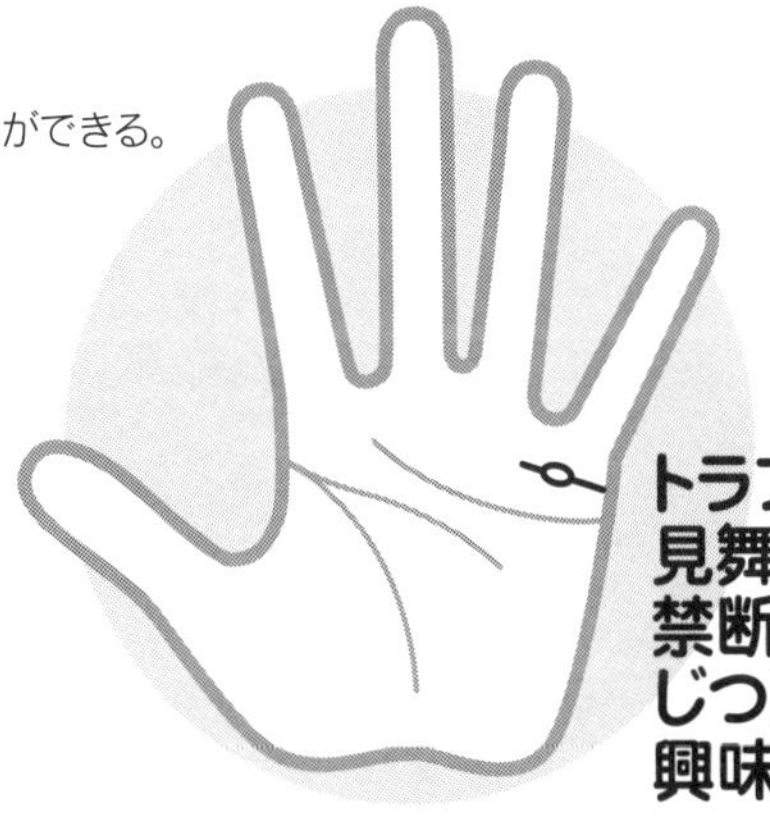

トラブルに見舞われる予感。禁断の愛にもじつは、興味津々?!

くいっていますか?

＊

さらに結婚線がこんな状態なら、もうピンチかもしれません。

★無関心線（結婚線が消えた）…結婚前、あれだけ熱烈で、プロポーズのあとには「幸せになろうね」と誓った気持ちを忘れてはいませんか?

夫婦での会話や、家族サービスの時間をもっともっと増やしたほうがいいでしょう。

＊

★不倫線（結婚線上に島）…かなりマズい状態だといえます。お互いの愛情不足も考えられますが、**異性の影**もチラつきます。

＊

★離婚線（結婚線の先が二股）…

離婚線

結婚線の先が2つに
分かれている。

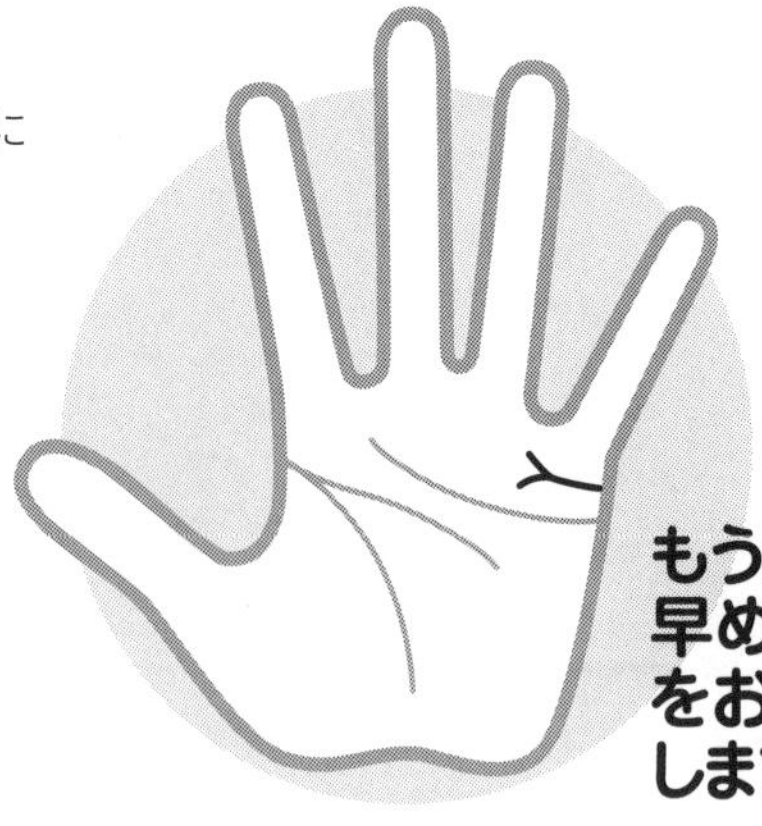

**もう、待ったなし！
早めの関係修復
をおすすめ
します!!**

3つ巴線

2本の結婚線
の間から、1本
の線がでている。

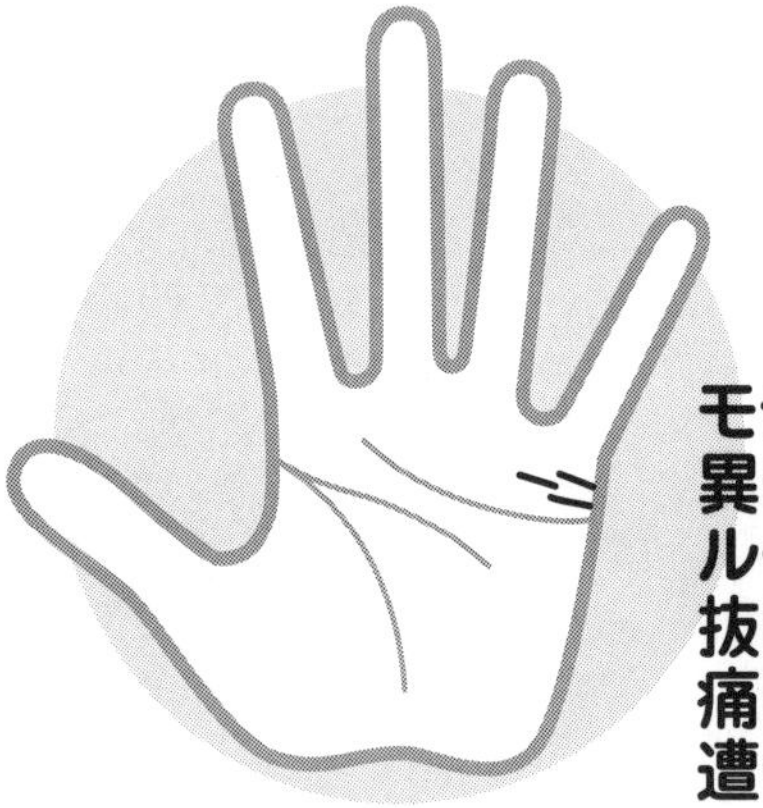

**モテモテだけど
異性関係は
ルーズ?!
抜け出さないと
痛い目に
遭うかも…。**

文字どおり、離婚を暗示しています。お互いがすでに別々の方向を向いてしまっているかもしれません。話し合いが必要なのはもちろん、**旅行や共同作業など、同じ方向を向ける機会**をつくってみては。

＊

★3つ巴線…離婚どころか、ドロ沼の関係に、もう踏みこんでしまっているかもしれません。その相手も1人ではなく、複数である可能性が高いです。

この線がある人は、何人かの候補を天秤《てんびん》にかけてしまうクセがあるのです。**知らず知らずのうちに三角関係に陥《おちい》りやすい人**ともいえます。もし、自分の手にあるのなら、しっかりと今後の人生を考える必要があります。

長生きできるサイン

二重生命線

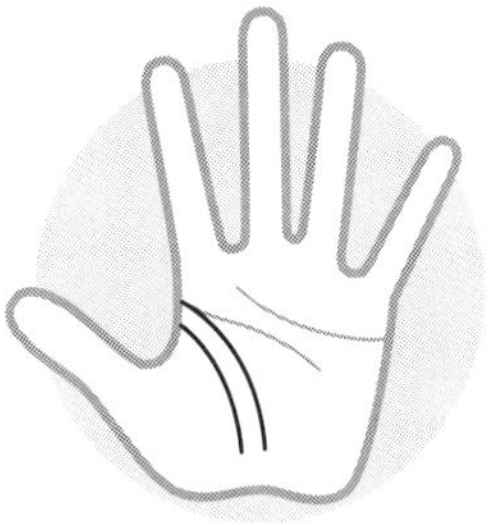

三重生命線

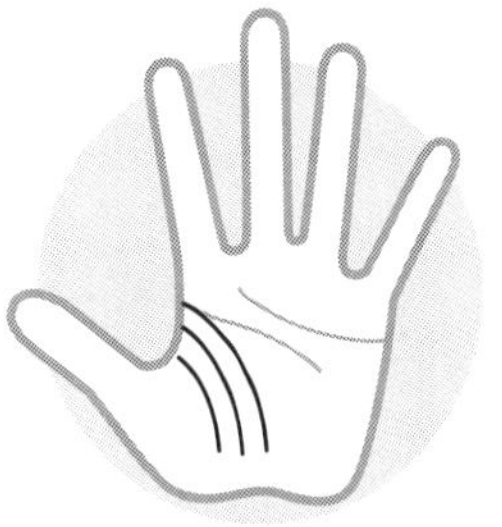

病気やケガに負けない
強靭な体の持ち主です!!

ボケずに、ずっと元気ハツラツに生きていく…高齢者の方なら、誰もがもつ望みだと思います。

僕も、これまでたくさんの長寿で元気な方の手相をみせてもらいました。そして、いくつか共通する線やサインがあることに気づいたのです。

＊

まず、長生きで元気な人の多くには、**「二重生命線」**がありました。

この線がある人は、病気やケガに強く、生命力みなぎる人。生まれつきの運の量と体の強さは常人の2倍ともいわれます。

さらに、生命線が3本ある**「三重生命線」**をもつ人もいました。

この三重生命線、芸能界では黒柳徹子さん、西川きよし師匠といった、長年、第一線で活躍されている方にありました。

プロ野球の世界では、現役時代に〝鉄人〟と呼ばれた阪神タイガースの金本監督も、三重生命線の持ち主です。

もっと驚くことに、レスリングの吉田沙保里選手には、**生命線が4本**もありました。リオ五輪ではまさかの銀メダルでしたが、勝負の世界において女王として長年君《くん》臨《りん》しつづけている吉田選手は、手相の面からみても〝霊長類最強〟だったのです。

＊

生命線の数から、どんなことが

いえるかというと、「パワフルで、長生き」であることは間違いないでしょう。

ただし、それだけではありません。あるテレビ番組で、１００歳を超えた日舞《にちぶ》の先生と、97歳のボウリングチャンピオンのおじいちゃんに会いに行ったことがあります。

手相をみせてもらうと、立派な生命線をもっていましたが、本数は1本だけでした。

「あれ？」と思いながら、ほかの線もチェックしてみると、共通してあったのが**「アナウンサー線」**でした。

別名「おしゃべり線」。人前で話すことに天賦《てんぷ》の才を発揮する人にでる線で、アナウンサーの方に多く、トークの上手な芸人さんにもよくあります。

じっさい、長寿で元気な方は皆、話し好きで、お子さんやお孫さんたちと、ガンガンしゃべっています。ご家族に聞いてみても「しゃべりだしたら、止まらないのよ、おばあちゃんは（笑）」などという反応が返ってきます。

やはり、「しゃべること」は、ストレスをためずに、楽しく生きていくためには欠かせないものなのでしょう。

長生きのいちばんの秘訣《ひけつ》。それはもしかすると「おしゃべり」なのかもしれません。

＊

では、これからの人生、病気知らずで長生きしたいという人は、まだ体が元気なうちに、何をすればよいのでしょうか？

健康によいといわれる食べ物を食べたり、トレーニングジムに通って体を鍛えるのもよいと思いますが、僕がおすすめしたいのは、**楽しくおしゃべりをする機会や、話し相手になってくれる「おしゃべり友達」**をつくること。

いくらお金持ちだったとしても、孤独な人生では面白くないでしょう。いま、周りにいるあなたの話し相手、たとえば、家族や友人、同僚のことを〝薬〟だと思って、もっと大事にしてみませんか？

とくに年配の男性には、アナウンサー線があっても、「男は余計なことはしゃべるべきではない」という人が多いように思います。

アナウンサー線

中指のつけ根から生命線の内側にかけてできる線。数が多いほど意味合いも強まる。

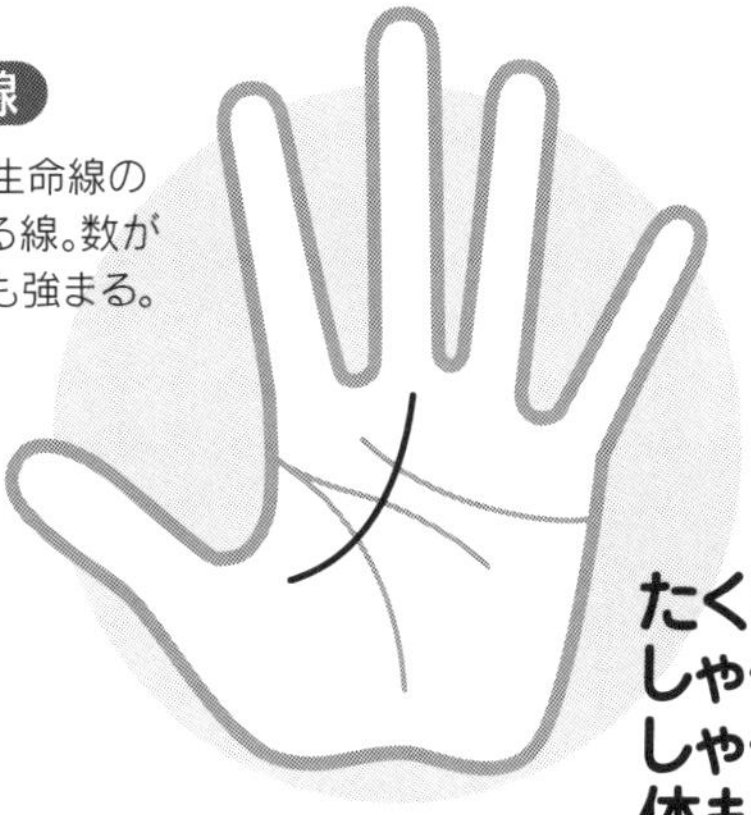

たくさんの人と
しゃべれば
しゃべるほど
体も心も元気に！

幸せな晩年線

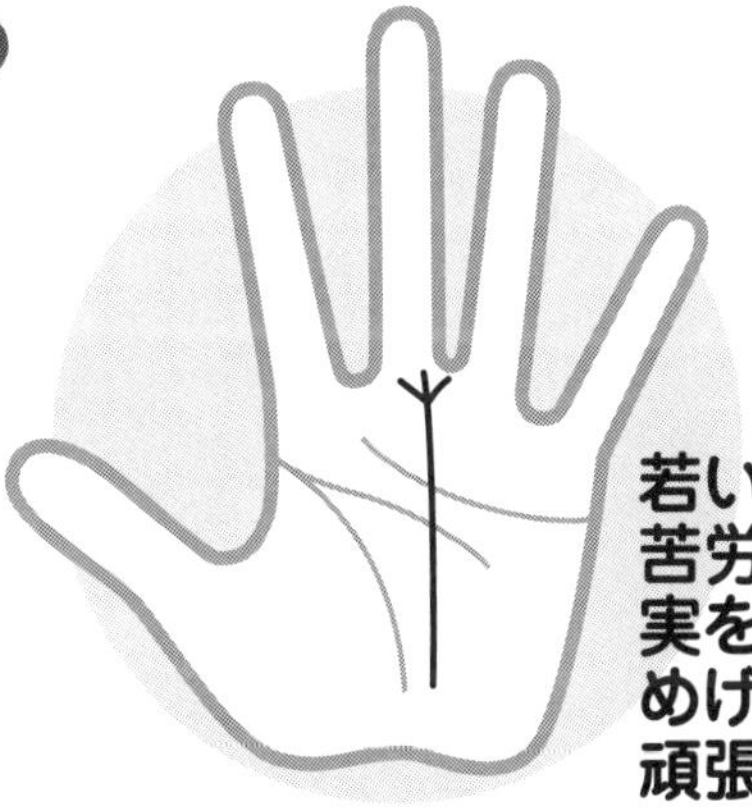

若いときの
苦労が晩年に
実を結びます！
めげずに
頑張って!!

そして、リタイア後には奥さんしか話し相手がおらず、近所に友人もつくれず、元気をなくしてしまう人もまた、多いようです。

アナウンサー線がある人は、この線を活かすことが、これからの人生をもっと花開かせる鍵になります。恥ずかしがらず、どんどんしゃべりましょう！

＊

幸せな老後を過ごせるかどうかは**「幸せな晩年線」**からもみることができます。

この線がある人は、若いときに苦労しがちですが、晩年は素敵な家族に恵まれたり、心穏《おだ》やかに幸せな時間を過ごせます。今、つらくとも、きっと素晴らしいゴールとフィナーレが待ってますよ。

スタミナ線

生命線の先が内側に
切れこむ線。

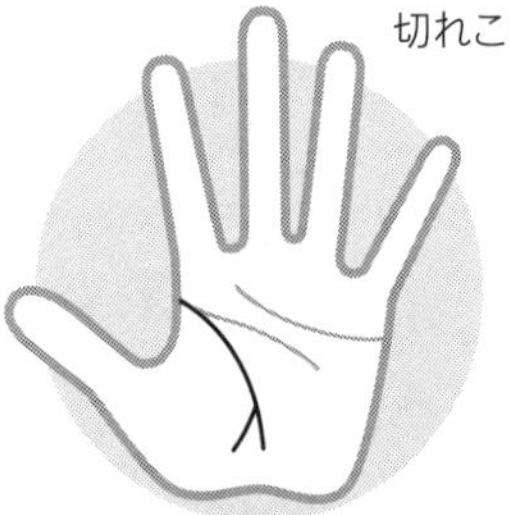

**いつまでも若々しさ
を保つ超タフネス！**

長寿線

右のようにグンと
張り出した生命線は
健康・長寿の証し。
下の2つのように
切れ切れや鎖状の
生命線は、健康面
の不調を暗示。

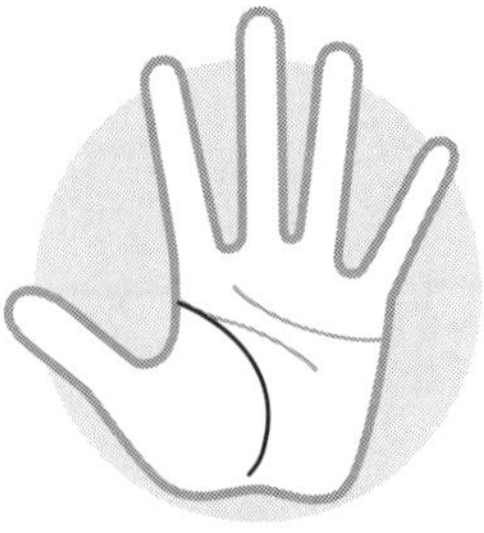

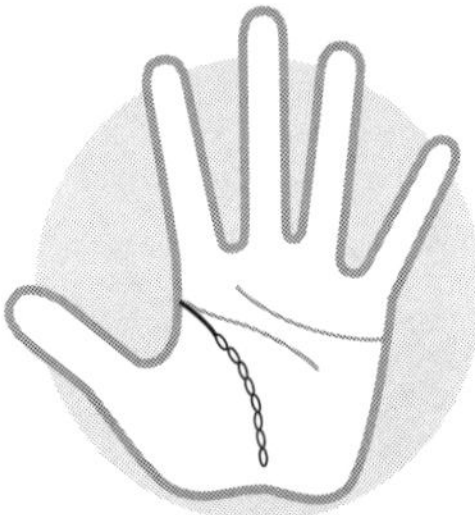

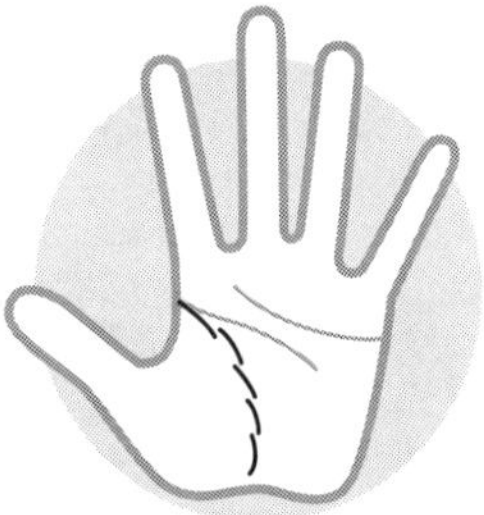

**体の強さは太鼓判！
でも、不摂生はダメですよ。**

＊

★スタミナ線…「二重生命線」ほどではないですが、**体が強かったり、いつも元気な人**にみられます。

見た目も若々しく、年齢をいうと驚かれるという人も多いことでしょう。芸能界では、草野仁さんやみのもんたさんにこの線がありました。

＊

★長寿線…そのものズバリのネーミングです。生命線がグンと張り出し、ハッキリとでています。

いっぽう、**線が切れ切れだったり、島があったり、鎖状になっていたら、健康面の不調**を暗示しています。また、いま長寿線がでているからといって、不摂生《ふせっせい》をしていいというわけではありません。

トラブル遭遇注意！のサイン

ケガ・事故注意線

★生命線の内側に×印

★生命線が途中で切れている

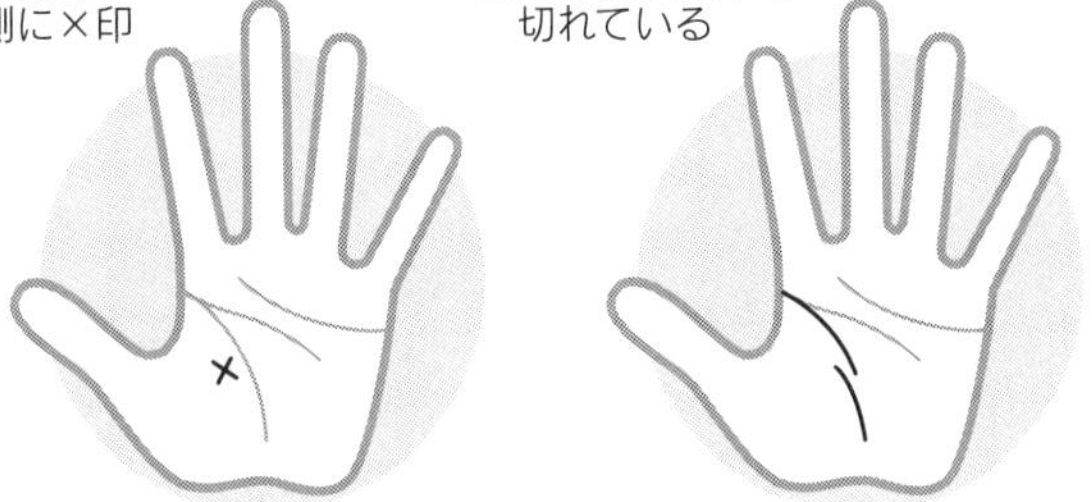

外的な障害の暗示。細心の注意を！

突然、降りかかってくる災難には、抗《あらが》うことがなかなか難しいものです。トラブルには、自分のせいで起きるものもあれば、自分は悪くないのに巻きこまれてしまうものもあります。

　どちらも予測することは困難でしょう。しかし手相には、その兆候がはっきりと現われます。把握できれば、行動にも慎重さが生まれ、被害も小さく食い止めることができます。

＊

★ケガ・事故注意線…「集中力が散漫《さんまん》になっていませんか？」と神様が警告してくれています。「このままだと、ケガをしたり、事故に巻きこまれたりしますよ」と不注意からの事故を暗示しているのです。

　この線がでていたら、クルマの運転をする人は、**いつもよりもさらに気をひきしめて、安全運転**を心がけてください。

　運動をする前は、ケガ防止のために、準備運動やストレッチをふだんよりも入念に！

＊

★災害線…中指のつけ根が赤黒く変色してきたり、不自然な線がでてきたりしたら、**火に注意**。火事やヤケドに用心しましょう。

　また、月丘（小指の下側、手首の上部分）あたりに不自然な線ができたら、**水に注意**。夏、プールや

崖っぷち線

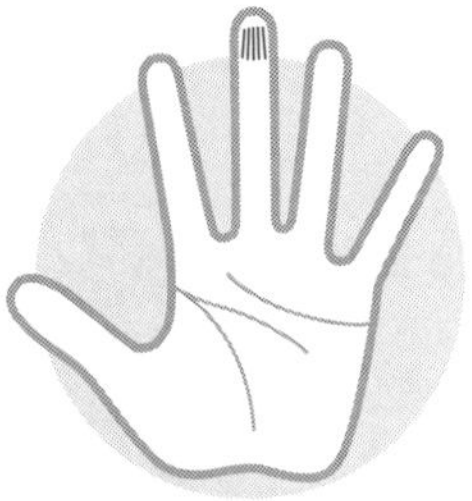

精神的に
大ピンチ！
誰かに相談を!!

災害線

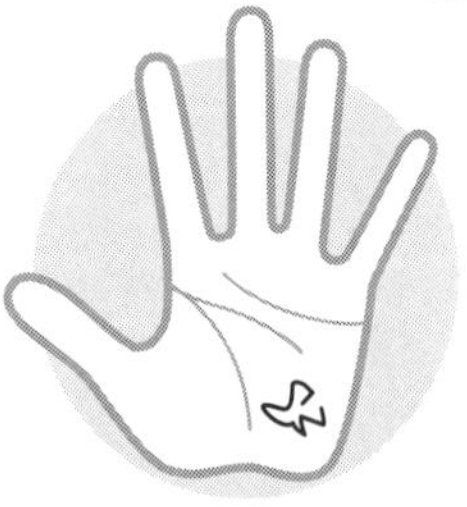

★小指の下側にでる不自然な線

水難の暗示。
水場に注意！

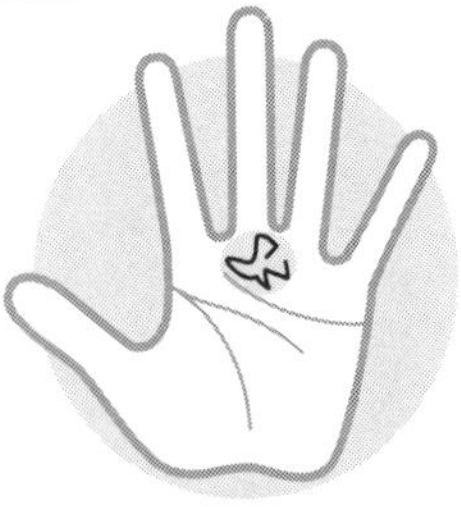

★中指のつけ根が赤黒い、または不自然な線がある

火難の暗示。
火の元に注意！

海などに行く際は、十分に気をつけてください。お風呂も意外な危険ゾーンですよ。

この線がでているうちは、危ない場所には近づかないことです。ムチャはしない。これがいちばんなのです。

＊

★崖っぷち線…この線がでているとき、あなたは精神的にかなり追いこまれていることでしょう。**心の栄養がカラになってしまっているはず**です。

誰でもいいので、人と話しましょう。学生時代の仲間でも、会社の同僚でも、美容師さんでも、喫茶店のマスターでも、誰でもいいのです。

また、海や山など、自然にふれたり、イヌやネコなどの動物とふれ合うのもいいでしょう。

最近、ゆっくり食事をしていますか？ 味わってしっかり食べれば、身も心も元気を取り戻せます。心の気分転換になりそうなことを進んでやってみてください。

また、もし、この線がでている人をみたら、どうか、たくさん愛情を注いであげてくださいね。

病気に要注意！のサイン

手相には、病気のサインも現われます。

　ここでは、体の部位別にみた不調のサインや病気の兆候、また自分の体の弱点を紹介します。

＊

★肝臓注意線…肝臓に疲れがたまっているサインです。

　さらに、この線が出る**月丘**という部分が赤みを帯《お》びたり、ドス黒くなったりしていたら要注意です。お酒が大好きな人でも量を減らしたり、〝休肝日〟を設けて、自分の体をいたわってあげてください。

　仕事のつき合いで飲む機会が多いのなら、アルコール度数の低いものを選ぶとよいでしょう。

　もし、手の色が変わってきたり、自覚症状が少しでもあるなら、**一刻も早く、病院に行くことを絶対におすすめします。**

　また、対人関係に悩んでしまいがちな人、心配性な人、気配りの人……など、ストレスを抱えがちな人は、お酒に頼らずに、自分なりの健康的なストレス発散法をみつけてください。

＊

★呼吸器注意線…気管支、肺、ノドなどの呼吸器系に注意が必要というサインです。

　ヘビースモーカーだけでなく、お子さんでも、**ぜんそくがあったり、ノドや胸のあたりが弱い人に**でやすく、自覚症状のあるなしに

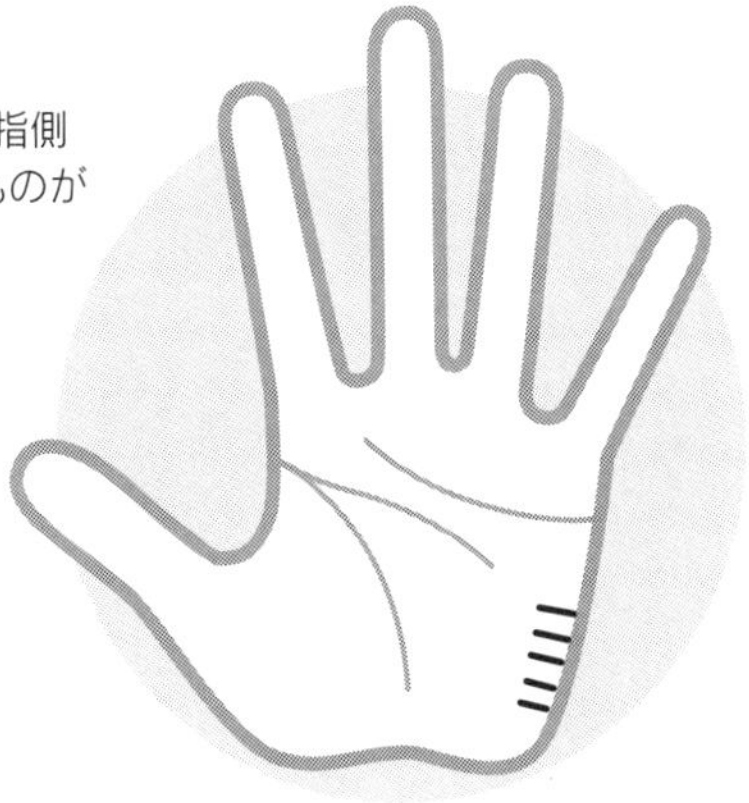

肝臓注意線

感情線と手首の間の小指側に、横線や溝のようなものが複数本現われる。

消化器注意線

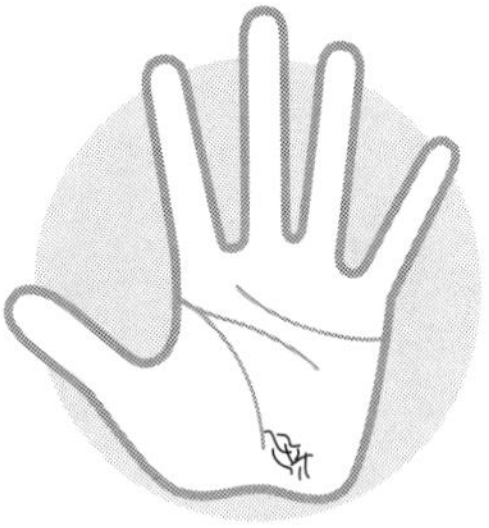

生命線の終わりのほうの線が乱れていたり、島ができていたりする。

呼吸器注意線

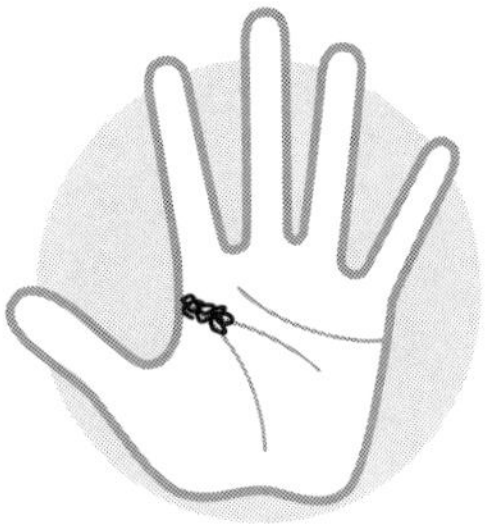

生命線と頭脳線の入り口あたりの線が、グチャグチャとなっている。

かかわらず、けっこう多くの人にみられる線です。

ヘビースモーカーの人なら、スパッと禁煙してしまうのがいちばんよいのですが、難しいという人は、タバコの本数を少しでも減らすことをおすすめします。

また、**ハウスダストも天敵**。小まめにお掃除したり、部屋の窓を開けて、いい空気を室内に入れる習慣をつけるといいでしょう。

さらに、この線をもつ人は高熱がでやすい傾向もあるようです。「ばい菌をもらってきて高熱に」などとならないよう、うがい手洗いは、風邪がはやっていなくてもしっかりしましょう！

＊

★消化器注意線…胃や腸など、消化器に不調を抱えているサインです。

食べすぎ、飲みすぎ、そして不規則な食生活で胃腸が疲れきってしまい、悲鳴を上げているのかもしれません。**食生活の見直しをおすすめします**。

朝・昼・晩の三食の時間をきちんと決める、食べ放題や刺激物はほどほどにする、お酒の量を減らすなど、ふだんの食生活を振り返って、できるところから、どんどん改善していきましょう。

また、ストレスも胃腸の大敵です。ストレスを過剰《かじょう》にためこまないように。

＊

★脳・鼻・目注意線…頭脳線は頭部と関係し、この線の乱れは、**脳**

脳・鼻・目注意線

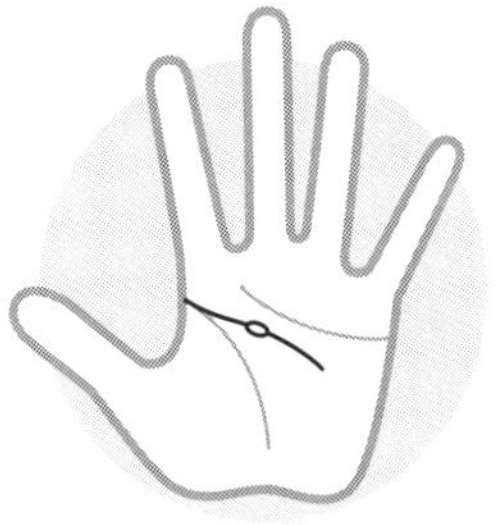

頭脳線のどこかに島ができていたり、線が途切れていたりする。

心臓注意線

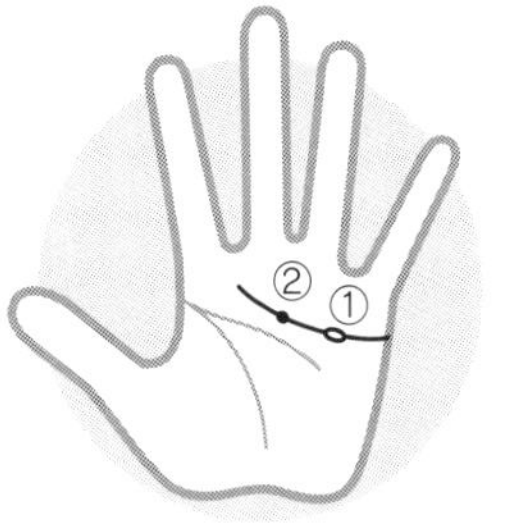

感情線が乱れていたり、感情線上に①島や②点などがある

や目、鼻、口、耳などのトラブルを暗示しています。

最近、目が重たい、視力が落ちてきているなどの自覚症状はありませんか？

パソコン仕事で目を酷使《こくし》し、スマートフォンの画面を見て、さらに目を疲れさせる……現代人にとって、目の疲れというのは、切っても切れない悩みです。

目の疲れは、頭痛、肩こりなどといった症状にも発展しかねません。仕事中にうまく息抜きをする、首や体のストレッチをする、目薬をさすなど、ケアをお忘れなく。

休日も、軽めの運動をする習慣をつけると、さらにリフレッシュできるはずです。

■注意！■

頭脳線のトラブルは、恐ろしい病気につながることもあるので、注意が必要です。

ブチッと切れていたり、大きな島があったり、切れ目が直角に曲がっているなど、**明らかにヘンな線**になっているときは、より注意してください。

＊

★心臓注意線……心臓のトラブルを暗示しています。**動悸《どうき》や息切れ、脈がとぶ、というような症状はありませんか？**

頑張りすぎ、無理のしすぎは、心臓に負担をかけてしまいます。ストレスやプレッシャーに弱いという人も同様です。重圧によるダメージが心臓にきやすいのでご注

婦人科注意線

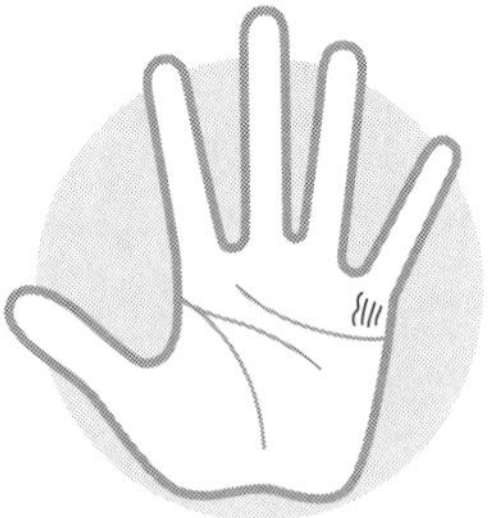

小指のつけ根の下に、
複数本の細かいスジの
ような縦線がある。

泌尿器・生殖器注意線

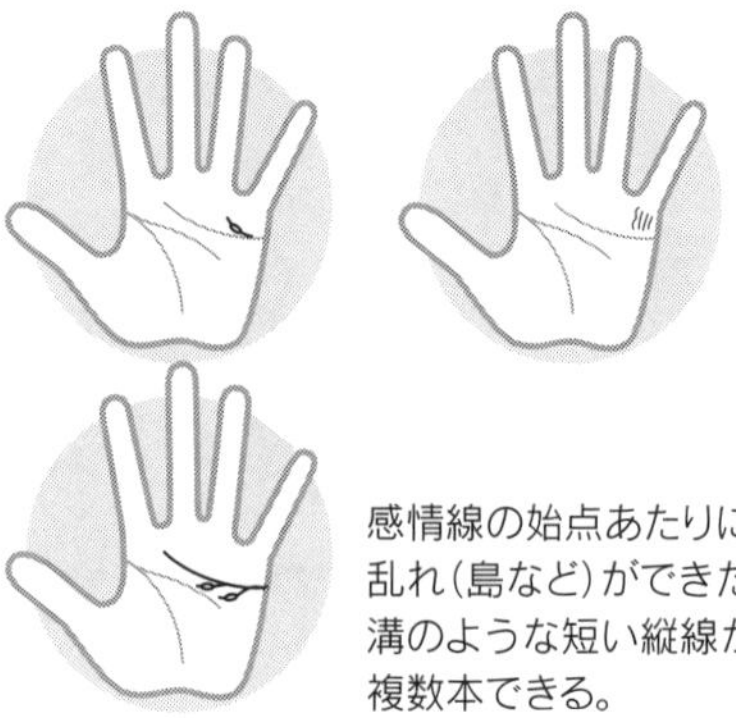

感情線の始点あたりに
乱れ（島など）ができたり、
溝のような短い縦線が
複数本できる。

意を！

いうまでもなく、心臓の病気はとても怖いので、疲れがたまっていたり、嫌なことがつづいたりしたら、思いきって休養をとることが大切です。

有休でもとって旅行をするなど、プレッシャーから自分を解放し、のんびりできる時間をとってみてはいかがでしょう。

「忙しくて、とても休暇なんてとれない」という人は、せめて最低限の睡眠時間だけは、確保してくださいね。

頑張ることはとてもいいことだと思います。でも、もうちょっと「いい加減」になってもいいのでは？　なんてことも思うのです。

＊

★泌尿器・生殖器注意線…生殖器にかんする不調やトラブル、泌尿器の病気を暗示する線です。**女性の場合、特有の婦人病とも関係します。**

「最近、なんかアッチに自信がなくてねぇ」と、しょげている先輩芸人の手相には、この線がくっきりでていました。

やっぱり、昼も夜も元気が一番。「英雄色を好む」というように、デキる人はアッチも強いものです。いつまでも〝元気〟を保つためにこの線にも注意してください。

＊

★婦人科注意線…ホルモンバランスの崩れにより、お肌の荒れや吹き出物、むくみ、生理不順、手足の冷えなどがでやすいときに現わ

バイタリティ線

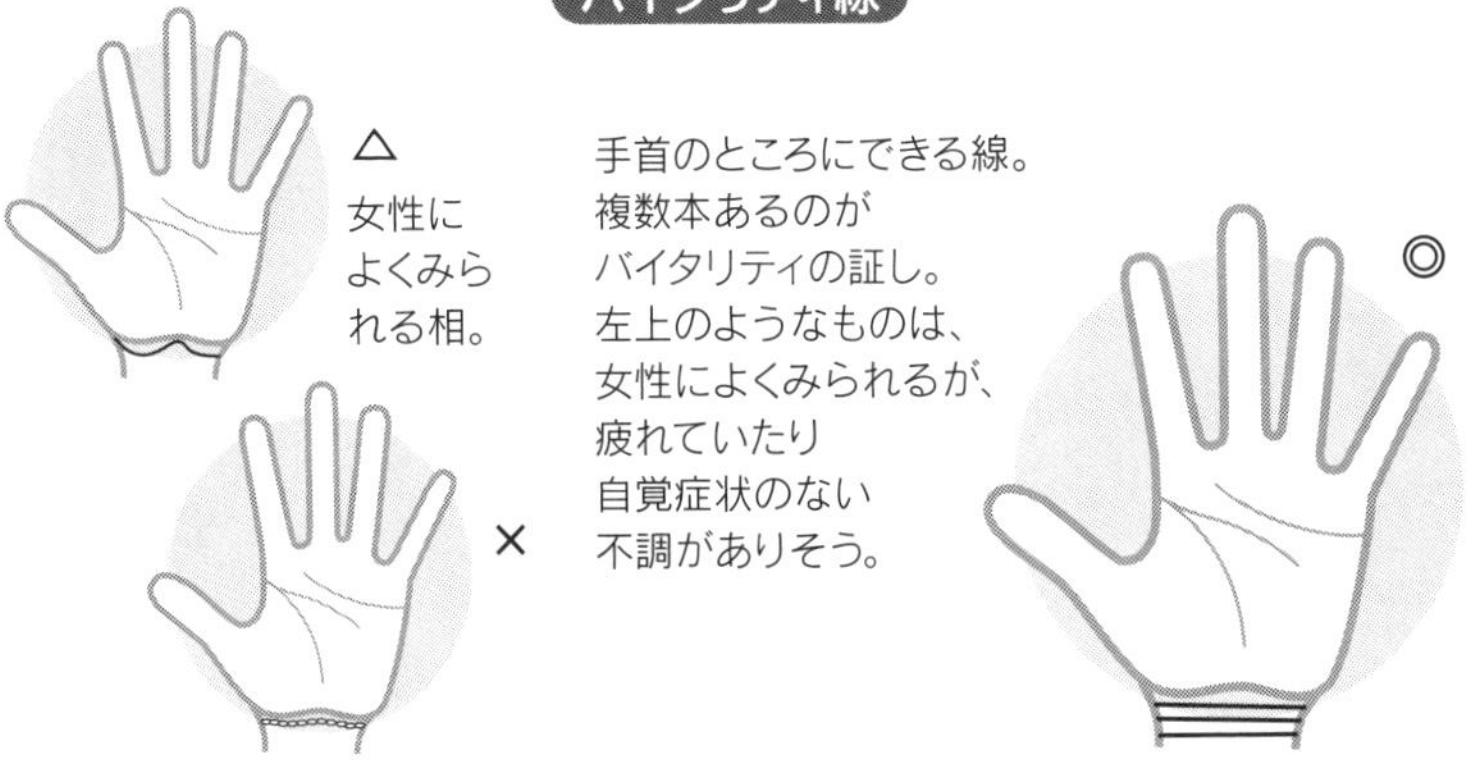

女性によくみられる相。

手首のところにできる線。複数本あるのがバイタリティの証し。左上のようなものは、女性によくみられるが、疲れていたり自覚症状のない不調がありそう。

れる線です。男性の場合なら、精力減退を感じている人にも現われます。

　ホルモンバランスを崩すと、気持ちが不安定になりやすく、イライラしたり、ひどくふさいだり、人と衝突したり、そんな自分が嫌でさらに落ちこんだり……そんな経験をした方は多いことでしょう。

　そんなときは、**よく寝て、バランスよく食べるのが特効薬**。でも、食べすぎやダイエットは厳禁です。

　また、手足を冷やさないようにし、ゆっくりリラックスできる時間をつくってみてはいかがでしょうか。

　いずれにしても、不摂生をやめ、健康的な食生活を送ることがいちばんです。「食」とは「人を良くする」と書きますものね。

＊

★バイタリティ線…別名「手首線」とも呼ばれる、手首にできる線です。

　多くの人に1～2本はあるのですが、**3本、4本…と刻まれている人は、今、とても健康状態がいいという証し**です。

　逆に、この線があっても、鎖《くさり》状になっていたり、切れ切れだったりしている人は、疲労がたまっていたり、病気になりやすい状態であることのサインです。

　生命線や頭脳線が強い相を示していたとしても、この線が鎖状になっていたら、体質的には「無理がきかない」人といえるかもしれません。

手相面白話

「アイドル3線」に驚きの変化あり！

僕が「アイドル3線」と呼んでいる、人気アイドルの方によくみられる3つの線があります。

それは**「エロ線」「モテ線」「カリスマ線」**。人気があり、コミュニケーション上手で、人を惹《ひ》きつける魅力があるという、アイドルには欠かせない3線です。

しかし最近、その傾向が変わってきました。「新アイドル3線」とでも呼べる、共通した線をもつアイドルが登場しているのです。

その3線とは、**「KY線」「よちよち幼児線」「不思議ちゃん線」**。

いずれも、ちょっと良くないイメージをもたれがちな線ですが、KY線のもつ「自分の信念を貫《つらぬ》く力」があり、よちよち幼児線のもつ「ファンをつかんで離さない甘えん坊な気質」があり、不思議ちゃん線のもつ「普通の人とはちょっと雰囲気の異なる癒《いや》し系」という魅力がある人なのです。

AKBグループや、ももいろクローバーZ、また宝塚歌劇団出身の女優さんにも、この3つの線をもっているメンバーが多くいます。

とくに注目したいのは「KY線」です。大人数がいるグループのなかで、埋もれずに自分を表現できる気概《きがい》があるからこそ、頭角を現わす人には、このような線が入ってくるのではないかと思います。

＊

この「新アイドル3線」、もちろんアイドル以外の方にも現われることがあります。

KY線は、一般的に「じゃじゃ馬で、頑固《がんこ》で、芯が強すぎる」というイメージがありますが、自分の居場所をみつけると強いパワーを発揮します。一見、弱点にみえることが、大きな武器になることだってあるのです。

皆さんにもきっと、良くないイメージをもたれがちな線があることでしょう。でも、**その線の存在を認め、逆手《さかて》にとることで「自分の新たな魅力」を発見する**ことができるのです。

chapter 4

【金運手相】お悩み解決！相談室

ムダづかいしていないつもりなのに、お金が貯まりません

財運線

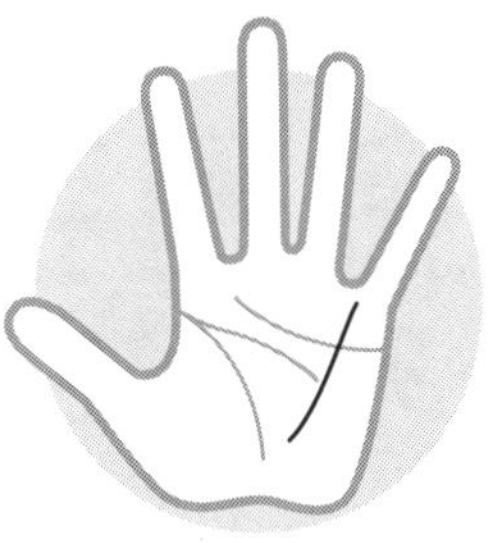

大きく稼いで、大きくふやせる！

浪費家線

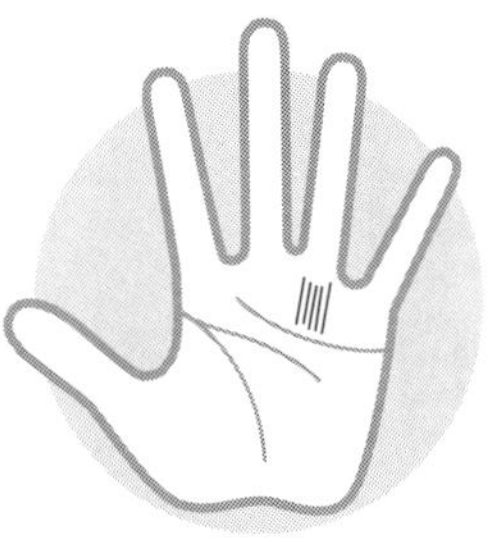

お金にルーズ。「貯金」って、何？

お金とのつき合い方は、人それぞれです。給料日から数日でパーッと使ってしまう人もいれば、コツコツ貯めるのが得意な人もいます。そんなに稼ぎがよくないのに、なぜか、いつもお金に困っていない人もいます。

まずは、あなたの手にある金運にまつわる線の傾向を知ることから始めましょう。

＊

★財運線…小指のつけ根からのびる線。**お金を蓄《たくわ》え、ふやすことができる力が高い人**に現われます。

＊

★浪費家線…**お金が入ったら入っただけ、どんどん使ってしまいます。**お財布の紐《ひも》がユルく、貯金はあまり期待できないタイプです。

＊

★コツコツ線…収入は多くもなく、少なくもなくですが、旅行や大きな買い物など**計画的に使ういっぽうで、着実に貯めていけるタイプ。**日本人にいちばん多い線です。

＊

★ビューティー線…**自分の専門技能やセンスで勝負する**ことで、稼ぎを生み出す力があります。趣味がお金になることも期待できそう。

＊

★セレブ線…人なみ以上の「ちょいリッチ」な生活ができる人です。**貯蓄を確実にしつつも、まだ**

ビューティー線

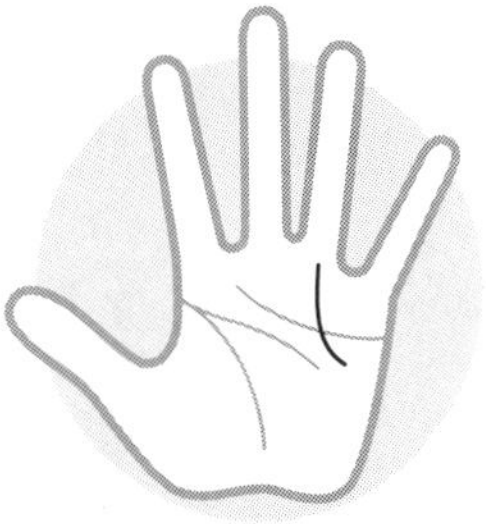

美的センスを
活かして財を築く！

コツコツ線

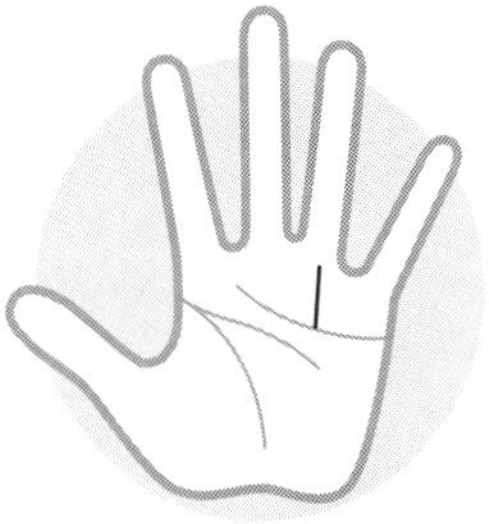

貯蓄上手で堅実。
家計を任せても安心！

覇王線

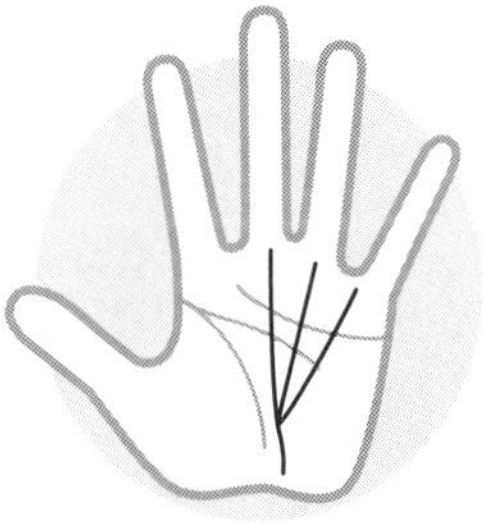

お金を生み、貯め、
ふやすパワーが大！

セレブ線

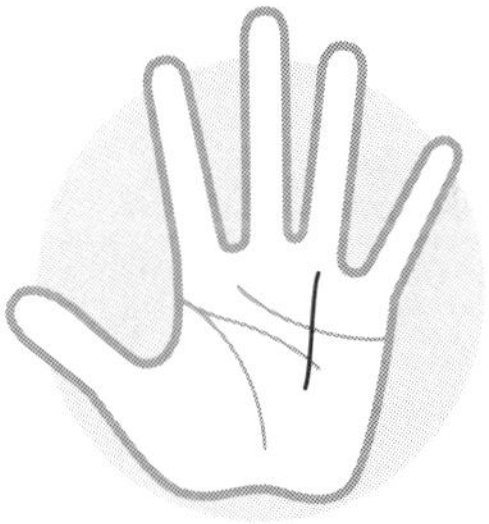

庭付きの家で、犬も
飼えるほどリッチ！

お金に余裕があるという、恵まれた運の持ち主だといえます。

＊

★覇王線…「最強の金運」の持ち主です。**お金を生む力（金運線）と、それを貯め、ふやす力（財運線）の両方**をもっています。

さらに、それが運命線にもつながっているため、仕事でも大きな成功をつかむことができます。

＊

お金の使い方の傾向は、頭脳線からみることができます。

一般的に**「理系線」の人より「文系線」、さらに「芸術家線」の人のほうが気分が流されやすい傾向**があり、衝動買いをしたり、何軒もハシゴ酒をしたりと、計画的ではないお金の使い方をしがちです。

お給料は、入ったぶんだけ、使ってしまいます…

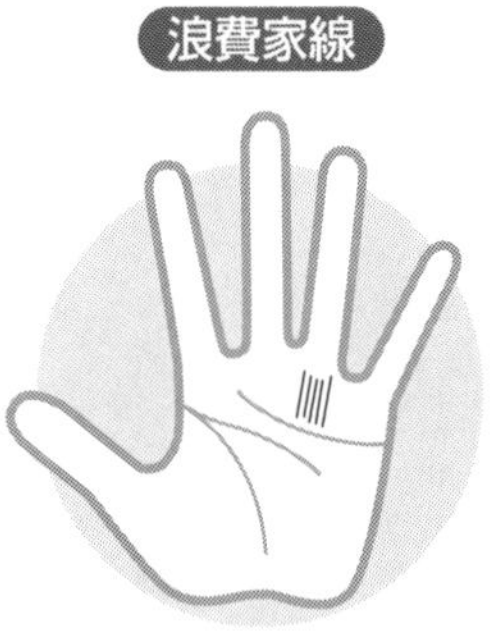

たまには、ケチになってもいいのでは?

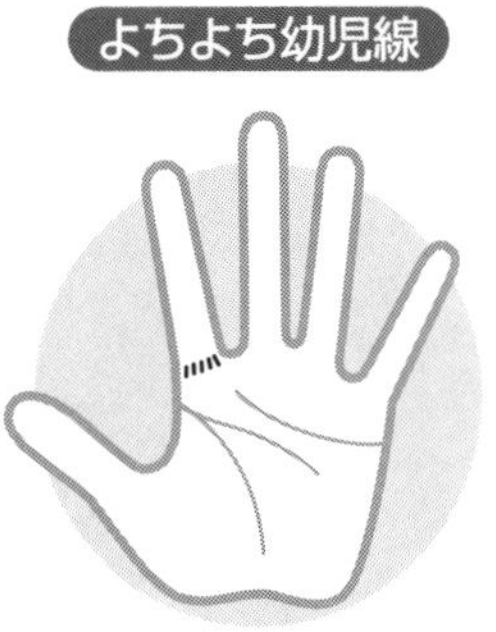

「先取り貯金」でムダづかいを追放！

金運線の長さも、もちろん重要ですが、以下の線も、ぜひチェックしてみてください。

意外な線に、浪費がやめられない秘密が隠れていたりするのです。

＊

★浪費家線…お金にルーズで、文字どおり「浪費家」の傾向があります。この線がある人は、ケチではなく、気前もいいので、ある意味とても魅力的な人なのですが、その分、財布にお金が残らず、貯金もできません。

●アドバイス！

お金の使い方、貯め方を見直してみましょう。小銭貯金を始めた途端《とたん》にこの線が消え、貯めることの楽しさに目覚めた人もいます。

パートナーがお金の管理が得意ならば、**思いきってすべての支出の管理を任せてしまう**のもいいかもしれません。

＊

★よちよち幼児線…いつまでたっても大人になりきれない、子どもっぽい人です。「期間限定」や「現品限り」「最後の一つ！」という宣伝文句に飛びついて、何かを買ったことはありませんか？

●アドバイス！

自分に甘いところがあるので、イヤなことや面倒くさいことは、ついつい後回しにしてしまいがちです。

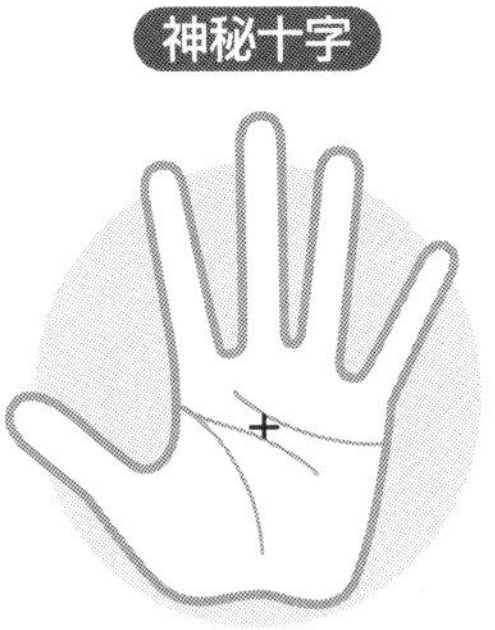

直感を信じて「悔いのない買い物」を！

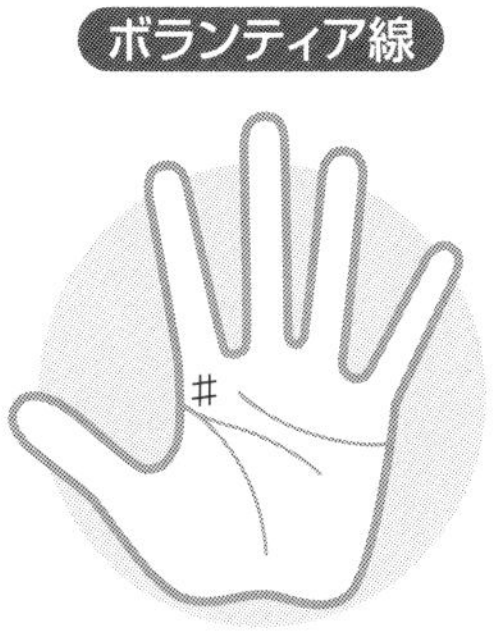

「お金を貸して」と頼まれてもNOを！

そんな人には**「先取り貯金」**がおすすめ。お給料が振り込まれたらすぐに、別の口座に一定額を貯金してしまうのです。残りを生活費とすれば、自然と貯金することができます。

それさえも面倒くさいなら、パートナーに毎月一定額を手渡しして、貯金してもらうという手も。

＊

★ボランティア線…その名のとおり、ボランティア精神が旺盛《おうせい》で、人のために働くことを苦にしないタイプです。

●アドバイス！

いい線ではあるのですが、女性なら、ダメンズに引っかかってしまうと、**言いなりになってお金を渡してしまう**というところがあります。〝都合のいい女〟にならないように。また、パートナー選びはくれぐれも慎重に……。

＊

★神秘十字…ご先祖様に守られ、霊的な力もあるようです。スピリチュアルな才能もあります。

●アドバイス！

買い物のときの合言葉は「考えるな。感じろ」。直感に優《すぐ》れているので、ギリギリと節約するより「ピンときたものを買う」ほうが結果としてお金が残ります。

また、**大きな買い物をする前にご先祖様の「お墓参り」をする**のもおすすめ。直感を発揮するのに役立ちますよ。

＊

★カリスマ線…人から厚い信頼を

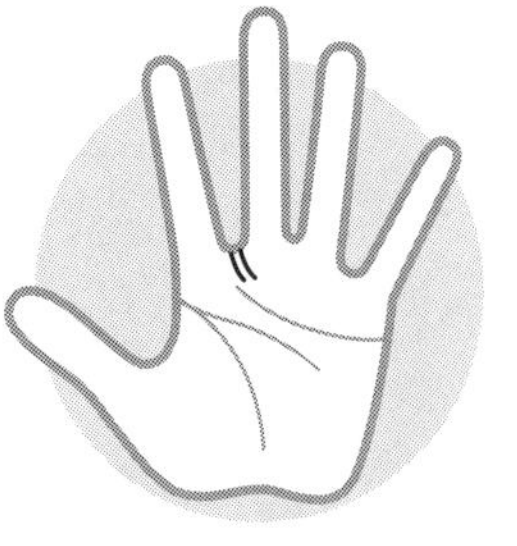

自分に本当に必要なものだけを買うべし！

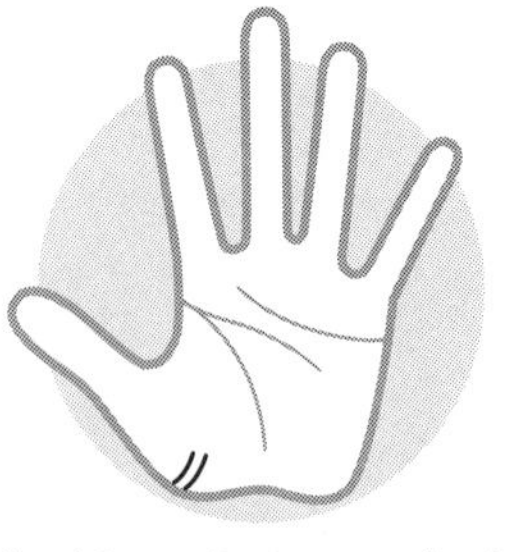

気前のよさで、身を滅ぼさぬよう注意！

寄せられ、人徳のあるリーダーに多い線です。とにかく世話好きで、面倒見もよい人です

●アドバイス！

有能なリーダーゆえ、部下との飲み会が多いことでしょう。でも、その場で「俺が全部払うから、今日は好きなだけ、飲んで食べろ！」なんて格好つけてしまいがちではありませんか？

生き方として、それを貫《つらぬ》くというのもよいのですが、イザというときに**自分や家族のために使うお金を確保しておく**のも大切。

リーダーとしての素質はもともと素晴らしいものがあるのですから、たまには、「今日はごめん。ワリカンで！」のひと言があってもよいのでは？

＊

★ナルシスト線…自分大好き！な人です。自分が中心になっていないと、機嫌を損ねてしまうことも。

●アドバイス！

どんなことにも見栄をはってしまう人だといえます。

お金にかんしても、人に自慢するために、ブランド品ばかりを買ったり、飲み会の席でも「俺が全部もつよ」などと宣言して、周囲から尊敬の眼差《まなざ》しを集めることに快感を覚えたりするでしょう。

しかし、無いソデを振って、結果的に苦しむのは自分です。**言葉にだす前に、一度しっかり自分のフトコロのことを考える習慣を。**

そうでないと、一生、お金の運はめぐってきませんよ。

金運線には、こんな見方も！

僕が自分の手相で毎日チェックを欠かさない線。それこそ「金運線」です。もちろん、お金のことも気になりますが、じつは、**自分の仕事への姿勢のバロメーター**としてもチェックしています。

仕事にのめりこんで、集中していると感じているときは、やはり、金運線が濃くでています。逆に乗り切れていないなあと感じているときは、やっぱり、線が薄くなっているのです。

「生き金」を使いましょう！

「生き金、死に金」という言葉があります。

「生き金」というのは、たとえば資格をとるためだとか、習いごとをするなど、将来のために意味のある投資となるお金のことです。

かといって、あまり難しく考えることはありません。

たとえば、家計をやりくりしてご主人にいつもよりビールを1本多く食卓にだす……「明日からまた仕事を頑張ってもらうことができる」と考えれば、これも立派な「生き金」になります。

僕も、芸人の後輩と食事に行って全員にごちそうしたとしても、発散できたり、貴重な意見交換ができたなら、将来につながる「生き金」になると考えています。

いっぽう、「死に金」は、未来につながらないお金のこと。つまりは「ムダづかい」です。

お金と向き合ううえでは、いかに「生き金を多く使うか」が鍵になります。

たとえば、家計簿を**「生き金は黒のペン、死に金は赤ペン」**でつけてみれば、1か月後に見直したときに「未来につながるお金の使い方ができているか」が一目瞭《いちもくりょう》然《ぜん》になります。

お金は「天下の回りもの」といわれます。節約に節約を重ねて貯金をしても、その過程ではつらい思いをするばかりで、収入自体はなかなか増えないでしょう。

貯金は、無くては困るけど、貯金ばかりに気を取られていてもダメなのです。

「使うときには使い、ケチるときはケチる」。この言葉を忘れずに。

お金が貯まる人と貯まらない人の違いは？

もう少しで覇王線の相

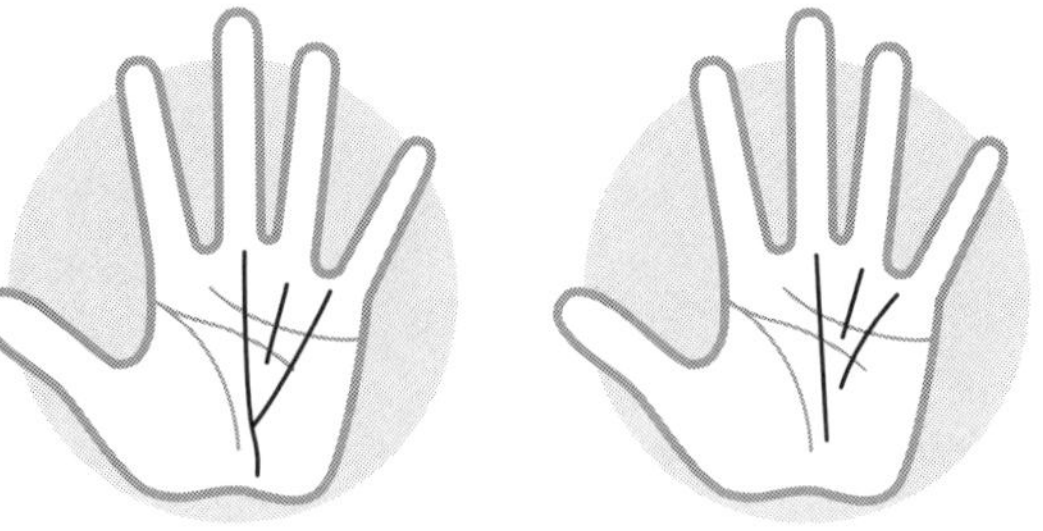

まずチェックすべきは「**財運線**」です。前にもお話ししたとおり、将来的に財を成《な》せる人は、この線がくっきりとでています。

　たとえば「羽振《はぶ》りのよかった若手社長が投資に失敗して、没落《ぼつらく》した」なんていうケースがあります。その社長の金運線は濃く、強かったのかもしれませんが、財運線はきっと弱々しいものだったに違いありません。

　また、財運線がくっきりとある人は、最強の金運の持ち主といえる「**覇王線**」をもつ人や、金銭的に恵まれた暮らしができる「**セレブ線**」をもつ人をパートナーにすれば、さらに莫大《ばくだい》な富を得ることができるでしょう

　いっぽう、「**浪費家線**」や「**よちよち幼児線**」など、お金にルーズな傾向がある線をもつ人をパートナーにしてしまうと、パートナーとともにアッという間に転落してしまう恐れがあります。

風水の観点で見てみると…

ここでは、手相ではなく、風水の観点からもみてみましょう。キーアイテムはズバリ「財布」です。財布をみれば、使っている人の「お金に対するスタンス」がわかります。

　きれいな財布を使っている人は、ボロボロの財布を使っている人よ

りも、お金を大切に扱う人です。「自分の財布に、今いくら入っているのか」ということを常に把握できており、お札の向きもきれいにそろっていることでしょう。

　また、長財布と折りたたみ式の財布のどちらがいいかといえば、これはもう長財布です。

　風水的にいうと、折りたたみ式の財布は「お札を折り曲げる＝大切に扱っていない」ということになるからです。

どんな色の財布がいい？

　風水といえば、色も重要な要素です。財布にも、さまざまな良いとされる色があります。

　よく「黒字につながるから、黒い財布がよい」とか、「金運という言葉のイメージから、黄色がよい」などといわれますが、風水としてよいのは、緑です。

　黄色は入るお金も多いですが、出ていくお金も多いのです。「お金を動かす」という意味では黄色、「安定させる」という意味では**「緑の長財布」**をおすすめします。

　また、どんな財布にもいえることですが、領収書やクーポン券、カードなどでパンパンになっているのはご法度《はっと》。毎日整理し、きれいに使う人に金運はやってきます。

　そして、**財布がきちんとしていれば、自然と金運にまつわる手相も整ってくる**のです。

　いい手相をもっている人は、財布ひとつみても「やっぱりな」と思えます。

「将来のお金」が心配です。私の老後は大丈夫でしょうか？

財運線

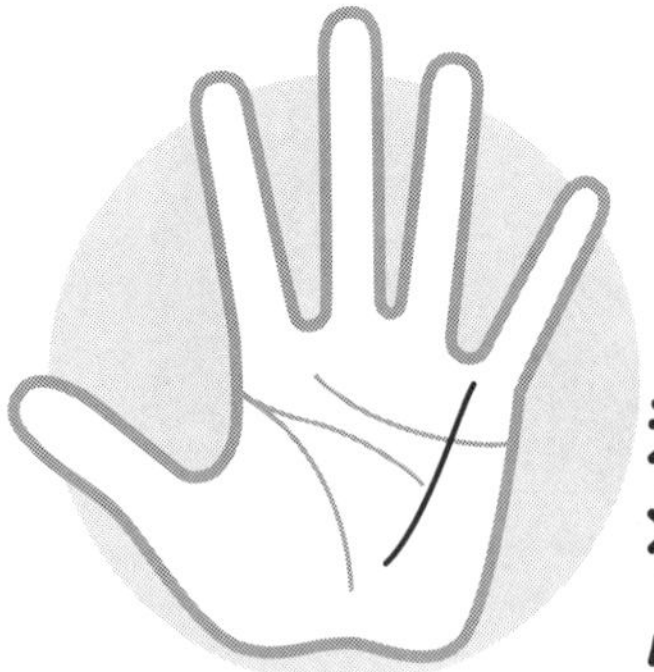

未来の富豪。将来も安泰で心配無用?!

運命線

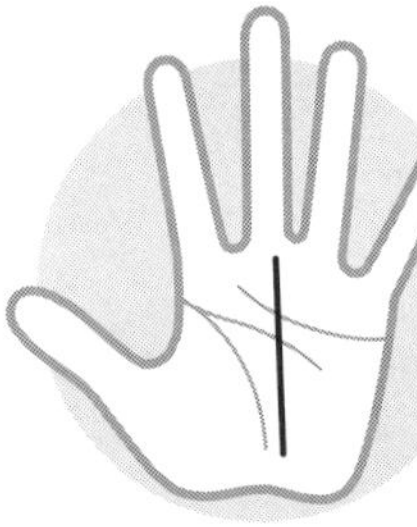

しっかりとした貯金があなたを救ってくれる！

幸せな晩年線

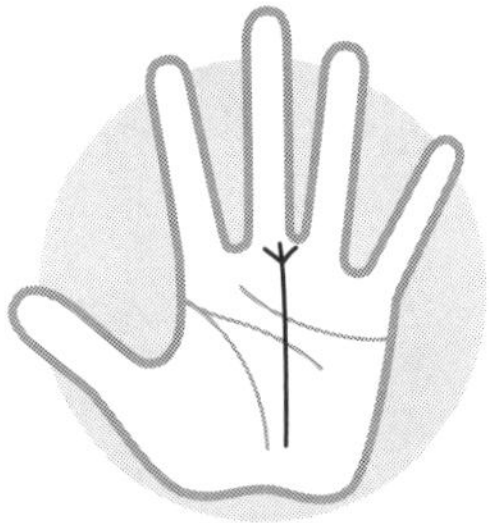

心身だけでなく金運も安定します！

自分の老後のお金、心配ですよね。お給料が一気に跳《は》ね上がるなんてことはそうないですし、年金制度もさまざまな問題を抱えているというニュースをよくみます。

そのような悩みに手相の観点からお答えしましょう。**この線がでていたら、心配なし！**の3線です。

＊

★**財運線**…やはり、この線が重要になってきます。くっきりと線がでているほど、お金を蓄え、ふやす力が高くなります。

★**幸せな晩年線**…若いときにした苦労が第二の人生で報《むく》われます。心の安定はもちろんのこと、金運にも恵まれます。

★**運命線**…人生の浮き沈みや仕事運などがわかる線なので、この線

がくっきりでている人は安心です。ただし、運命線のどこにハードル線（68ページ参照）があるかもチェックしておきましょう。

何歳ぐらいのときにトラブルに見舞われやすくなるかを知っておけば、**おのずと用意しておくお金が必要になることがわかる**でしょう。

＊

3つの線を紹介しましたが、じつは、これらの線よりも大切なことがあると僕は考えています。

それは、**「豊かな老後を送れるか否《いな》かは、貯金額ではなく、それまでの人生の歩み方が決める」**ということです。

もちろん、お金は大切ですし、ある程度の蓄えがあったほうが安心です。

でも、先ほどお話しした「生き金、死に金」でも触《ふ》れたとおり、節約を重ねるよりも、自分のために投資をしたほうが、何もしないよりもリターンが大きいですし、人生をさらに豊かにしてくれると思います。

たとえば、10年後の自分のために、今の生活を切りつめてでも資格をとるなど、自分のためにどんどん使ってあげてください。

実を結ばないことや、挫折《ざせつ》することだって、ときにはあるかもしれません。でも、その経験は、文字どおり「お金では買えない財産」になり、あなたという人間を、グンとスケールアップさせてくれるはずです。

ギャンブル運やクジ運を高めたいです！

薬指の下にスター

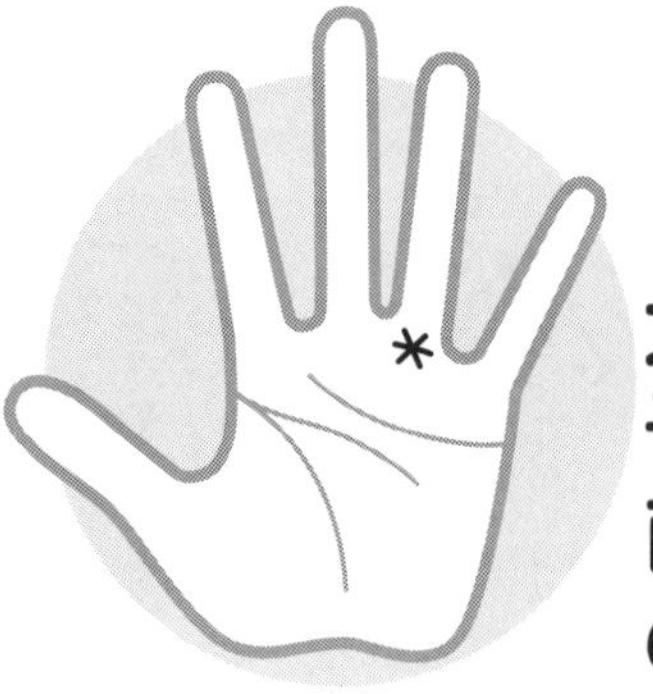

大金をつかむ予兆！自分の直感を信じての購入が吉!!

ギャンブルに強い人、クジ運が強い人には、じつは手相においてある共通点があります。

＊

★スター…一番のラッキーサインです。とくに**薬指の下**（**金運線の真上**）**に現われたら、ギャンブル運が一気に上昇**しています。

大金をつかむサインであり、あの大ベストセラー小説を書いた芸人さんの手にも、薬指の下にはっきりとこのスターがありました。

このほか**「フィッシュ」「トライアングル」「イケイケ線」**も幸運のサインです。

もし、自分にサインがない場合は、家族や友人に幸運のサインがでている人を探してみてください。見つけたなら、ぜひお金を預けて、宝くじなどを代わりに買いに行ってもらいましょう。その強い運のおすそ分けにあずかれるかも。

＊

スターのほかに**「ギャンブラー3線」**というものがあります。

★ギャンブル線…その名のとおり、まさに天性の勝負師。冴《さ》えた直感で、どんどん勝ちを手にします。

★神秘十字…ひらめく力が天下一品。あらゆる面で生まれつき運がいい人だといえます。

★ますかけ線…勝負事に大きな力を発揮します。

以上の3線がそろえば、「最強

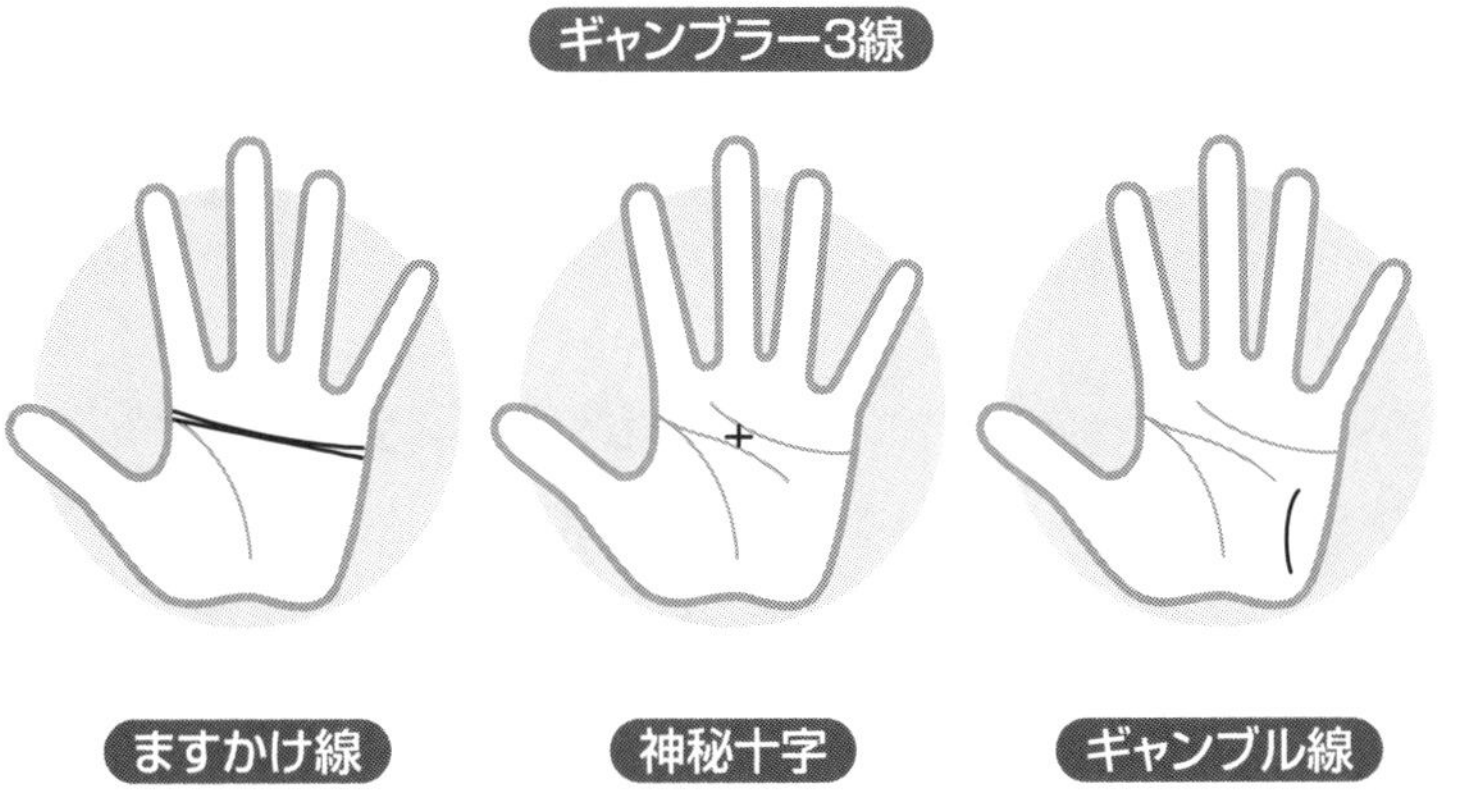

のギャンブラー」といえそうです。

＊

「自分には、このサインや線がないから、ギャンブル運やクジ運がないんだ。実際当たらないし…」

このように嘆《なげ》く方も多いことでしょう。でも、あきらめてしまうのは早計。ここでは、宝くじで高額当せんする秘密を教えましょう。

①午前中に購入する

②購入する前日は、肉を食べ、酒を断つ

③前回当たったお金や、ご祝儀でいただいたお金など「縁起のいいお金」を使う

④家から宝くじ売り場までの道でゴミ拾いをし、最後に売り場のまわりを一周してゴミを拾ってから購入する

じつはこの4つ、宝くじの高額当せん者全員に共通していたことです。住む場所はバラバラなのに、皆同じことをやっていたので、とてもビックリしました。

僕なりに4つを解説すると、①は「気が澄《す》んでいる」ときに買うため、②は野性のカンを高めるため、③は、よい金運の流れを継続させるため、④は徳を積み、自分の心を浄化させるためだと考えます。ゴミを拾うのは、宝くじの神様にほほえみかけてもらうためなのかもしれませんね。

買い方や金額にも共通点がありました。それは「連番とバラを10枚ずつ」というもの。高額当せん者の方たちは皆、それを長年つづけているそうです。

自分に合った「お金の使い方」を教えてください！

オタク線

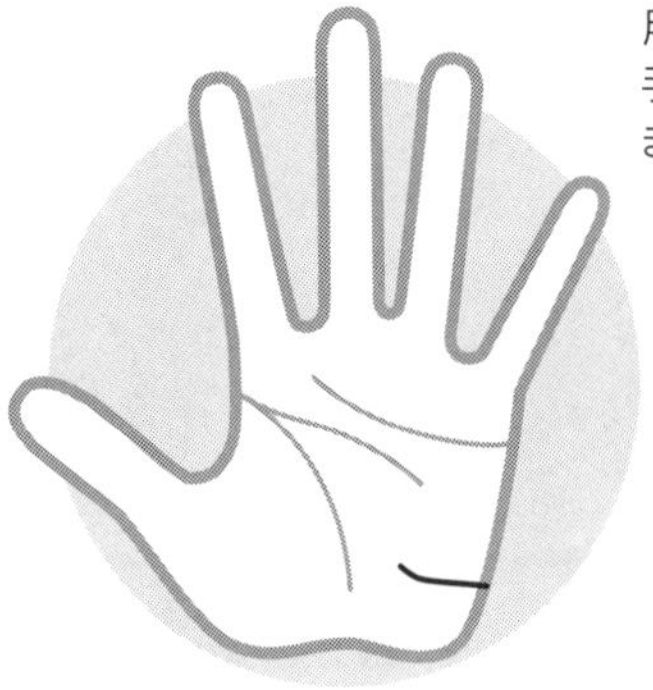

月丘の下部で、手の甲から手の側面を通り、手のひらまでつづいている線。

のめりこんだ趣味がそのまま実益になる！

「生き金と死に金」の話を何度かしましたが、どのようなお金の使い方をすれば、自分のためになるのかも気になるところでしょう。

＊

★オタク線…凝《こ》り性な人に現われる線です。ひとつの物事への集中力と持続力があるので、型にハマれば、強さを発揮します。

●アドバイス！

この線がある人は、**自分の趣味にお金を使う**といいでしょう。「のめりこむほどの趣味はない」という人も、ぜひ趣味をみつけて、それに投資することをおすすめします。心も満《み》たされるので、有意義な時間を過ごすことができるはずです。

じつは、このオタク線、**スポーツ選手にも多くもっている人がいます**。メジャーリーグで活躍するダルビッシュ有投手もその1人。

ダルビッシュ投手は、つねにボールを握り、「握り方をこう変えたら、どんな球筋になるのだろう」とか、「この筋肉を鍛えたら、どのように変化するのだろう」などと深い世界のなかで自分と対話をしているといいます。

また、あるプロゴルファーの人にオタク線について話すと「そりゃそうですよ。これを仕事にする以上、何よりもこのスポーツを好きにならないといけないし、24時

旅行線

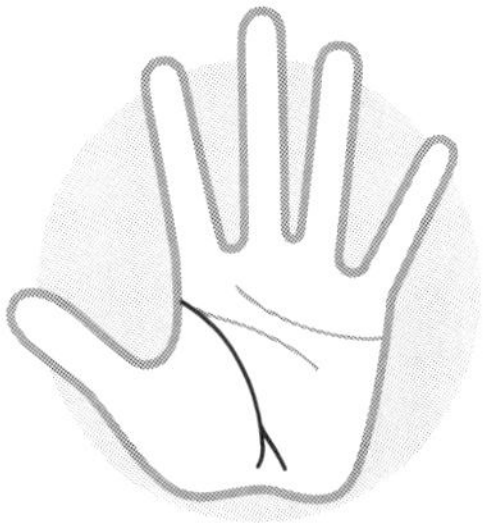

旅が、心にも仕事にも
好影響をもたらす！

アブノーマル線

個性的な才能を
活かせる使い方を！

間、深く考えられる力が大事ですから」と言っていました。

「ひとつのことに長くのめりこんで続ける」という才能は、とても素晴らしく、そして難しいこと。だからこそ、一流スポーツ選手は大金を稼げるのでしょうね。

＊

★アブノーマル線…ひじょうに個性的で、独自の世界観を築くことができる才能の持ち主です。芸能人にも多くみることができます。

●アドバイス！

オタク線と同様、自分の世界に入りこんでコツコツやることに喜びを見出《みいだ》します。この線がある人も、**自分がのめりこめること、たとえば趣味や研究などに投資する**ことをおすすめします。

＊

★旅行線（イチロー線）…旅先で幸運をつかめる人にできる線です。生活や仕事の拠点を実家から離れた場所に置くことで、良い運を呼びこむことができます。

●アドバイス！

その名のとおり、**旅にお金を使うといい**でしょう。運気が上がるだけでなく、気分転換にもなりますし、帰ってきたあとの仕事にもよい影響を与えてくれます。

また、特技やすぐれた技能をもつ人は、世界を目指してみては？　海外で認められることで大金をつかめるかもしれません。

＊

★人気線（モテ線）…人づき合いの天才です。人と協力して何かを

人気線

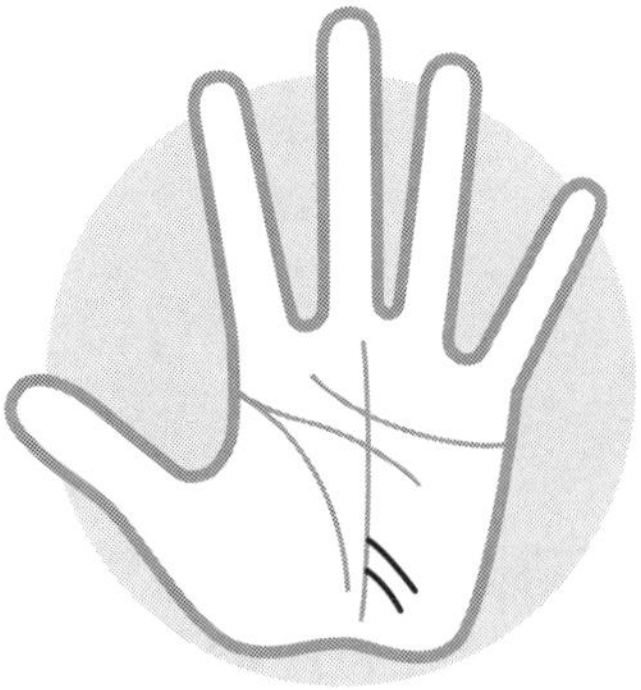

人がお金を運んできてくれる！いろいろな人と積極的な交流を!!

することで成長できる人です。

●アドバイス！

たくさんの人を虜《とりこ》にする魅力のある人ですから、**人と接することで運気を上げていきましょう。**交際費に使うことで、自分のステップアップにつながります。

＊

サラリーマンのお金の悩みのひとつに「交際費にポケットマネーを使うか否か」ということがあるといいます。

今の時代、部下を飲みに連れて行って、いつもおごるのはなかなか難しいでしょう。かといって、常にワリカンなのもどうも……。

かくいう僕も交際費の支出が多く、芸人の後輩と食事に行けば、すべて自分が払うようにしています。気持ちよくごちそうできることばかりですが、たまに「本当にごちそうすべきだったのかな」と帰り道で考えることもあります。

でも、おごられた後輩が、「沖縄に旅行に行って、安いですけど、おみやげ買ってきたんです」などと、おみやげをもってきてくれたら、報われた思いがするのです。

ふだん、ごちそうしてもらってばかりという人は、ちょっとしたときに「暑いんでジュースどうぞ」などと、ちょっとした「お返し」をしてみてはどうでしょう。

いつもおごり慣れている人は、「おごられ慣れていない」ので効果てきめん。きっと、お返しした値段以上の価値を見出してくれるはずですよ。

今の仕事は、自分に向いていますか？

ミラクル線

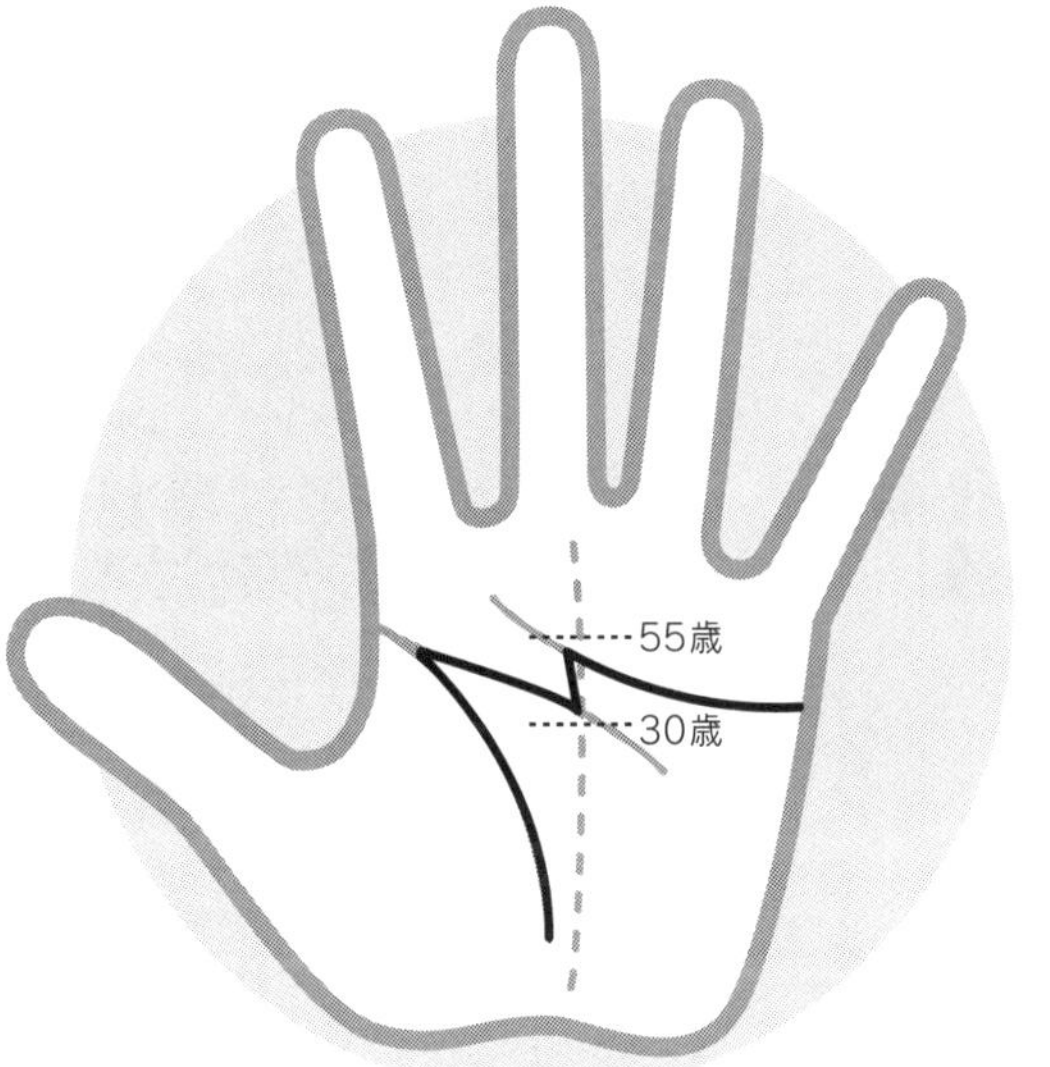

力強く人生を歩んでいる証し。いまの仕事は「天職」です！

若いタレントさんの手相をみるときによくきかれるのは「この仕事、自分に向いているんでしょうか？」ということ。

じつは、それがひと目でわかる線があります。

それは**「ミラクル線」**。手のひらに描《えが》かれた「M」の字は**「MIRACLE」のM**です。

「世の中に星の数ほどある仕事の中で、この天職に就《つ》けたのは、まさに奇跡」ということを示しています。適職線と呼ばれることもある線です。

＊

上の図をみるとわかりますが、この線は、生命線、頭脳線、運命線、感情線の４線から成り立っています。

理系線

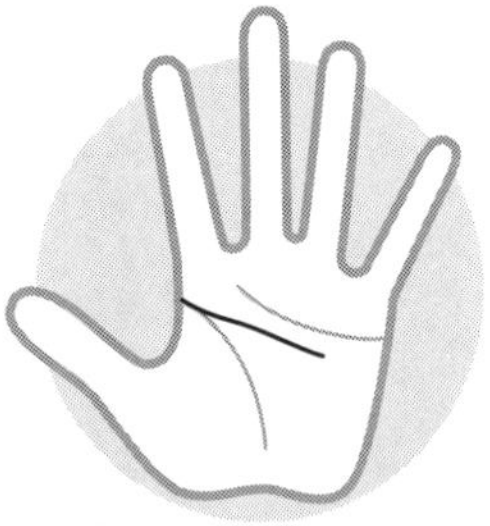

研究職や技術開発
で才能を発揮！

商売人線

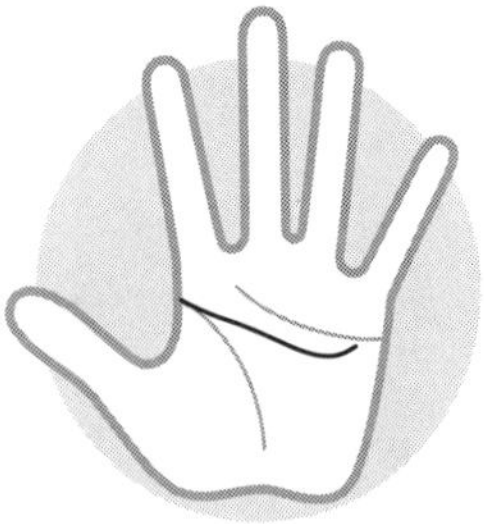

お金に関する仕事が吉。
でも、執着しすぎは×。

なかでも、運命線の30歳から35歳（働き盛りを表わします）の部分がしっかりしているか否かが、Mができるか否かなのです。

＊

自分の天職は何かを探《さぐ》るときは、頭脳線の傾き具合が、そのポイントになります。

★商売人線…何事も完璧主義な人です。この線をもつ人は、株取引や銀行員など、**お金に関する仕事に就く**と、大きな力を発揮します。

＊

★理系線…物事を論理的に考えることが得意な人です。

この線をもつ人は研究職や技術開発の仕事が向いています。また、冷静に周囲を見渡し、的確な判断ができるので**プロジェクトリーダー向き**でもあります。

＊

★文系線…ひらめきや独自のアイデアをだすことに秀《ひい》でた人です。

営業職やクリエイターに向いており、**作家や美術・芸術方面への才能**も秘めています。

＊

★芸術家線…「文系タイプ」の延長といえますが、頭のなかで夢物語を描いたりする傾向がより強い人です。**美術・芸術に関する才能はピカイチ**。芸能人にもかなり多い手相です。

＊

★ライター線…文才にあふれた人にでる相です。**企画立案や企画書作成能力にすぐれ**、営業、企画、開発とさまざまな場面で力を発揮

芸術家線

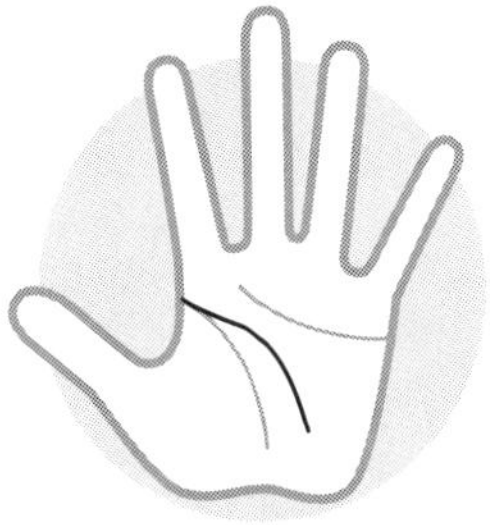

美術・芸術は
この人にお任せ！

文系線

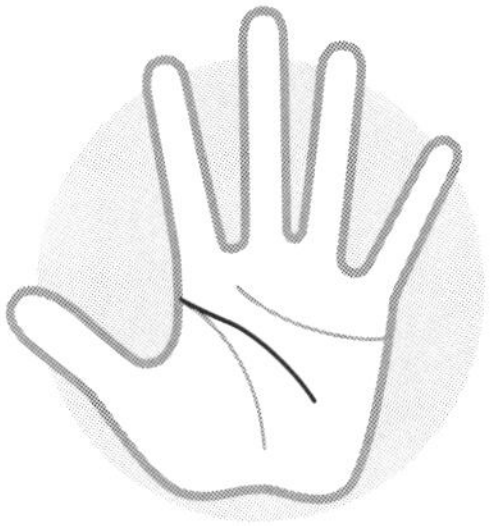

営業職やクリエイター
としてアイデアで勝負！

アナウンサー線

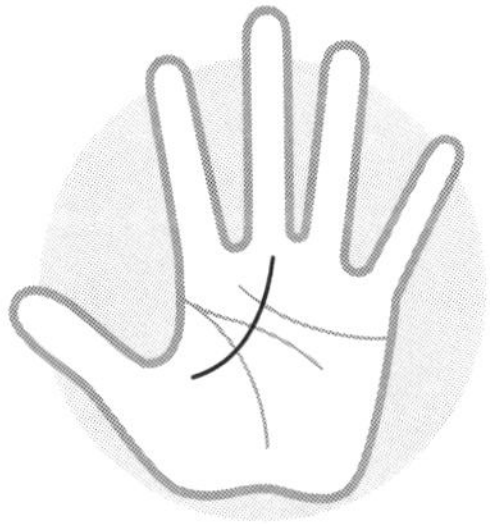

人前で話す職業が吉。
話術で仕事が広がる！

ライター線

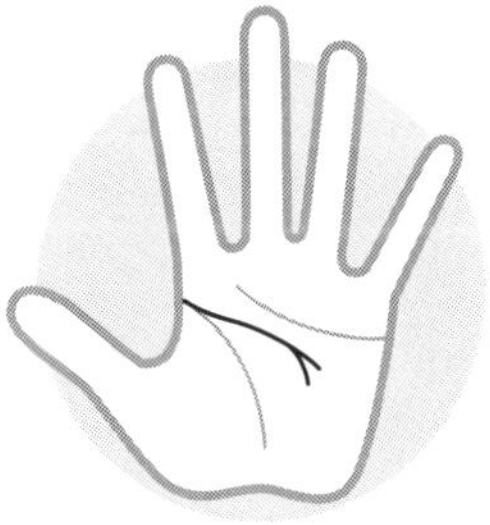

お客の心をつかむ
企画書が書ける！

します。広告やマスコミなどの制作関係でも手腕《しゅわん》を発揮します。

＊

★アナウンサー線…人前で話すことに才能があります。口から飛び出す言葉のひとつひとつが**強い説得力をもち、相手を納得させてしまう**ことでしょう。講師や営業の仕事にも向いています。

＊

★アブノーマル線・オタク線…ひとつの**物事への集中力と持続力があるため**、「職人的気質」が必要な仕事が合っています。

＊

★ボランティア線…**人のために働くことに喜びを感じます**。教師やインストラクターが適職です。

＊

①アブノーマル線②オタク線

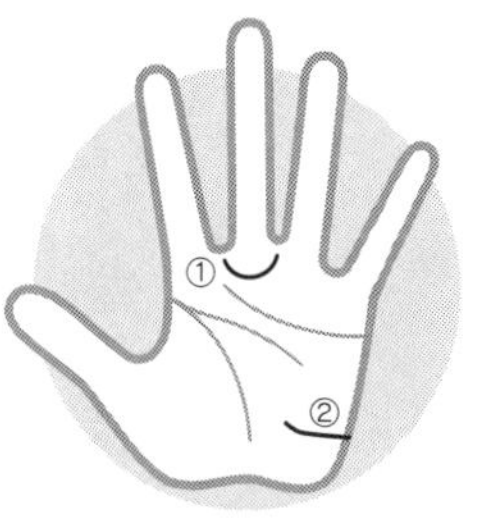

高い集中力が仕事に役立つ！

ボランティア線

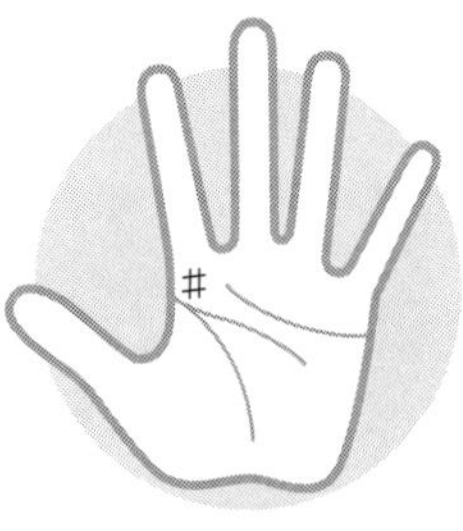

人のために働くと充実！

お助け十字

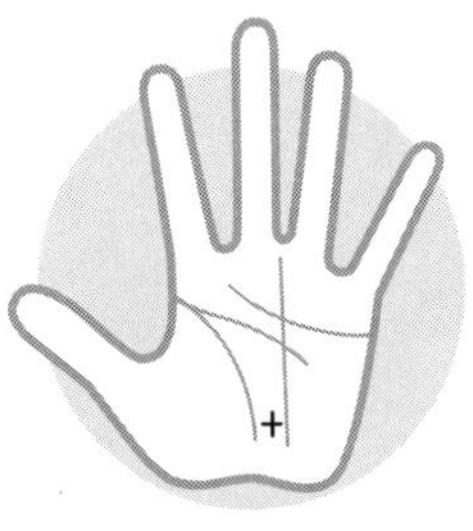

お客が笑顔に！接客の仕事向き！

★お助け十字…サービス精神旺盛で、**周りの笑顔がパワーの源**。接客業やサービス業でとくに力を発揮します。

＊

「今の仕事が天職ではないのでは？」という悩みは、じつは誰ももっています。

僕も30歳を超えたころ、このままお笑いをつづけるかどうか、とても悩みました。

でも、大先輩の和田アキ子さんからの「あと1年だけ頑張れ！」「何かもうひとつ芸をもちなさい」という2つのアドバイスのおかげで、前々から勉強していた手相を本格的にやりはじめ、芸に取り入れました。

それが、気づいたら仕事になり、今の自分につながっています。

その経験からいえることは、自分がやりたいことを、がむしゃらにやるのもいいですが、**人から「こっちのほうが向いているのでは？」といわれた道に進む**のもまた、ひとつの方法だということ。

案外、他人からのアドバイスのほうが的確だったりすることがあるのです。

「自分が本当にやりたいことをできている人」は、ほんのひと握りしかいません。〝自分のものさし〟にこだわらずに、いろいろなことに挑戦してみては？

人生、欲しいものはなかなか手に入らないもの。でも「必要なもの」は絶対に手に入るといいますからね。

今の上司についていって大丈夫でしょうか？

サラリーマンは、上司のデキによって部下の運命も左右されます。この上司についていって大丈夫なんだろうか？　社会人ならだれもが抱く不安でしょう。

もし、どちらの上司についていくか迷ったら、さりげなく手のひらのチェックを。仕事ができ、寛《かん》大《だい》な心をもち、ピンチにも動じず、将来も有望な〝理想の上司〟には、きっとこんな線があるはずです。

＊

★カリスマ線…責任感、正義感が強く、寛大で愛情深い、**根っからのリーダー**です。

「THEリーダー」。ついていってOK！

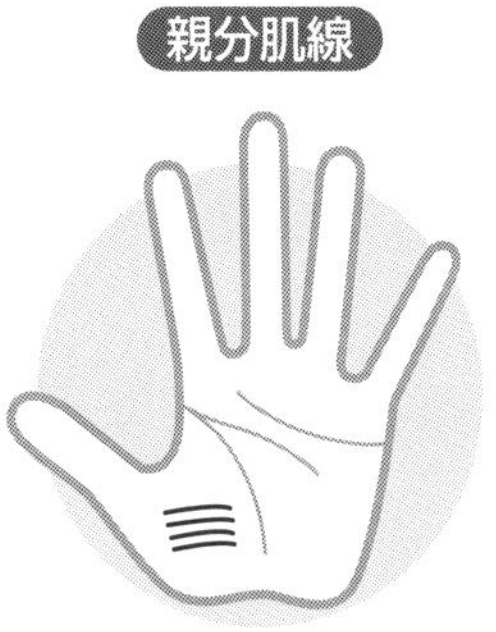

公私ともに、面倒見のよい親分気質！

「自分が人の役に立っているか？」「みんなに喜んでもらっているか？」という点に仕事のやりがいを感じ、それを達成することに強い満足感を覚えるタイプです。

＊

★親分肌線…情にあつく、面倒見のいい人です。**本数が多いほど、線の溝が深いほど、その傾向が顕著になります。**上司なら、公私ともに親身になってくれ、先輩なら、熱心に仕事を教えてくれるはず。

＊

★お見通し線…頭の回転が速く、**物事の本質を瞬時に見抜く**ことができます。まさに「なんでもお見通し」という人。部下からの相談事にも快く応じ、すぐにベストアンサーをだしてくれます。

生命線のカーブが大きい

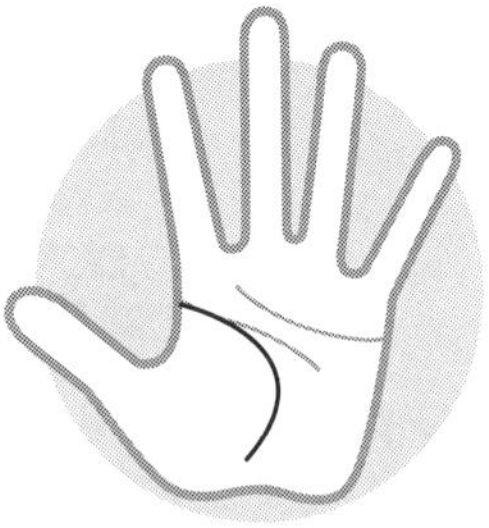

**トラブルにも動じず
的確に解決策を提示！**

お見通し線

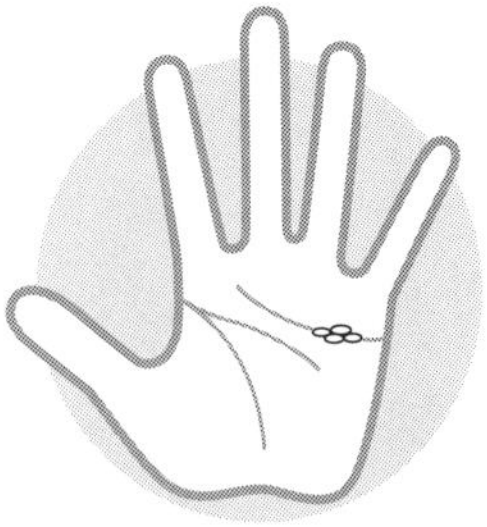

**仕事の悩みを相談
するなら、この人に！**

あげまん線

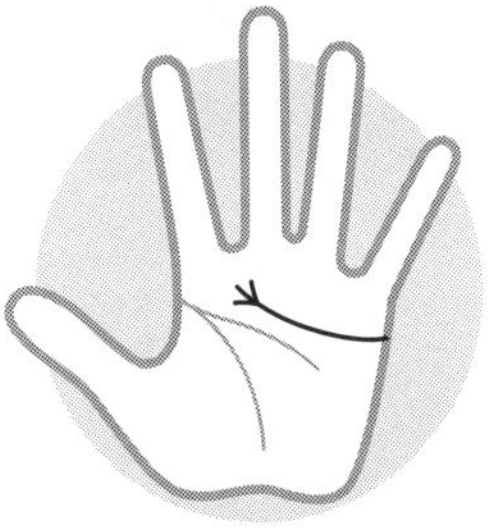

**部下の才能を伸ばす
「人育ての名人」！**

運命線

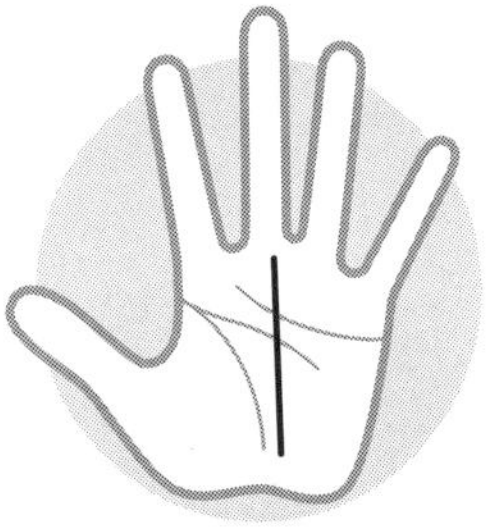

**あなたの将来も
約束されている?!**

＊

★生命線のカーブが大きい…生命線の張り出し方がせまい人ほど、神経質で虚弱体質なところがあります。いっぽう、**広い人ほど器が大きく、度量がある**とされています。難局にも動じず、バイタリティもある人です。

＊

★運命線…この線がしっかりでている人は、将来的に出世します。その**恩恵にあずかることができるかも**しれません。

＊

★あげまん線…相手の隠れた才能や魅力、実力をどんどん引き出してくれます。**会社にこの人がいたら、業績が上がること間違いなし**です。

自分は「組織向き」？それとも「独立起業向き」？

仕事もスポーツも、チームワークが重要。でも、個人プレーのほうが力がだせるという人もいます。

カギを握るのは**「運命線」**です。この線がくっきりとでている人はみずからの力で会社を立ち上げるなど独立向き、くっきりとでていない人は、組織内でのサポート役に向いているといえます。

また、他の線からも、組織向きか独立向きかはわかります。

＊

「組織向きな線」

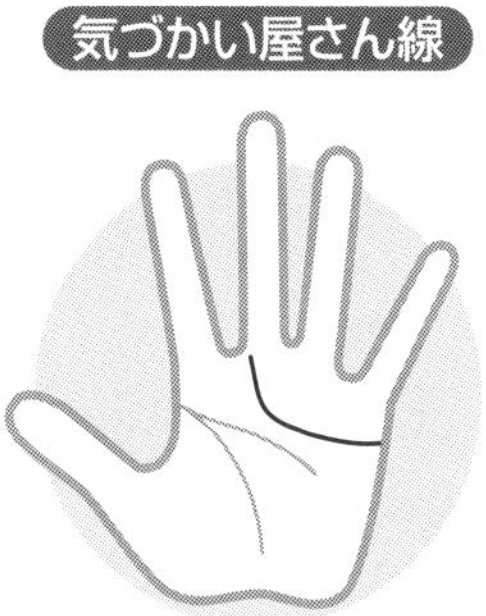

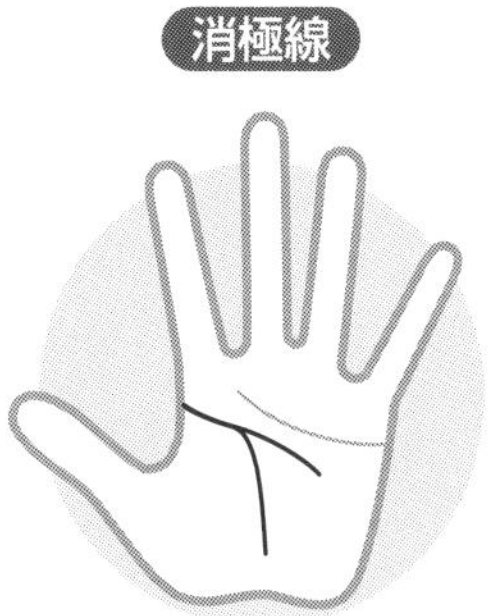

あなたのトラブル回避能力や調整力に上司は一目置いています！

★消極線、気づかい屋さん線…**相手と合わせることができる**ので、組織の中でうまく立ち回れます。

＊

★ボランティア線…黒子役として**人のために動くことを苦にしません**。上司からの信頼もあついことでしょう。

＊

★あげまん線…相手の**隠れた才能や魅力、実力を引き出してくれる人**です。周りの人の運気をも上げてくれます。

＊

★世渡り上手線…高い順応性があり、なんでも器用にこなせます。**常に自分の立ち位置を理解し、巧《たく》みに振る舞える人**です。

＊

★二重頭脳線…めったにない相で、「最強の頭脳線」とも呼ばれます。

世渡り上手線

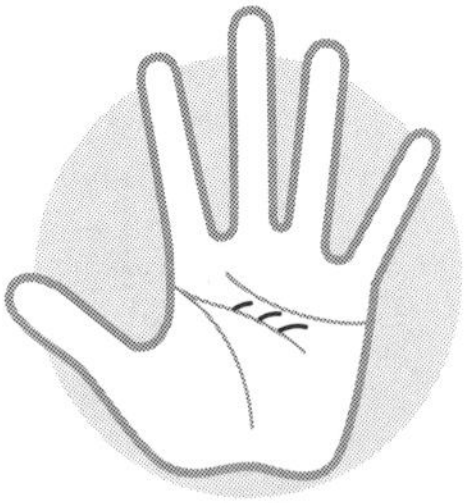

どの部署でも
能力を発揮！

あげまん線

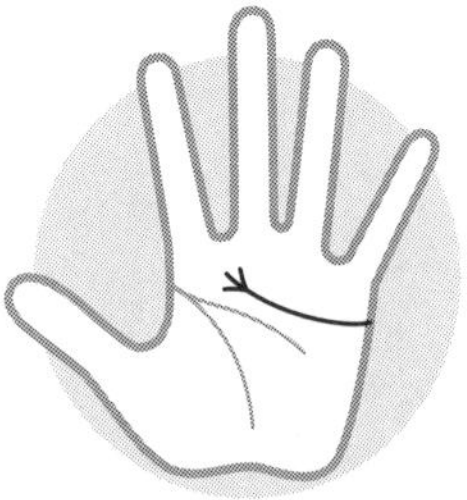

周囲の才能を
自然に引き出す！

ボランティア線

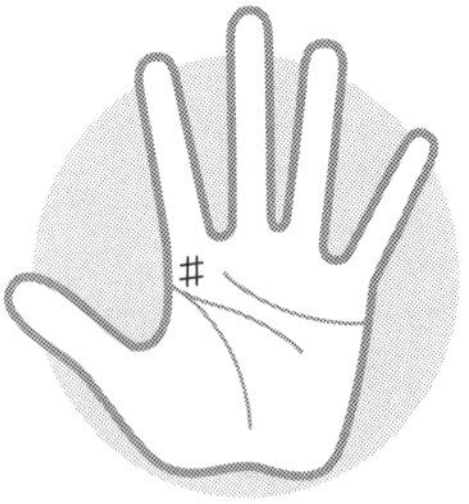

サポート能力
抜群の人です！

カリスマ線

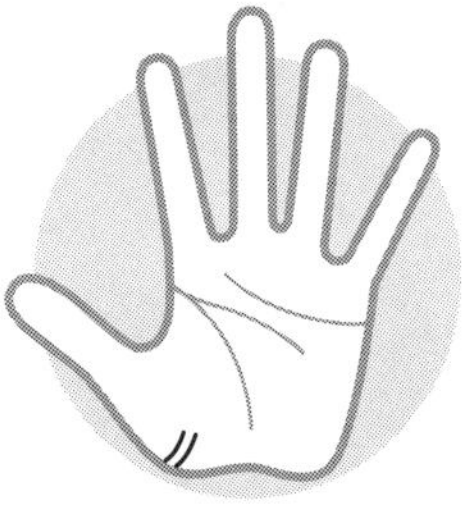

自分のことより
部下が大切！

あしながおじ線

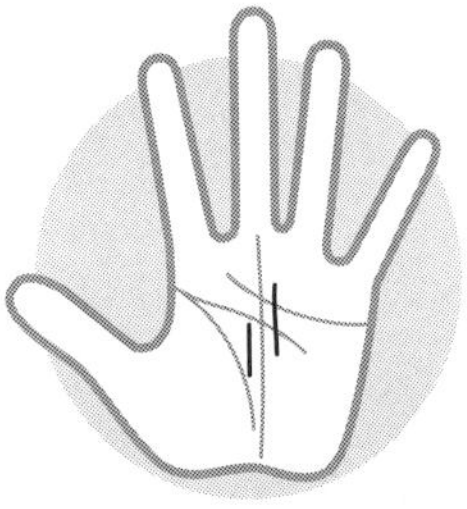

周囲の後押しで
才能が花開く！

二重頭脳線

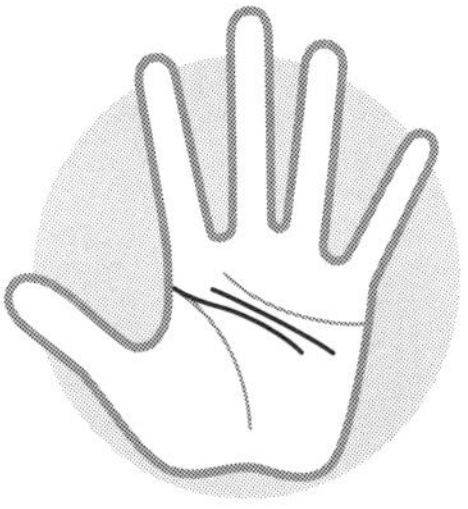

新プロジェクト
には絶対必要！

頭脳明晰《めいせき》で多才多芸、**新部署や新会社といった新しい環境への適応力やサポート力も抜群**です。

芸能界では、アイドルとしてだけでなく俳優やキャスターとしても活躍する「嵐」の櫻井翔さん、女性では、山瀬まみさんや磯野貴理子さんにこの線がありました。

＊

★あしながおじ線…名参謀をもつことで運をのばす人です。**部下や上司、社外の人に支えられて成長できます**。この線をもつ人は、常に「人のつながりが大切だ」ということを、頭の隅《すみ》に置いて仕事をしましょう。

＊

★カリスマ線…人に頼られるリーダータイプ。**周囲を支え、励ます**

ベンチャー線

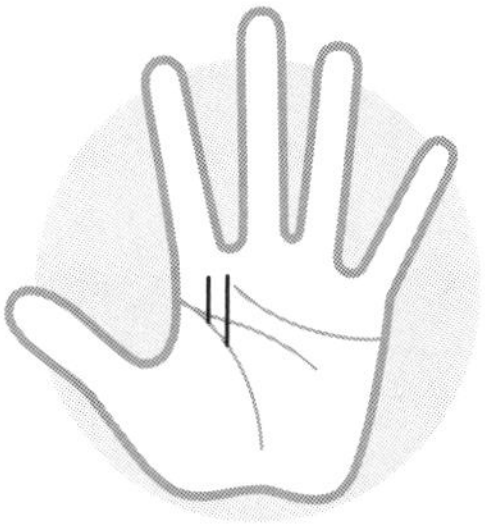

独立成功の道をグングン突き進む！

ビア・ラシビア線

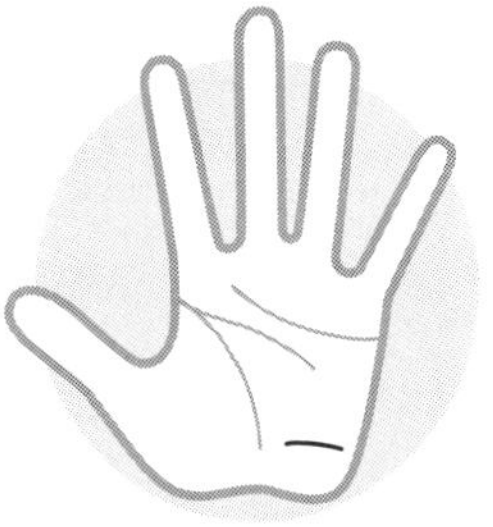

決まりが多い会社は居心地が悪い…

ことにやりがいを感じます。ただし、周りの期待に応《こた》えようとするあまり、激務で自分の体や家庭をおろそかにしがちになってしまうので注意！

＊

「独立向きな線」

★ベンチャー線…別名**「上昇線」「向上線」**。はっきり長い線があったり、たくさん本数があれば、会社からの独立がうまくいくかも。

＊

★ビア・ラシビア線…**フワフワと風船のように自由でいたい人**です。束縛《そくばく》や決まりごとの多い職場では息がつまって、実力を発揮できないかもしれません。

＊

★あやまりま線…自分が納得できないことには、とことん反抗しがちな人です。**上司の立場からすると扱いにくい部下**だといえます。

＊

★KY線…マイペースかつ、プライドも高い人です。**相手の都合よりも、自分の信念や理想を追求する人**が多く、ぶつかることもしばしばありそう。デスクワークよりも人と接する派手な仕事を好み、平凡を嫌う傾向があります。

＊

★アブノーマル線、オタク線…どちらの線も自分の世界や課題に没入するタイプなので、**共同作業には不向き**かもしれません。

＊

★ますかけ線…大企業で中間管理職を務めるより、**小さい会社でも**

①アブノーマル線②オタク線

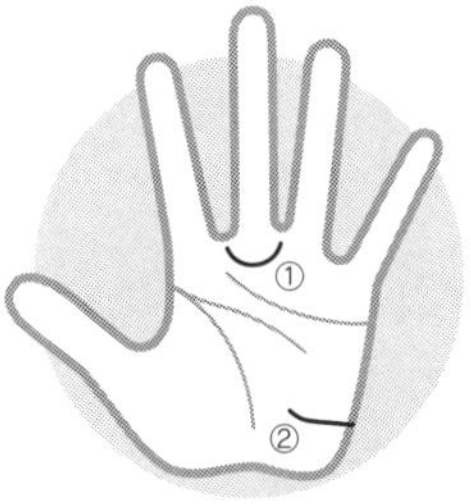

共同作業は
かなり苦手?!

KY線

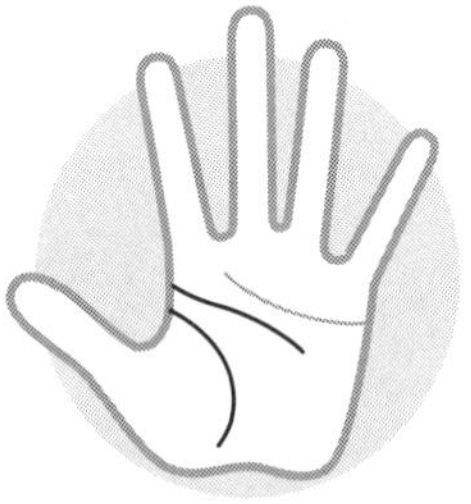

自分の信念と
理想に生きる。

あやまりま線

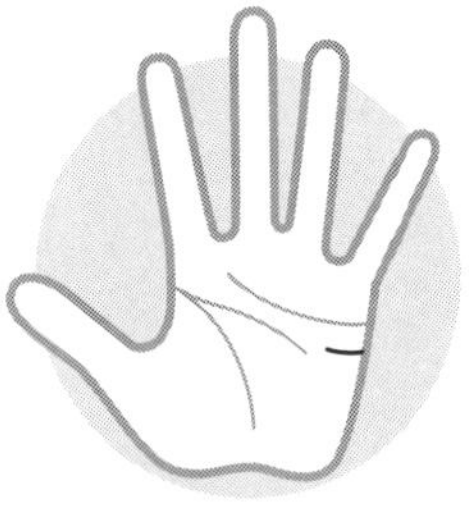

納得しない
仕事はNO!

覇王線

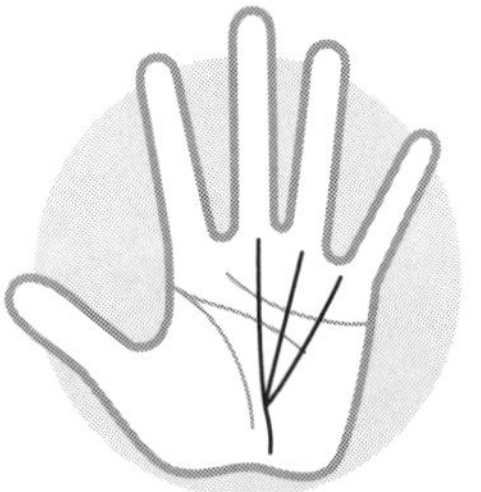

厳しいビジネスの
世界で大成功できる!

ますかけ線

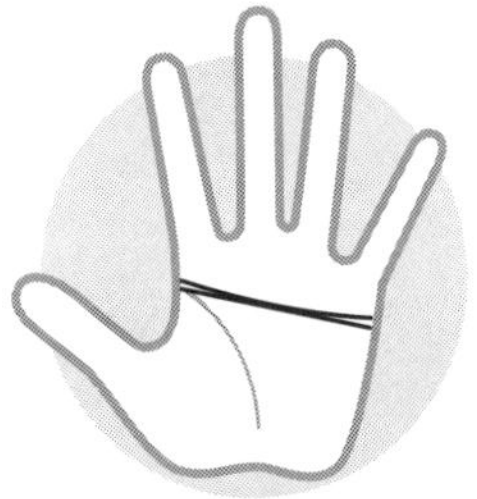

大企業の部長より
小さい会社の「社長」!

トップにいたほうが能力を発揮できます。芸能界では、所ジョージさん、ダウンタウンの浜田さん、有吉弘行さん、坂上忍さんに、スポーツ界ではサッカーの本田圭佑選手に、この線がありました。

＊

★覇王線…企業の創始者としての資質があり、お金を生み出す力もケタはずれです。

ちなみに、小倉智昭さん、宮根誠司さん、ダウンタウンの松本さん、極楽とんぼの加藤さん、バナナマンの設楽さん……など、情報番組のキャスターやMCの方には皆、この線があります。

メインキャスターとしての**重圧に勝つメンタルの強さがある人**にも、この線ができるようです。

手相面白話

「お金持ち」になる人の意外な共通点とは?

ここでは、手相から少し離れて、**「風水」**の話をさせてください。

財布の話でも触《ふ》れましたが、やはり、お金持ちになる人にはある共通点があります。

たとえば、大企業の社長さんや、芸能界で売れている先輩には、「掃除」にこだわる人が驚くほど多くいます。

とくに**水回り、トイレや洗面所、キッチン…などを、ふだんからしっかりときれいにしている人ばかり**なのです。

僕も大いに勉強になった経験があります。

それは、大先輩である和田アキ子さんと、あるお店で食事をしたときのこと。

お手洗いに行ったアッコさんが、なかなか帰って来ないのです。

「体調でもよくないのかな」と思って、戻ってきたアッコさんに聞いてみると、ひと言。

「洗面所の鏡の汚れが気になったので、掃除していたんや」

他人が汚したトイレや洗面所の掃除は、ふつうの人なら嫌がったり、汚れに気づいたとしても「店員さんか誰かが掃除するんだろう」とスルーしてしまいがちですよね。

でも、**大金をつかむ人は、そこをスルーせずに、人が嫌がることを率先《そっせん》してやる**のです。

もしかすると、掃除はひとつの例にすぎないのかもしれません。

＊

じつは、僕もアッコさんにならら

って、ある〝自分ルール〟を決めて実践《じっせん》しています。

それは「仕事場であるスタジオやロケ現場を歩いていて、ゴミが落ちているのが目に入ったら、かならず拾ってゴミ箱に捨てる」こと。

このことを、ある社長さんに話してみると、こんな言葉が返ってきました。

「人がやりたくないことをやるのが、成功するかしないかの分かれ道だ」と。

汚れていることに気がついたときに掃除をするかしないか、ゴミが落ちているのに気づいたときにそのゴミを拾うか拾わないか、人が嫌がることをやるかほうっておくか、人が見ないところをキレイに保とうとするかしないか……それこそが、分かれ道になるのだそうです。

仕事がデキる人になれるかどうかも、そこで分かれるのではと、僕は本気で信じています。

皆さんも、ぜひちょっとしたルールを決めて、実践してみませんか？

どんな小さなことでも、コツコツとやりつづけていれば、きっと**神様が、いや、あなたの近くにいる誰かが、しっかりとみてくれているはず。**幸運は、そのような積み重ねが運んできてくれるのだと思います。

chapter 5

【結婚手相】
お悩み解決！相談室

なぜ、自分はいつも恋がうまくいかないの？

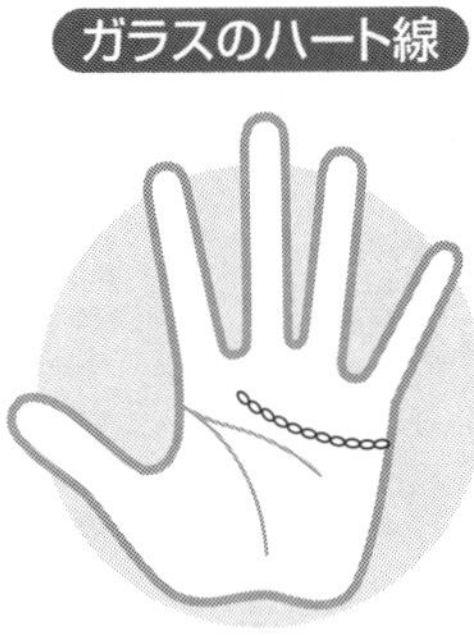

異性に対し、もう少し心を開いて！

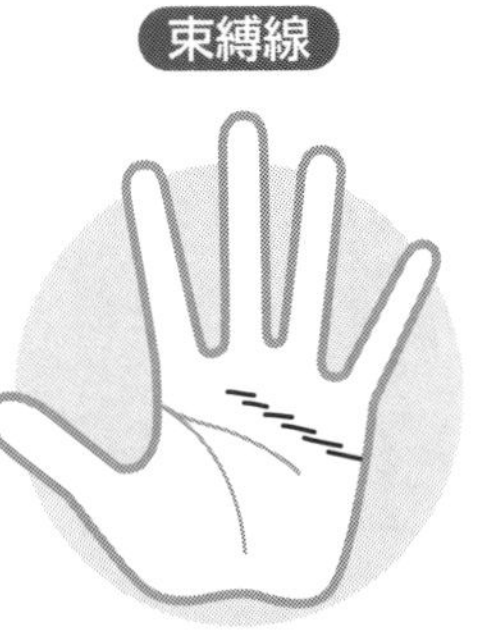

相手を縛らず、余裕をもって！

恋がうまくいかない理由は、さまざまあることでしょう。

でも、それを「運が悪いから」と決めつけてはいませんか？　自分を見直す必要だってあるかもしれません。あなたの恋愛における「克服すべきテーマ」とは？

＊

★ガラスのハート線…心のキャパシティが広くないため、みずから心のシャッターを閉めてしまいます。恋のチャンスも逃《のが》しがちです。

●アドバイス！

異性に対して、もう少し広い心をもちましょう。**「誰にだって、短所はある」**と常に頭の隅《すみ》に置き、寛容《かんよう》さを示すと、恋のチャンスを逃すことはなくなります。

＊

★束縛線…個性的で魅力があるためモテますが、異性の好みが変わりやすい人です。

●アドバイス！

好きになると、相手のすべてを独占したくなってしまうので、「重い女（男）」になりがち。**もっと相手を尊重し、余裕をもって接する**ことが必要かも。

＊

★ストーカー線…少し消極的で、デリケートかつ、傷つきやすいという傾向があります。失恋したあとも引きずりがちで、切り替え下手なところがあります。

ストーカー線

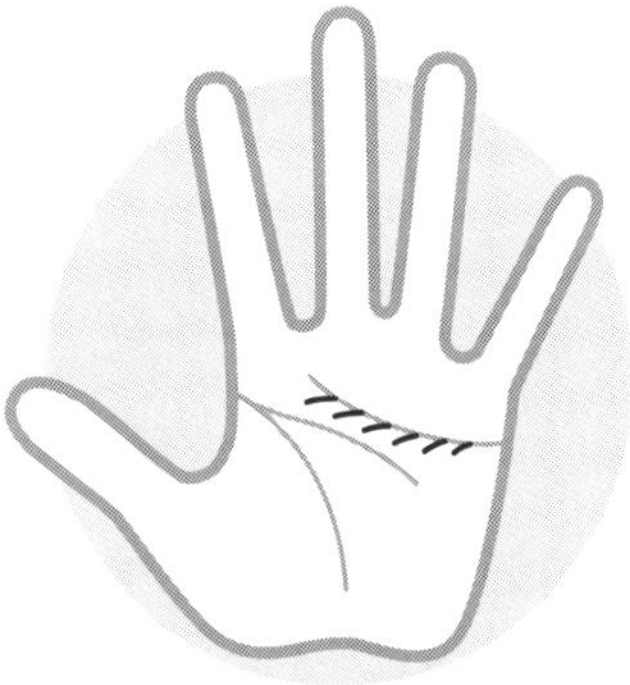

恋の熱にうなされる前に“お試し期間”を設けてみては?

よちよち幼児線

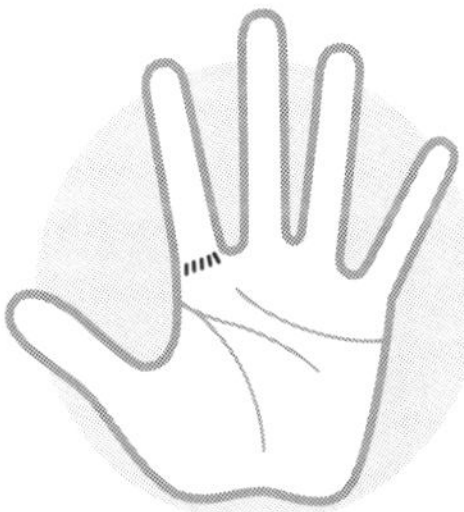

相手との距離感は少しずつ縮めましょう。

しわしわ線

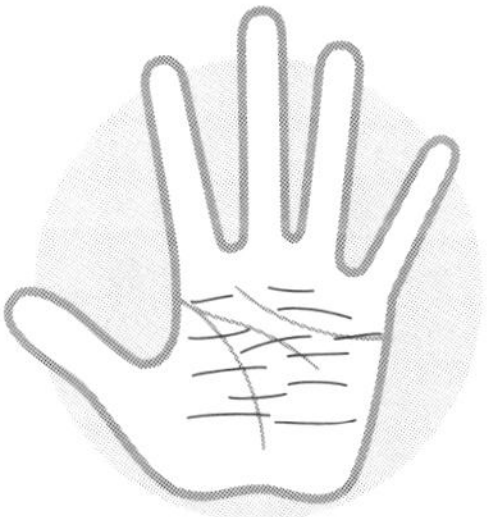

安らぎを与えてくれる人を選びましょう。

●アドバイス！

「ストーカー線」という名前ではありますが、この線をもつ人が皆、ストーカーになるわけではありません。ただし、深く考えこんでしまいがちなので、その点だけは注意を。

いい相手がいたら**〝お試し期間〟を設けて、前の恋よりも気軽につき合ってみては？**

＊

★しわしわ線…相手に合わせすぎるため、心が休まるヒマがありません。想像力も豊かなので、ドラマのような恋愛に憧れる傾向も。

●アドバイス！

周囲に気をつかいすぎてヘトヘトになってしまうのですから、せめて**相手はいっしょにいてホッと**

恋愛後回し線

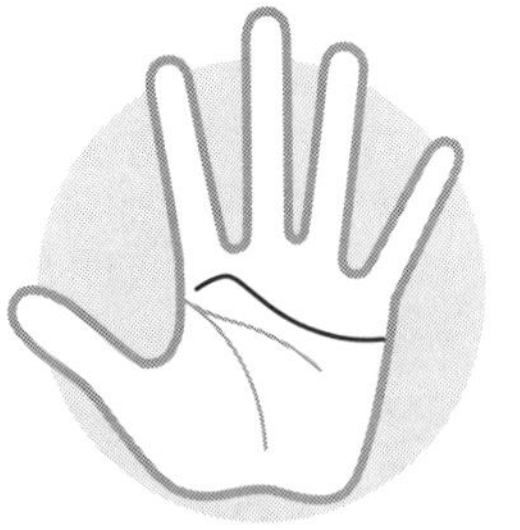

**ちょっとした
トキメキを逃さずに！**

トラウマ線

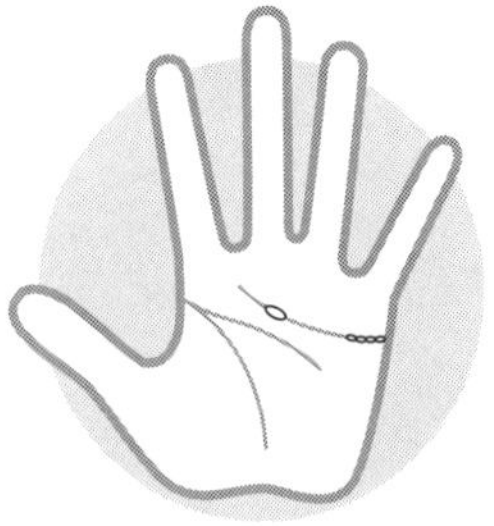

**積極的に外に出て、
新たな出会いを探して！**

できる人を選びましょう。気づかい屋さん線や世渡り上手線の持ち主が、その役に適任です。

＊

★よちよち幼児線…甘え上手な人ですが、空気の読めないひと言を口にしてしまい、相手を怒らせることもありそう。

●アドバイス！

「ありのままの自分をみてほしい」という考えをもつあなたは、きっと魅力的な人でしょう。しかし、「なんでも言えばいい」というわけではありません。常に**相手の状況を考えてあげれば、関係もうまくいく**はずです。

＊

★トラウマ線…過去の恋愛の傷が癒《い》えていない人です。「嫌われたくない」という気持ちが強く、人との距離感をうまくつかめません。

●アドバイス！

過去にとらわれているのは損だと肝《きも》に銘《めい》じてください。いい相手にめぐりあえれば、閉ざした心も少しずつ開いていくはずです。

＊

★恋愛後回し線…モテないタイプではありませんが、異性に対する理想が高すぎたり、仕事人間だったり、趣味の人だったりするため、恋愛が後回しになっています。

●アドバイス！

女性なら、いわゆる「姉《あね》御《ご》肌《はだ》」な人。男性からしたら、ちょっとうるさいぐらいに、かいがいしく世話を焼いてくれます。でも、たまには**弱い自分もさらけだせる、**

ビア・ラシビア線

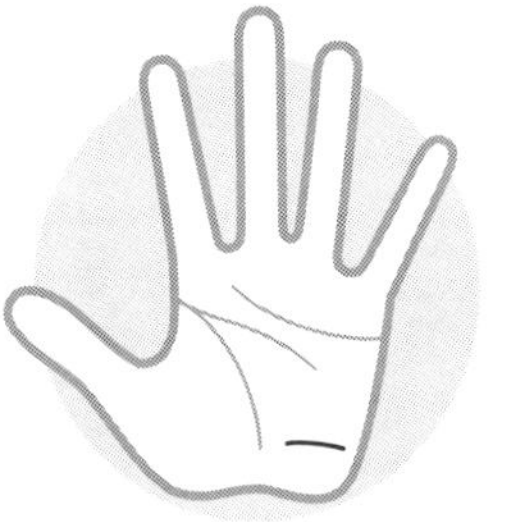

大人の恋が、あなたを変身させてくれます。

夢見る乙女線

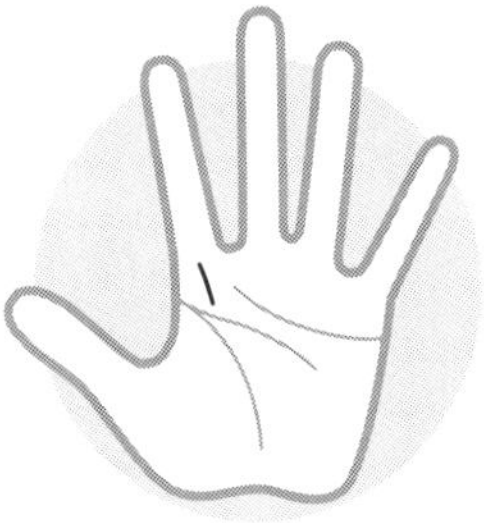

ロマンチスト同士だとうまくいくかも。

リラックスした時間も必要です。

＊

★夢見る乙女線…「自分には、いつか白馬の王子様が迎えにきてくれる」…なんてことを夢見がちな人です。アイドルやアニメの主人公など叶《かな》わぬ恋に逃避《とうひ》しているともいえるかもしれません。

●アドバイス！

夢見がちなあなたには、やはりロマンチストな人との相性が◎。また、**自分を変えたいのであれば、親分肌線の異性と交流する**といいでしょう。あなたのダメなところを諭《さと》し、成長させてくれます。

＊

★ビア・ラシビア線…束縛されるのを嫌がり、刺激的な恋を望みます。その危うさから、とにかくモテますが、好奇心の強さゆえ、相手を振りまわしてしまいがちです。

●アドバイス！

「相手に縛られないかわりに、自分も相手を縛らない」という考えをもち、恋愛においても刺激を求める人です。

大きな心で見守りつつも、**ダメなところは、しっかりと注意してくれるような大人との恋愛**が、あなたを変えてくれるかもしれません。

「恋に臆病な自分」を変えるには、どうすればいいですか？

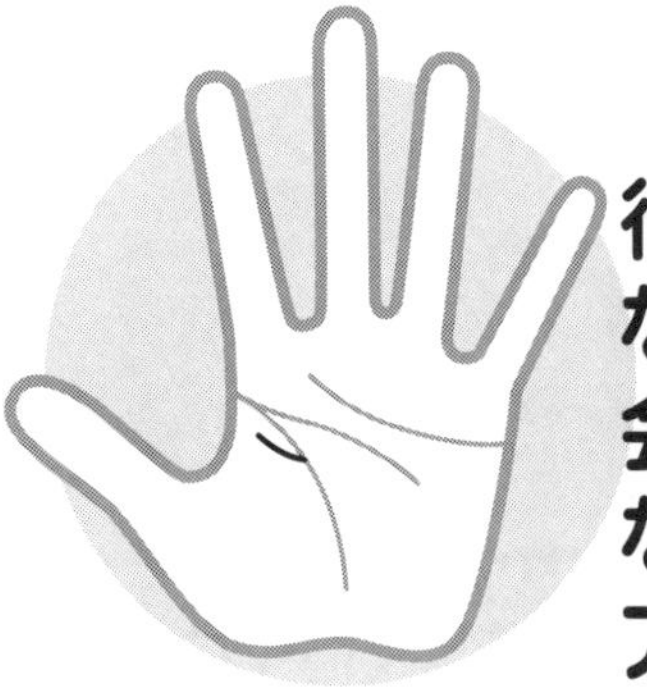

行ったことのない場所や、会ったことのない人に、アプローチを！

過去に報《むく》われない恋で苦しんだり、つき合った異性と自分のせいでうまくいかなくなったり……さまざまな理由で恋に臆病《おくびょう》になってしまうことがあります。

恋に臆病な自分を変えるためには、一人でいる時間を「自分が成長できる時間」だと考えること。がむしゃらに合コンばかりに精をだしたときに限って、なかなかうまくいかないものですものね。

＊

★モテ期到来線…モテ期が到来していることを示す線です。

この線が意味するのは、ただ「モテ期が来ている」ということだけではありません。

この線がでているからこそ、自分の恋愛観を見直すべきという線でもあるのです。

●アドバイス！

この線がでている人に、僕は「モテ期、来ますよ」とアドバイスするのですが、1年後に会うと「モテ期なんかこなかったよ」といわれることがあります。

でも、1年間のライフスタイルをよくよく聞いてみると**「会社と自宅の往復ばかり」**だったり、**「いつも同じ相手とばかり飲んでいた」**ということがよくあるのです。

そう聞くと、せっかくのモテ期をムダづかいしてしまっていて、じつにもったいないと思います。

結婚線の上にフィッシュ

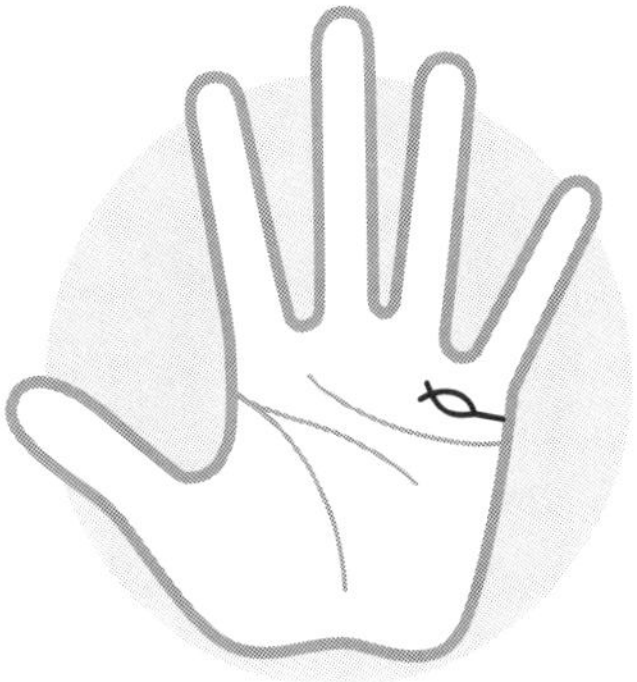

すぐに行動すれば、幸せをこの手につかめます！

モテ期だからこそ、**今まで会ったことのない人に会ったり、行ったことのない場所に行ってみるべき**なのです。

＊

★結婚線…フィッシュが線上にでる、線がのびる、線の向きが上がる、線が濃くなる、線が赤みを帯《お》びる……これらはすべて、結婚のタイミングが近いことを表わしています。

たとえば、結婚の発表をする直前のDAIGOさんには、結婚線上にフィッシュがありました。

また、かくいう**僕にも、結婚直前に、結婚線の上にフィッシュ**が現われていたのにはビックリしました(笑)。

＊

僕の知り合いに、ある飲み会で出会った女性と、急速に仲を深めていった人がいます。そのとき、彼の結婚線は、なんと1週間ごとにのびていきました。

ところが、仕事が忙しかったこともあって、だんだん彼女と会う時間がとれなくなってしまい、急にフラれてしまいます。

その直後から、彼の結婚線にある変化が起きました。なんと先が2つに分かれ、やがて、線そのものがなくなってしまったのです。

この人のケースから言えることは、**「結婚線によい変化が現われた場合は、すぐに動いたほうがいい」**ということ。誠実な自分をみせれば、相手も誠実に答えをだしてくれると思います。

いい出会いがありません。どう行動すべきでしょうか？

神秘十字

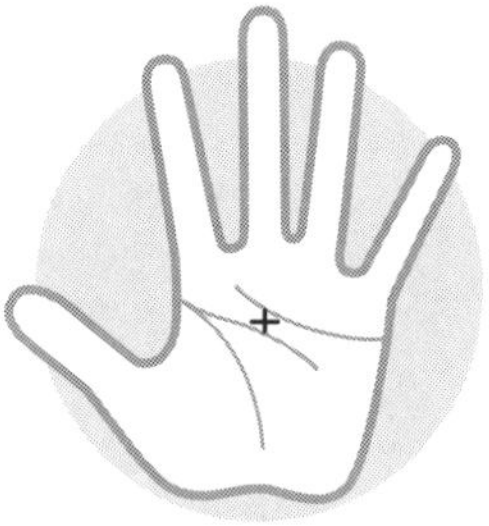

友人や幼なじみを忘れてませんか？

お見通し線

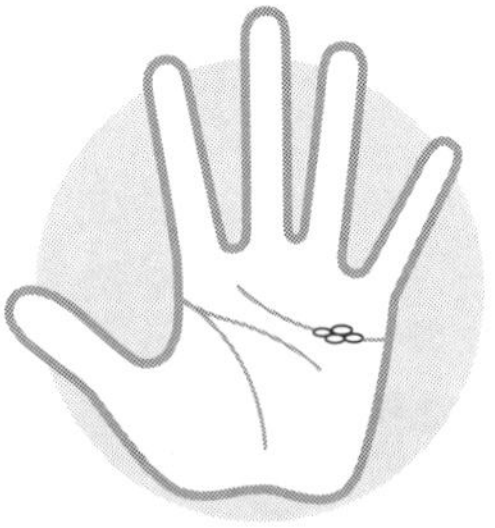

実直で熱い人と相性GOOD！

「出会いがない」とふだんからお嘆《なげ》き気味の人は多いことでしょう。「なかなか運命の人にめぐりあえない」という言葉もよく聞きます。

でも、よく周りを見回してみてください。運命の人にもう出会っているかもしれません。手にでているサインをみて、思い当たる相手がいないか、探してみては？

＊

★神秘十字…直感が働く人です。

●**アドバイス！**

言葉いらずで「アレさあ…」「ああ、アレね」と会話できる人と相性がいいといえます。目と目で通じ合う仲……たとえば、**長く友人関係をつづけている異性や、幼なじみ**などが、いいかもしれません。

＊

★お見通し線…頭の回転がとても速く、物事の本質を瞬時《しゅんじ》に見抜く力のある、まさに「なんでもお見通し」という人です。

●**アドバイス！**

ウソや二枚舌を嫌うので、**実直で、熱い人**が吉。白黒はっきりとモノをいう人とも相性がいいといえます。

＊

★片思い線…いつも一方通行の恋で終わってはいませんか？　まとまりづらい相手に求愛しがちです。

●**アドバイス！**

見栄や世間体などが、あなたの

片思い線

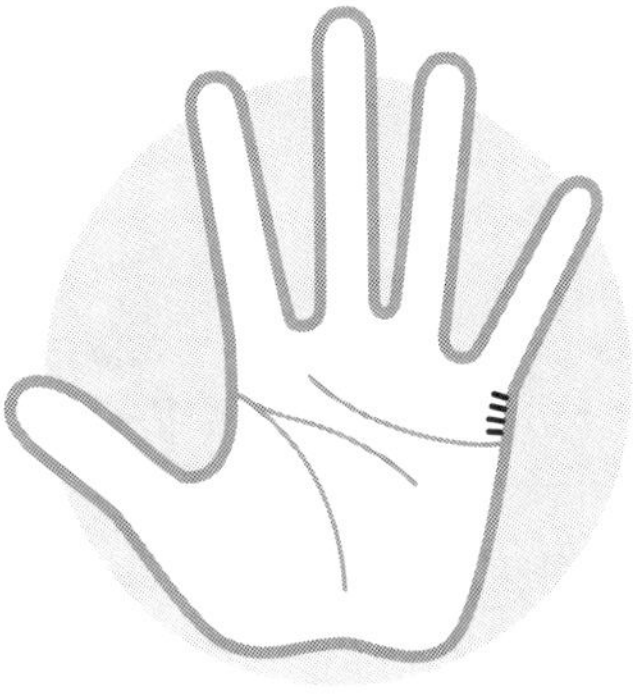

理想が高すぎ?! もっと自分の心に素直になって！

恋を邪魔しているかもしれません。

ルックスがいいとか、お金持ちだとかといった要素はいったん置いておいて、**自分の素《す》の心と対話**してみてください。

＊

これらのサインは「すでに運命の人に出会っているのに、気づいていない」人に現われます。

もし、これらの線がでていないようなら、**お見合いや、友人に積極的に紹介してもらう**というのも手です。

自分の目で選ぶよりも、客観的な目でみてもらったほうが、「あなたにぴったりの相手」がみつかる可能性が高まります。

＊

ところで、「運命の人」ってどんな人なのか、じっくり考えてみたことはありますか?

悩みを聞いていると、意外とこの定義が自分のなかでできあがっていない人が多いことに驚かされます。

理想は人それぞれでしょう。ルックスがいい人がいい、お金持ちの人がいい、安定した職業に就《つ》いている人がいい……。でも、この**理想にがんじがらめになっていては、「運命の人」には出会えない**のではないでしょうか。

恋愛には相性が大切です。結婚すればもちろん、その重要度はさらに高まります。

背伸びをすることなく、自分の素がだせる相手かどうか、よく見極めてください。

私は「遠距離恋愛」に向いている？ それとも向いていない？

よちよち幼児線

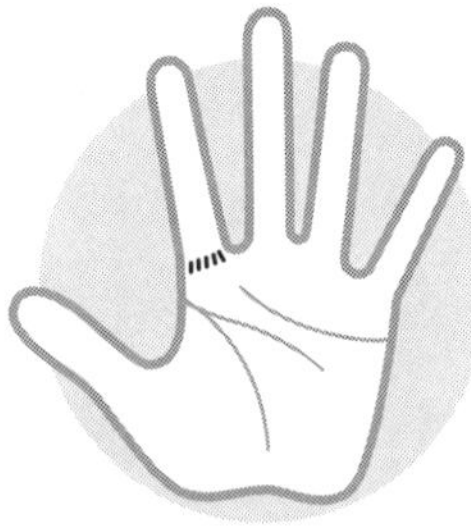

遠距離恋愛は難しいかも…。

夢見る乙女線

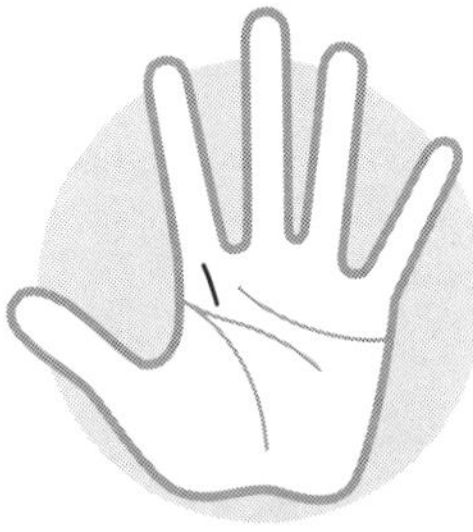

寂しさのあまり、浮気の危険が…。

彼に転勤の辞令が出て、地方や海外勤務に……遠距離恋愛がスタートするわけですが、お互いにうまく関係がつづくかどうか不安になることでしょう。

お互いが、遠距離という壁を乗り越えることができるのか。手相で占ってみます。

＊

まず、これらの線がある人は、**遠距離恋愛には不向き**だと考えてください。

★よちよち幼児線…常に相手にかまってほしい寂しがり屋です。遠距離恋愛は厳しそう。孤独だとダメになってしまうタイプです。

★夢見る乙女線…この人も、一人ぼっちになるのは無理なタイプです。寂しさから、他の人にカラダを預けてしまう危険性も。

★ガラスのハート線…過去の悪い例などを思い出し、すべてを不安へとつなげてしまいます。

★トラウマ線…過去に破れた恋を思い出し、物事を悪いほうに解釈してしまいます。

●アドバイス！

これらの線がある人は、**相手から「自立する」**ことを目指しましょう。いつまでも甘えてばかりでは、いずれ相手の重荷になってしまいます。

自分から変わろうと努力すれば、相手はあなたをいっそう大切にす

トラウマ線

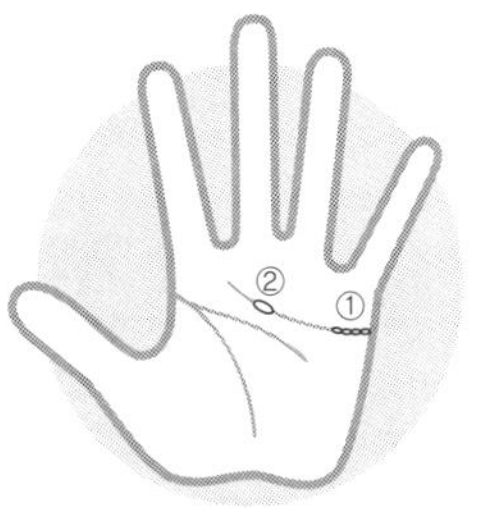

**過去の恋は、
もう忘れましょう。**

ガラスのハート線

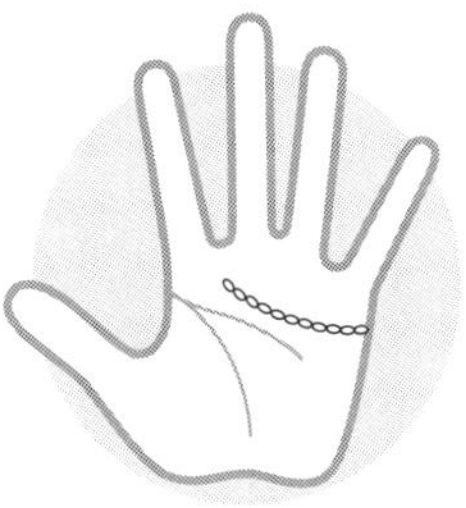

**恋人をもっと
信じてあげて！**

イチロー線

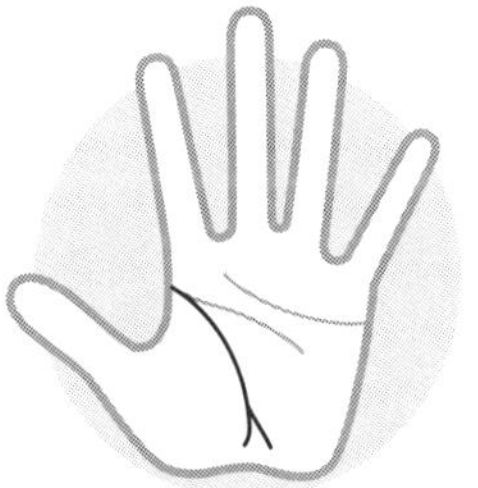

**結婚話を進めて
みてもいいかも。**

勝ち気線

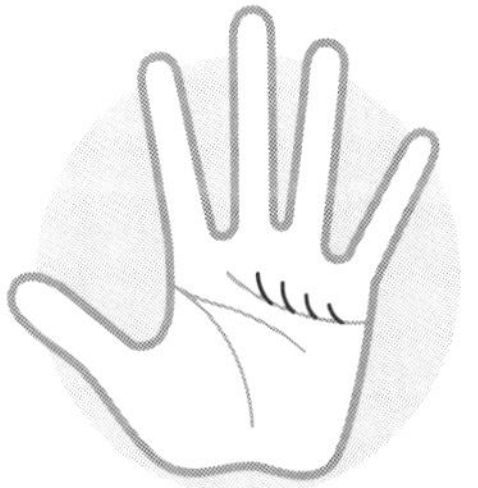

**困難な状況が
パワーになる！**

オタク線

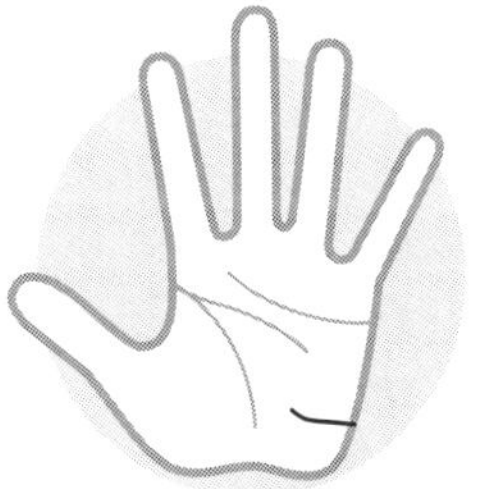

**恋にも趣味
にも全力！**

るはず。
　でも、毎晩のメールや電話をおねだりするぐらいのことは、していいかもしれませんね。

＊

　つぎに、**一人になっても大丈夫**な線です。
★オタク線…自分の世界に没入《ぼつにゅう》して生きていける人です。遠距離でも、十分に恋愛を楽しめます。
★勝ち気線…困難な状況に燃える人です。この線をもつ人も、遠距離の壁を乗り越えられるメンタルの持ち主だといえます。

＊

　最後に**「相手について行っちゃえ！」**の人。
★イチロー線…家から離れたほうが、新たな人生が開ける人です。

今のパートナーで、私の未来は輝くのでしょうか？

「今おつき合いしているパートナーとの将来を考えると、ちょっと不安かも…」。そんなことが頭をよぎったら、ぜひ、これらの線をチェックしてみてください。

＊

こんな男性には気をつけて！

フラフラ3線

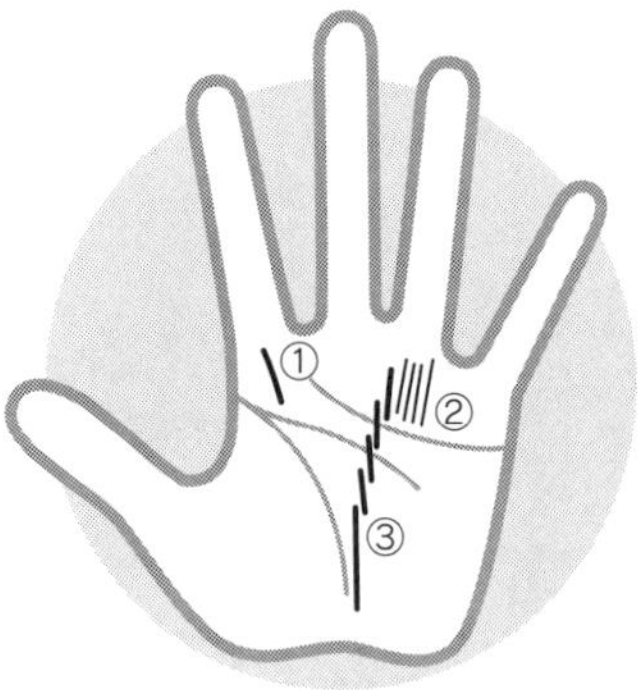

①夢見る乙女線
②浪費家線
③長つづきしま線

夢は大きいけれど、結婚したら苦労が多そう…。

「フラフラ3線」

　夢ばかり追って、生活がなかなか安定しない人です。**地味な生き方より、派手に生きたい**と考えます。夢を語る姿に女性は惹《ひ》かれますが、安定した収入や生活は望めない可能性が高いです。

★夢見る乙女線…現実を直視せず、女性に対する理想も高いものがあります。世間知らずな一面も。

★浪費家線…後先考えずにお金を使ってしまいます。当然、「貯金はない」と覚悟しておきましょう。

★長つづきしま線…忍耐力がなく、感情が表にでやすい人です。無責任だったり、すぐグチっぽくなる短所もあります。

＊

「女にだらしない3線」

　154ページでくわしくお話ししますが「**好きもの線、浮気線、ビア・ラシビア線**」がある人は、結婚しても、女性トラブルがつきまといます。魅力的な人ですが、伴侶《はんりょ》となった人には、苦労が絶えなさそう。ちなみに**女性の場合も、「男にだらしない3線」**となります。

かかあ天下トライアングル

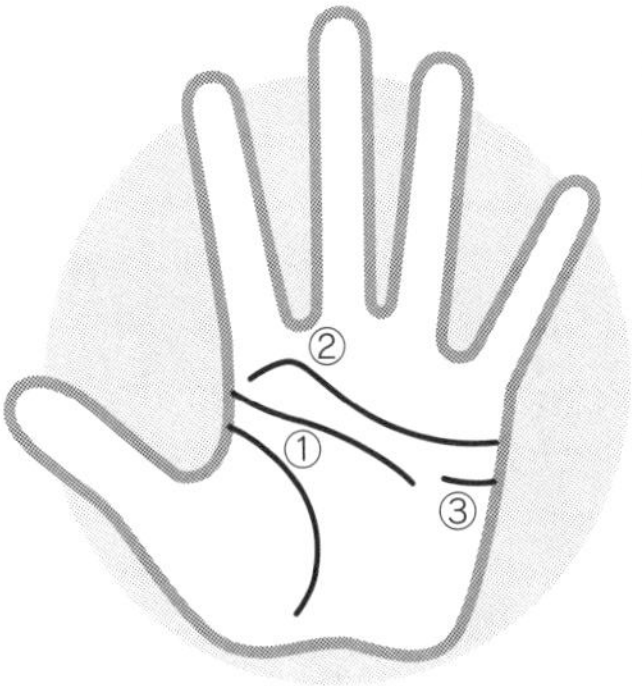

① KY線
②恋愛後回し線
③あやまりま線

主導権を握ってほしい男性にとっては「女神さま」かも?!

こんな女性には気をつけて！

「かかあ天下トライアングル」

つき合う前はおしとやかだったのに、つき合いが長くなって**気を許すと、豹変《ひょうへん》して、男を尻にしくタイプ**です。

★KY線…我《が》が強く、自分の意見を通したがります。こんな女性に対しては、自分を曲げる覚悟が必要かも。

★恋愛後回し線…一生懸命、世話を焼いてくれるのですが、いっぽうで、生活のあらゆる面において自分の好みを押し通しがち。少し窮屈《きゅうくつ》なところがあります。

★あやまりま線…理想が高く、周りの人にもそれを求めてしまう人です。また、人の欠点にはよく気づくいっぽう、自分の欠点には気づかないところがあります。

＊

この3線のうち、一つでもあればその傾向があります。ただし、**女性に主導権を握ってもらったほうがうまくいく男性には、ピッタリの人**ともいえるでしょう。

＊

「思わせぶりな女3線」

男心をくすぐり、ふりまわすタイプです。目立ちたがりな人ですが、**そこから透《す》けてみえてくるのは「自己愛」の強さ**。チヤホヤされたがるのもそれゆえなのです。

★束縛線…とにかく「私だけを見ていて」という自分大好き人間。好きになると相手のすべてを独占したくなる人です。

相手が仕事中でもおかまいなし

思わせぶりな女3線

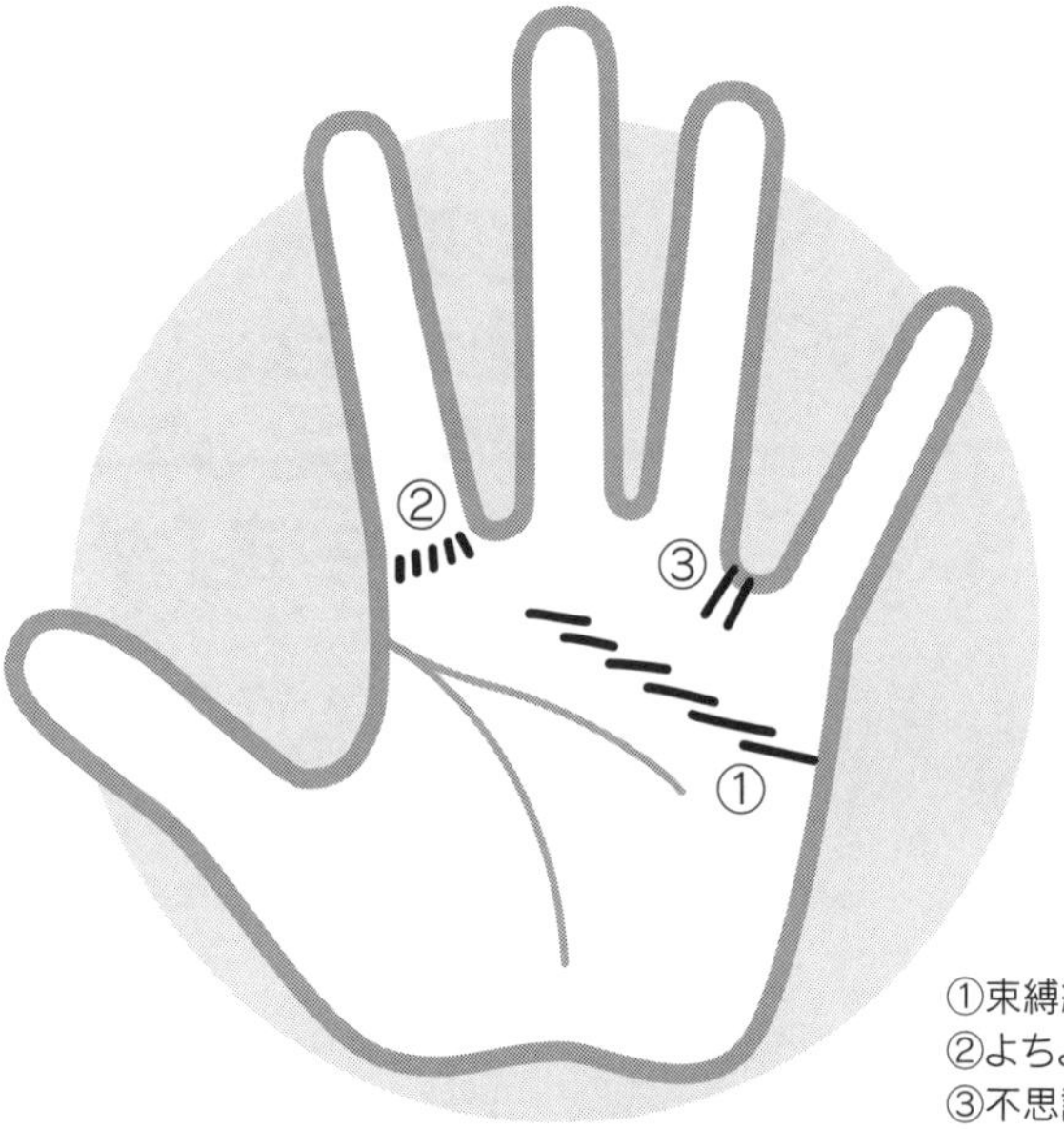

①束縛線
②よちよち幼児線
③不思議ちゃん線

男性にチヤホヤされるのが大好き！広い心をもっておつき合いを!!

に、がんがんケータイに電話をかけてきたりなんてことも。

★よちよち幼児線…大人になりきれていない人です。だらしない面があり、家事などの片付けも苦手。なんでも人のせいにしてしまう傾向もあります。

★不思議ちゃん線…癒《いや》し系ではありますが、行動が衝動的で、何を考えているのかつかめないため、男がふりまわされることになりがちです。

＊

どの線にも「男が後で泣きをみる」というパターンが想像できます。それでも「惚《ほ》れた弱みがある」という方は、発想を転換し、**彼女を手のひらの上で遊ばせられる度量をもって接しましょう。**

「恋愛結婚」と「お見合い結婚」。私はどちらが幸せになれる？

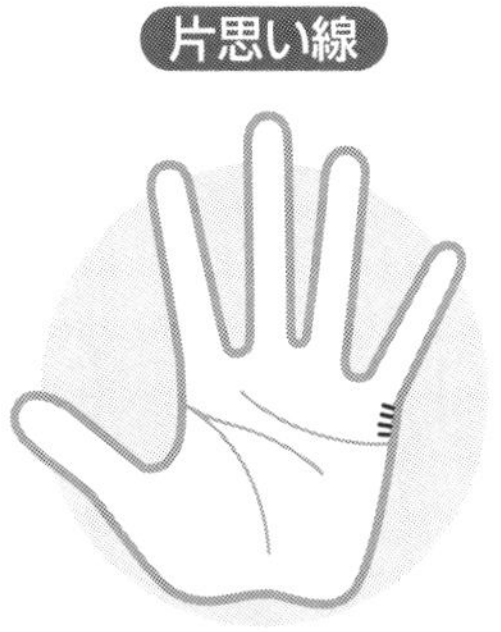

ぜひ「お見合い」を選択肢に！

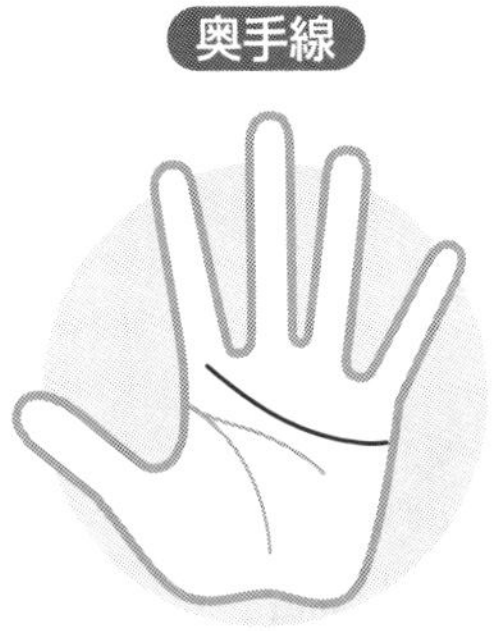

出会いの場を増やすと◎。

お見合いといえば、昔は〝お見合いオバさん〟が仕切るものと決まっていました。そのため、若い世代に少しずつ敬遠されがちになっていったようです。

しかし、最近では、パーティー形式のものなど、カジュアルな形態が増え、結婚を前提とした交際を望む人たちの人気を集めています。出会いの場として「お見合い」が見直されているんですね。

恋愛結婚もお見合い結婚も、**方法が異なるだけで、幸せをつかむという意味では同じ**です。恋愛結婚を望む人も、これから紹介する線をチェックしてみてはいかがでしょう。

＊

★片思い線…恋愛にたいして、いつも高望みしすぎな傾向があります。恋愛によって傷つくことを恐れている可能性もあります。

●**アドバイス！**

思い切って**お見合いをしたり、友だちの紹介から始める恋**を選択肢に入れてみてはどうでしょう。

＊

★奥手線（感情線が長い）…何事にも慎重で、人を好きになるのに時間がかかる人ですが、一度好きになったら冷めにくい一面もあります。

●**アドバイス！**

もともと恋愛のチャンスそのものが少ない人です。お見合いはも

恋愛運停滞線

友人に、「誰かいい人いない?」と素直に聞いてみましょう!

ちろん、**さまざまな出会いの場に怖がらずにでていく**ようにしましょう。

＊

★恋愛運停滞線…この線がでているときは恋愛運がかなり落ちこんでいます。

自分から積極的に動いたとしても、反応がイマイチだったり、遊び人に引っかかってしまったり。相手の本質を「見抜く目」が濁《にご》ってしまっているのです。

●**アドバイス！**

こういうときは、**人の力を借りましょう**。自分から動かず、人から紹介されるのを待ちましょう。

友人や周囲の人に「誰かいい人いませんか？」と声をかけておくといいかもしれません。

＊

恋愛運停滞線は、恋人がいる人や既婚の人にもでてくることがあります。

それが意味することは、相手の心や思いやりがみえなくなっていませんか？　という警告サイン。表面的なことや、**自分の見栄、虚《きょ》栄心《えいしん》が、目を曇らせてしまっている**かもしれません。

あるいは相手の人の良さや、やさしさについつい甘えてしまっていたり、相手がいてくれることを当たり前だと感じてしまってはいませんか？

ぜひ、つき合い始めた当時の気持ちや、今、共に歩んでくれていることにたいする感謝の気持ちを思い出してみてください。

玉の輿に乗って、セレブな生活を送りたい！

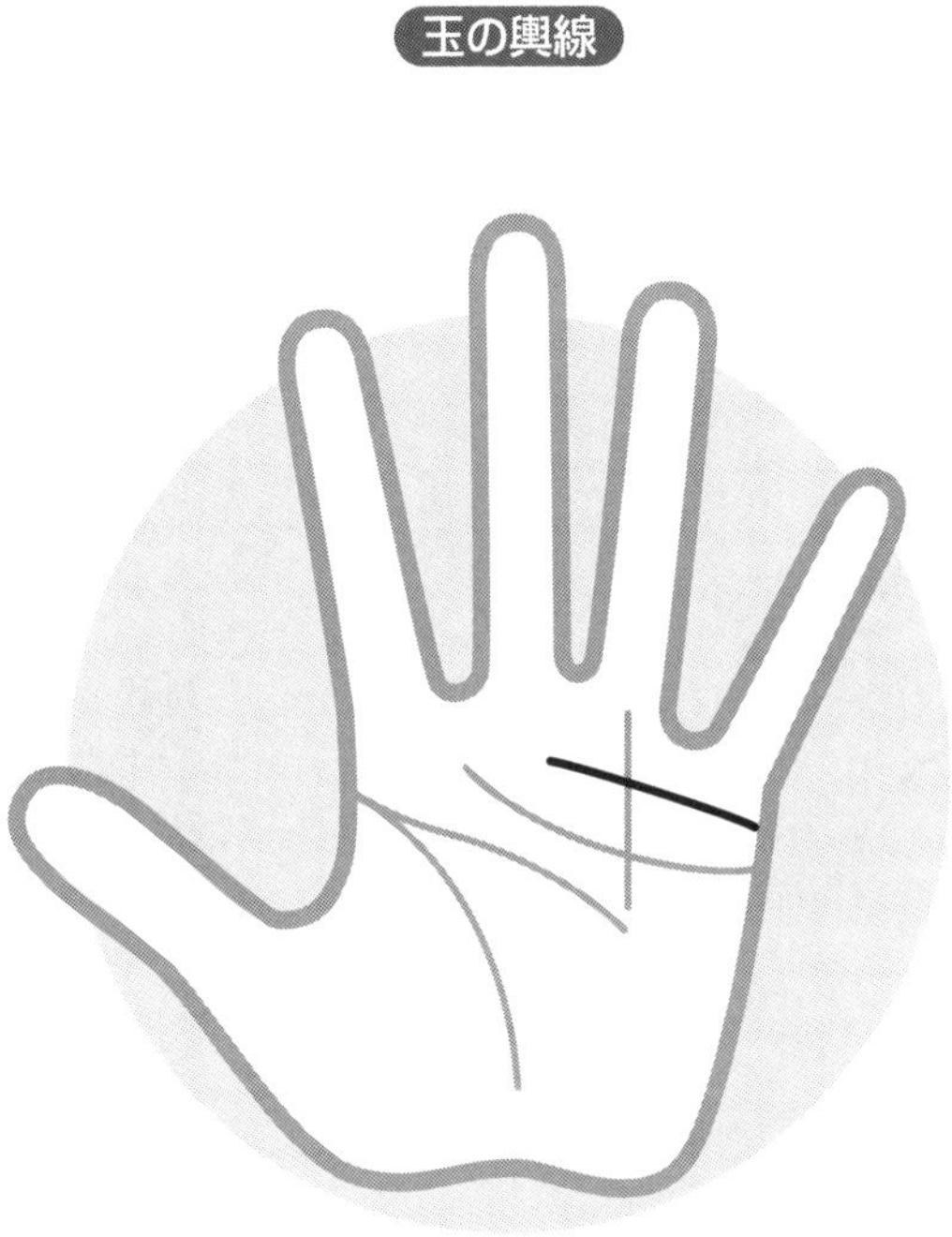

お金持ちが目の前に?!
あなたは未来のシンデレラ！

「お金持ちの人と結婚し、金銭的に不自由のない人生を送る」――そんな夢のような線があります。

それは**「玉の輿《こし》線」**。男性にあるなら**「逆玉の輿線」**です。資産家やエグゼクティブ、社長令嬢など、結婚相手の存在によって金運がハネ上がります。お金持ちが集まる合コンやパーティーなどに、どんどん顔をだしてみては？

「今つき合っているパートナーはお金持ちではない」という人は、結婚することで「2人の金運がアップする」とも考えられます。

また、**「あげまん線（男性ならあげちん線）」**の持ち主は金運だけでなく、相手の才能や実力を引き出せる人です。この線をもつ異性と出会ったら、即プロポーズを！

エッチをもっともっと楽しみたい！

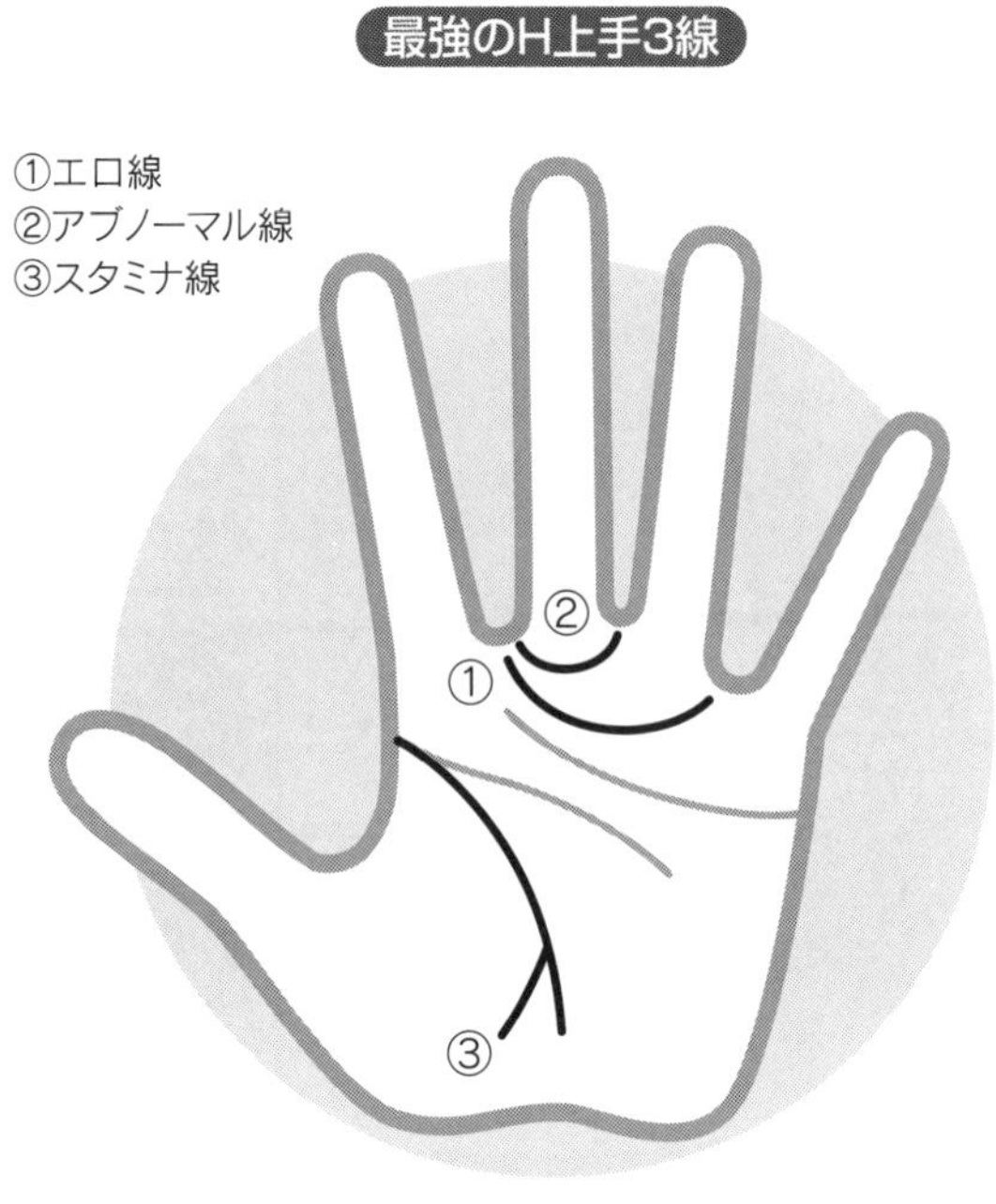

まさに「英雄色を好む」！
相手を悦ばせ、トリコにする
魅力にあふれています!!

大人の恋愛にとって、満足できるエッチは、やはりとても大切なもの。本当はみんな好きなのに隠す部分ですから、「こんなプレイをしたいけどパートナーに言えない」なんてこともあるでしょう。

手相は、満足できる〝愛の営み〟のきっかけをつくるツールとしても使えます。相手の線をチェックして、それとなく誘いをかけてみては？

＊

「最強のH上手3線」

★エロ線…**Hなことで頭がいっぱい！**　といってしまっても過言ではありません。この線をもつ人は大人物になる可能性も大きく、芸能界でも大御所と呼ばれる方たちにはハッキリとでていました。

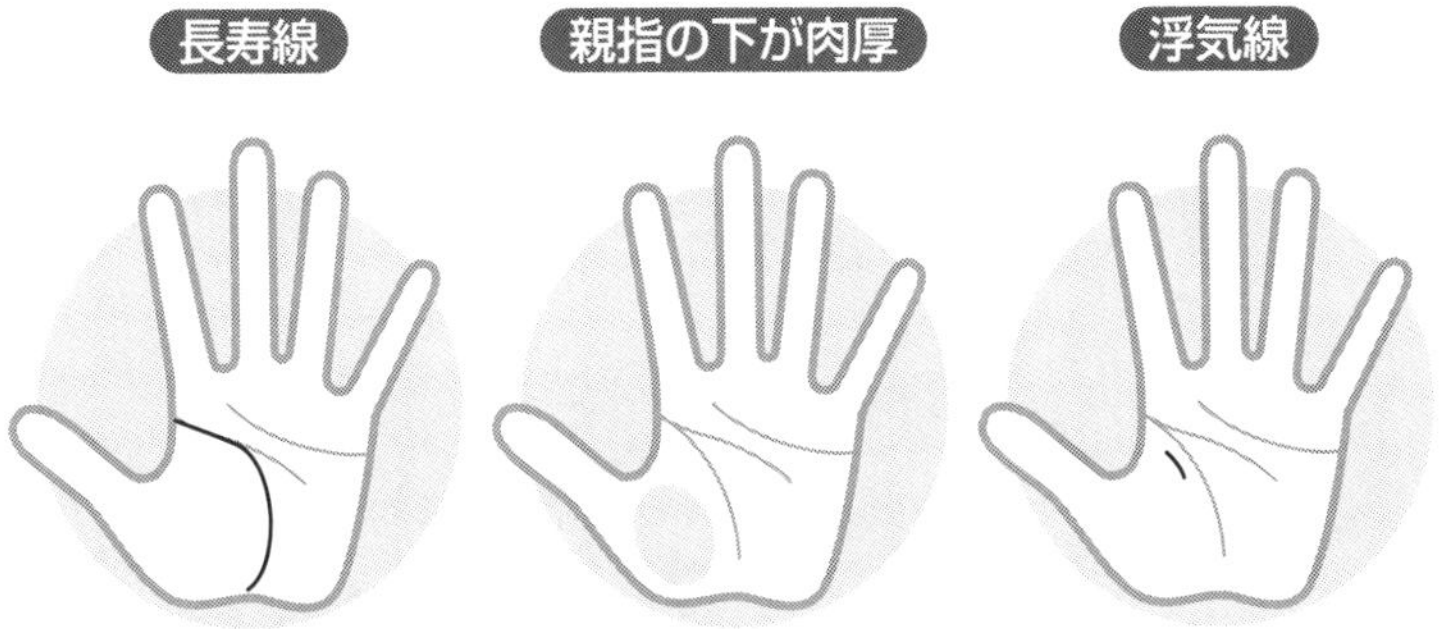

「最強のH上手3線」に、この要素が加わればそりゃあもぅ…スゴすぎます（笑）。

また、独特な魅力で人を惹きつける力があり、福山雅治さんやTOKIOのメンバー全員、前田敦子さんの手にもこの線がありました。ちょっと変わったところではプロ野球の巨人軍の選手にも、この線が濃い人が多くいました。スター集団として、常に注目されるのもうなずける話ですね。

★アブノーマル線…少し変わった性癖の持ち主です。**ふつうのプレイでは満《み》ち足りていないかも**しれません。この線もまた、芸能人の手に多くみられます。

★スタミナ線…性欲の強さ、そしてその**性欲を発揮できる体力**もあります。

以上のうち、2つの線があったら、まさに**「床《とこ》上手」**の人。さらに、

★浮気線
★親指の下が肉厚な人
★生命線が張り出している人（長寿線）

の3つの要素が加われば、性欲、性技、スタミナの3拍子そろった相手に、あなたはトリコになるはずです。もちろん、あなたにもこの線があれば、相手をトリコにできているともいえます。

＊

頭脳線もH度を教えてくれます。

★理系線（頭脳線がまっすぐ）…男性なら、「こうして、ああして、そのあとは、こうなって…」と**マンネリになっている**印象です。もっといろいろ工夫してみると、相手も悦《よろこ》んでくれるでしょう。

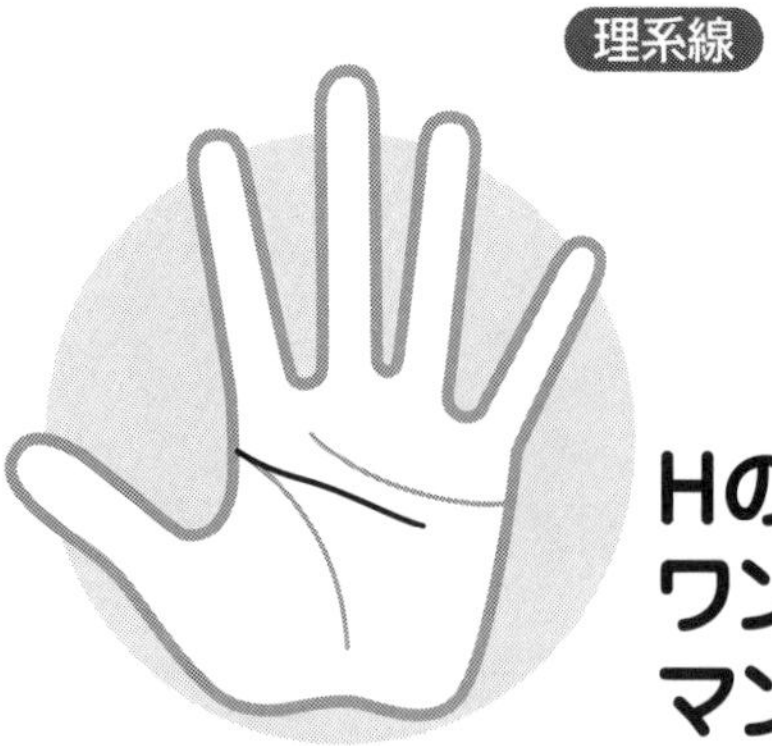

Hの手順はいつもワンパターン?!マンネリに注意。

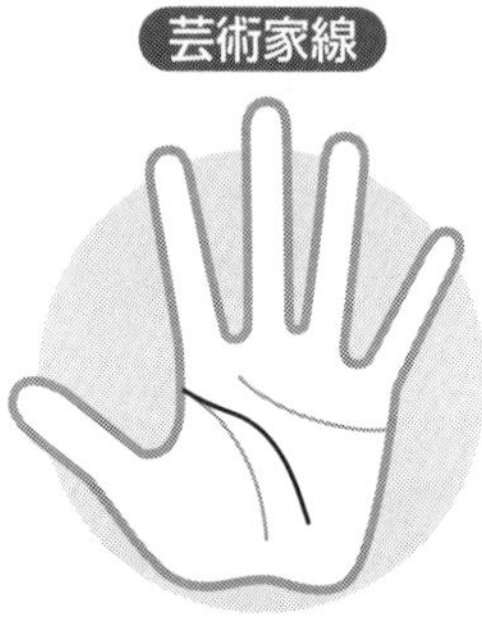

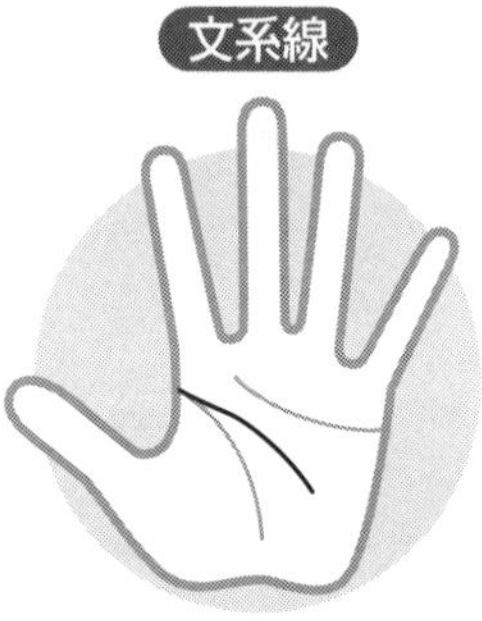

泡風呂に、アロマキャンドル…。ムーディーな演出を！

女性は女性で、冷静に過去の相手と比べていたりもします。でも、「つぎはどう攻めてくるのかな」なんて考えてもいます。うまく工夫して、お互いに楽しみましょう。

★文系線、芸術家線…頭脳線が下がるほど、快楽におぼれやすいといえます。かなりネットリ系のプレイになるかもしれません。**言葉責めも大の得意。**ムーディーな演出を心がければ、お互い燃え上がっちゃうかも。

＊

「Sか？　Mか？」もH話の定番ネタでしょう。

手相からみてみると、やはり**エス線とエム線は夜の相性もバツグン**です。2人合わせて「床上手なカップル」になれます。

将来、私には家族が何人できますか？

子だくさん線

結婚線の上に短い縦線が入る。数本入るケースも。

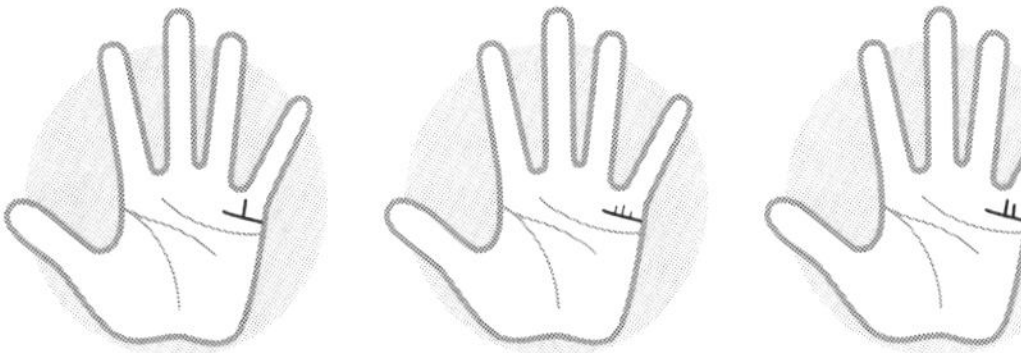

子宝に恵まれそう！精力も絶倫?!

ファミリーリング

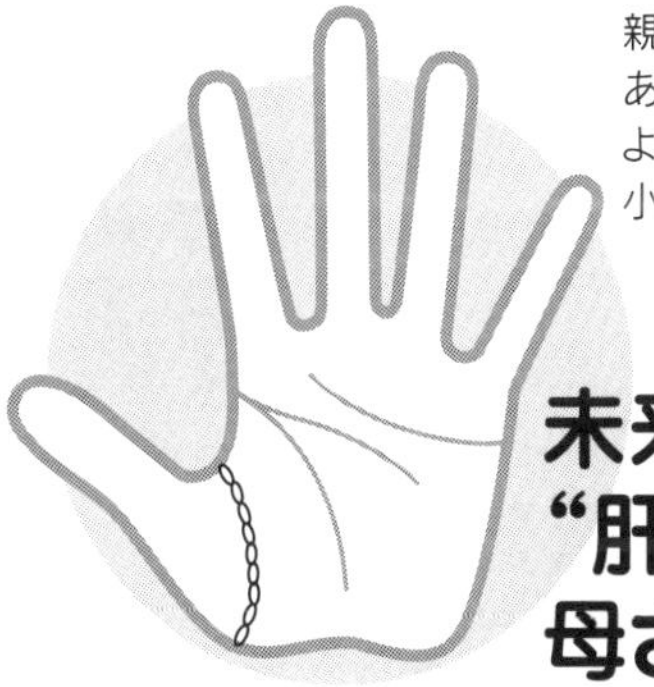

親指のつけ根あたりから、弧を描くように下降していく線。小さな輪が重なっている感じ。

未来は大家族の“肝っ玉母さん”?!

　僕がみる限りでは、まだ実証できていないのでハッキリとはいえませんが、「たくさんの子宝に恵まれる人にできる」といわれる相があります。

　それが**「子だくさん線」**。「強く刻まれていると男」「線の本数だけ子どもができる」などといわれることもありますが、それも実証されていません。

　また、「この相をもつ女性は妊娠しやすい」などといわれる相に**「ファミリーリング」**があります。性格的、肉体的にどうこうというわけではなく、あくまでも「妊娠しやすい」暗示だと考えてください。

　どちらの線もあるという人は、もしかすると、大家族の〝肝《きも》っ玉《たま》母さん〟になるかも？

パートナーに浮気疑惑が！どの線をチェックすべき？

パートナーの手をチェック！

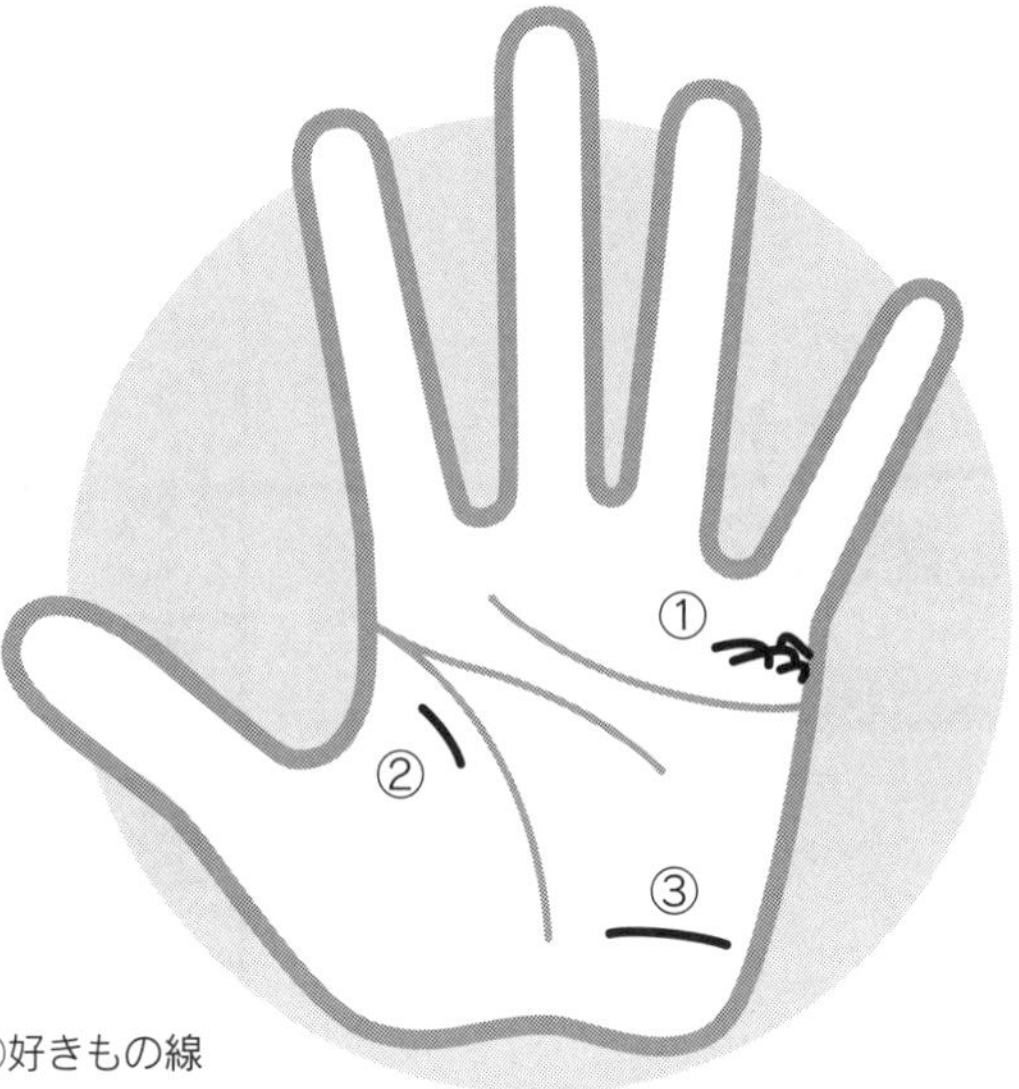

①好きもの線
②浮気線
③ビア・ラシビア線

3線のどれかがあれば、警戒を！3線ともあったら、もう真っ黒かも?!

恋人の様子が最近どうもヘン。もしかして浮気しているのでは？そんな疑いをもったなら、すぐさま相手の手相をみてみましょう。

＊

★好きもの線…異性関係にルーズな人です。どんな相手にもいい顔をしてしまうし、常に「あわよくば」のチャンスを狙っていたりします。

●アドバイス！

相手にこの線がでていたら、**毅《き》然《ぜん》とした態度で臨むべき**。ただし、基本的に異性にだらしない人なので、恋愛相手としては、あまりおすすめできません。

＊

★浮気線……つき合っている人がいても、つい浮気心を抱いてしま自分の手をチェック！

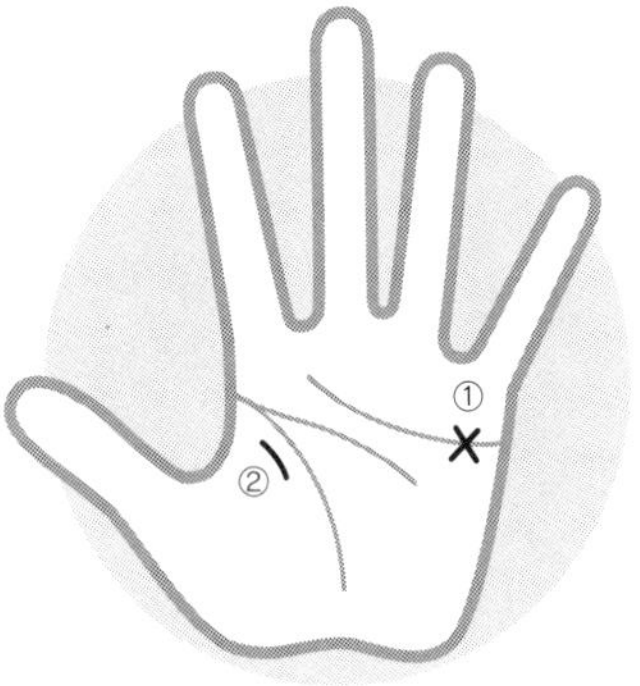

①とばっちり線
②浮気線

この2線があれば危険信号…かも?! マメに連絡を！

いがちな人にできる線です。
恋愛に意欲的で、性欲も強い傾向があります。浮気中に、この線が濃くなる人もいます。

●**アドバイス！**

相手にこの線が強くでていたら、監視の強化が必要。**マメなメールや電話で、火遊びの可能性を低くする**ことができます。

＊

★ビア・ラシビア線…とにかく自由でいたいと願う人です。それは恋愛傾向でも同様で、異性にもよくモテます。

●**アドバイス！**

束縛を嫌うので、**マメなメールや電話は、逆効果**になってしまう恐れがあります。ひな鳥をみつめる親鳥のような大きな心でつき合わないと、あなたの心が疲れてしまうかも。

＊

自分の線にも、相手の浮気の兆候は現われます。

★とばっちり線…「パートナー絡みで大変なことが起こりそう」という覚悟がいるかもしれません。

●**アドバイス！**

相手の言動に注意したり、「なんか悩みない？」などと、**マメに声をかけることで、浮気を試《こころ》みる意欲を削《そ》げるかも**しれません。

とはいっても、この線は一時的な線で、その間だけ気をつけていれば大丈夫です。

＊

じつは浮気線からは、自分の密《ひそ》かな浮気願望もみえてきます。

浮気をされやすい度チェック!

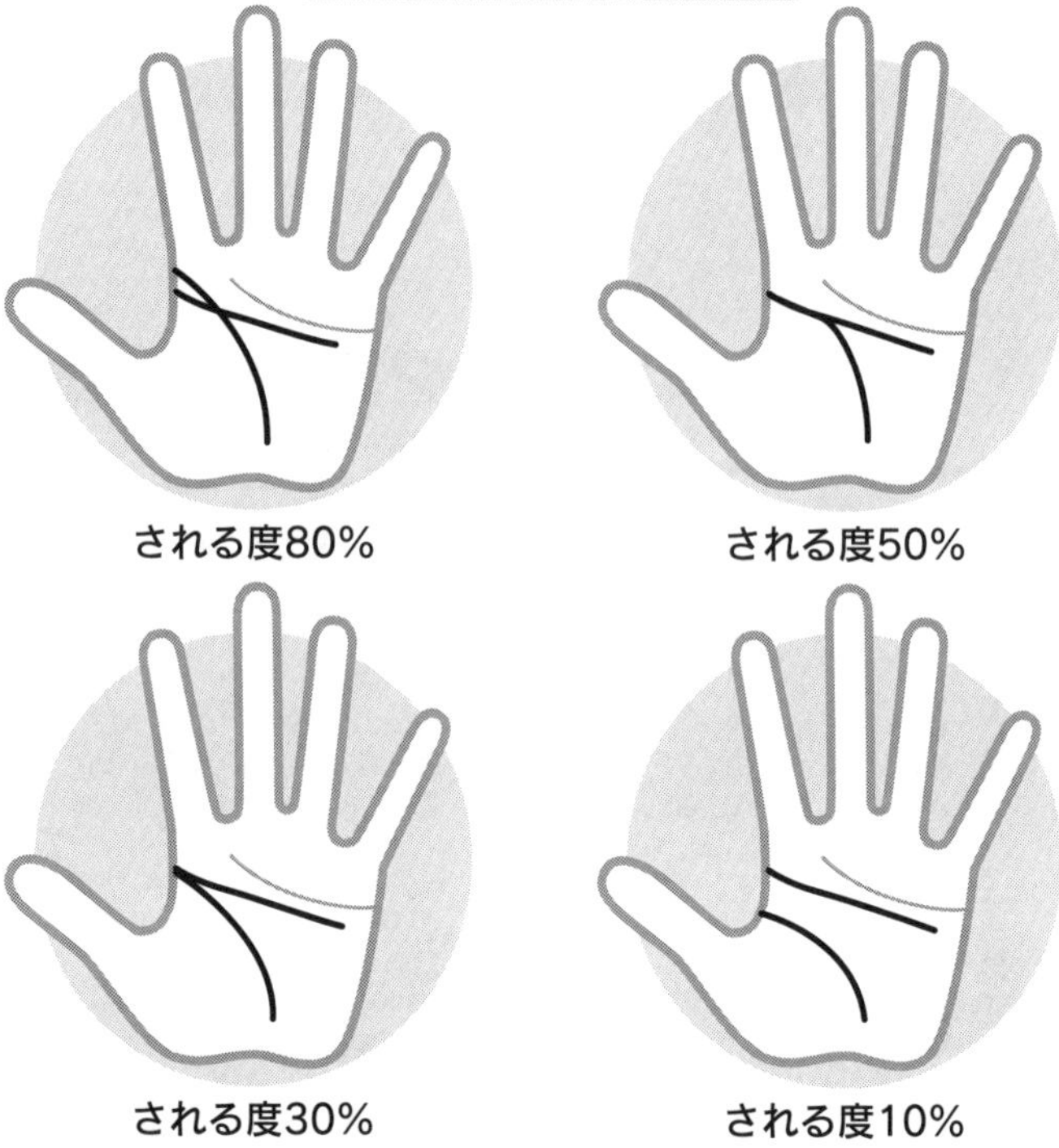

頭脳線と生命線の交わり具合がポイント!

この線が濃くでていたら、相手を信じられないあまり、**ヤケを起こして自分もフラフラと他の人のところへ**……となりかねません。しっかり自制しましょう。

*

ちなみに、あなたが浮気をされやすいかどうかも、自分の手相に現われます。

ポイントは頭脳線と生命線。この2つの線が重なれば重なるほど相手への依存度が高く、周囲からふりまわされやすい傾向があるのです。とくに、**生命線の入り口が頭脳線の上にある場合は「浮気される度80%」**。

相手は、あなたに安心しきって、別のところで火遊びをくり返す可能性が高まるのでご注意を!

不倫の恋、いつまで続けるべきなのでしょうか？

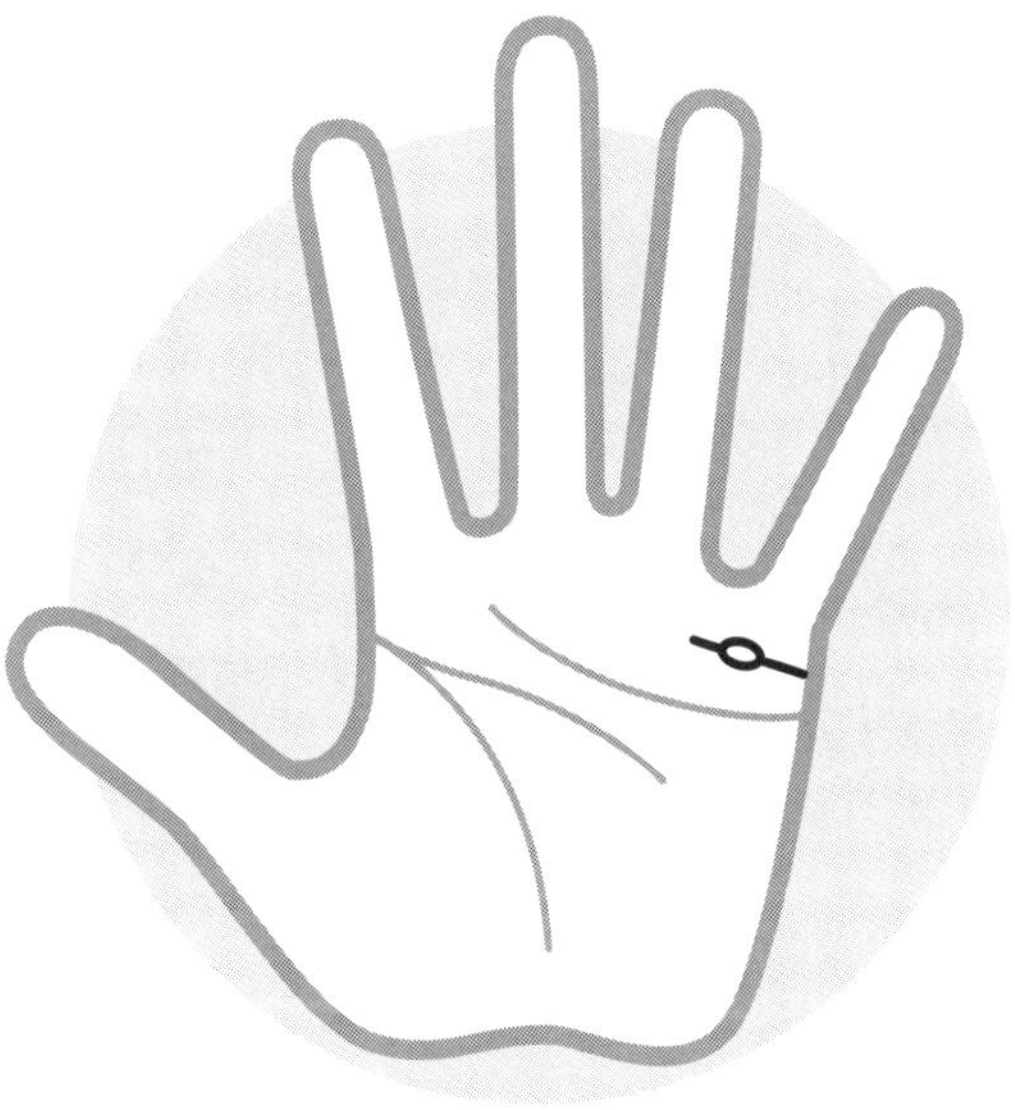

結婚線の途中に島ができる。

恋のトラブルに巻きこまれがち?!
これからの人生、じっくり考えて！

イケナイ恋に燃え上がりやすい人の手には**「不倫線（タブー線）」**があるはずです。

今、つき合っている人がいない場合は、「妻子や恋人のある異性があなたに近づいてきますよ」というサインかもしれないので、すぐに飛びつかず、慎重に相手を見定めてください。

「いつまで続けるか」という悩みですが、この線がでるということは、**すでにトラブルに巻きこまれかけている**ということ。「好きになってしまったんだからしょうがない」という気持ちはお察ししますが、あなた自身の人生を考えれば、答えはおのずとでてくるはず。

一度しっかりと、相手と自分のこれからを見つめ直してみては？

離婚すべき？ それとも踏みとどまるべき？

夫婦の間には、大小さまざまなトラブルが起きるものです。そのトラブルを共に乗り越えていってこそ絆《きずな》が深まるというものですが、「もう我慢の限界！」となることもあるでしょう。

もちろん、話し合いで解決するのがいちばんだと思いますが、手相からも判断材料がみえてきます。そんなに深刻にならずに、友人からのアドバイスだと思って、チェックしてみてください。

選択の判断材料となる3線

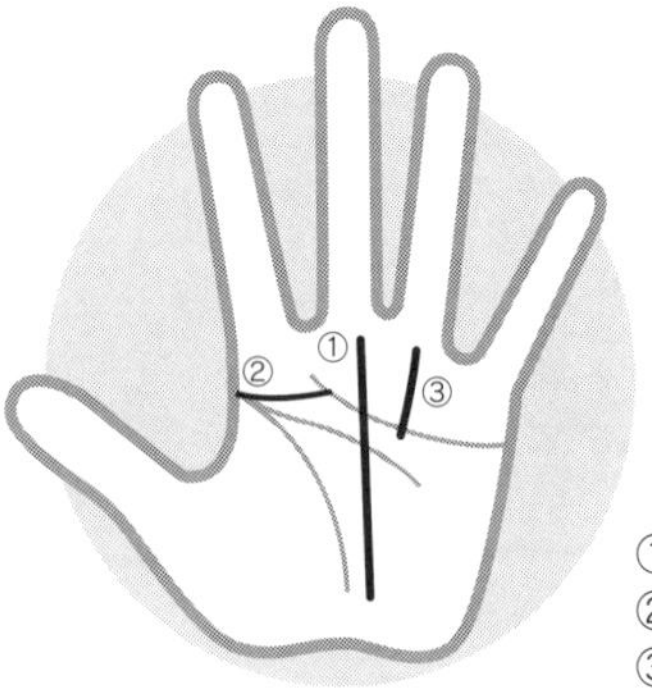

①運命線
②勝負線
③金運線

＊

★運命線…流年法（58ページ参照）によって、人生における大きな転換期やトラブルがいつごろ訪れるかが、だいたいわかります。その時期と、いま離婚を考えている時期（年齢）が一致しているのなら、**新たな一歩を踏みだして心機一転する**というのも選択肢のひとつだといえるかもしれません。

＊

★勝負線…「今が人生の頑張りどき、人生のターニングポイント」というときに現われます。この線がでたときは、人生、お金、仕事、環境……とさまざまな観点から、**自分が置かれている状況を判断するべき**時期だといえます。

一時の感情に流されず、冷静な判断をしてくださいね。

＊

★金運線…仮に離婚という道を選

ラテン系線

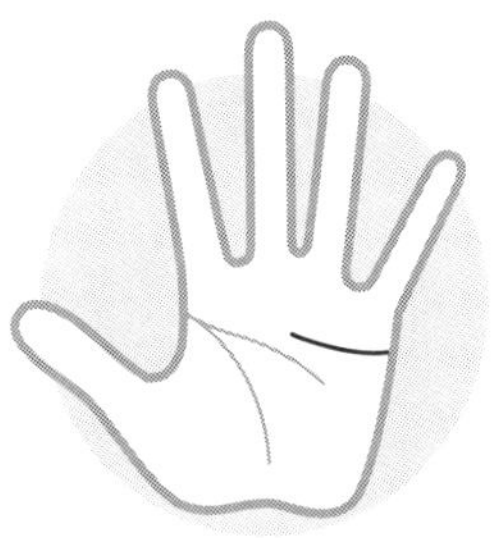

不機嫌にさせたら、即、「ごめんね」攻勢を。

奥手線

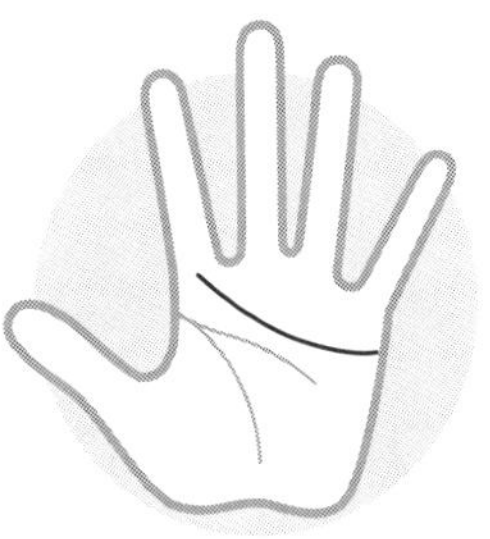

怒らせるとコワイ人。誠意をもって謝り倒そう。

んだとき、一人で生活するのに重要な要素は、やはり**「お金」**でしょう。とくに専業主婦の人には、新生活での収入面の不安から離婚を思いとどまっているという人もいるかもしれません。

強く、はっきりした金運線の持ち主であるか否《いな》かも、判断材料にできそうです。

＊

ここで、ケンカしたときの仲直りのコツも紹介しましょう。

上手に仲直りできれば、そもそも離婚の話なんてでてきませんものね。ケンカは感情のもつれなので、基本的には相手の感情線が参考になります。

★ラテン系線のように短い人…瞬間的に怒る人なので、その場でスパッと謝ってしまいましょう。**不機嫌にさせたら、即「ごめん」の攻勢をかける**とよいと思います。

ただ、このような感情線をもつ人は、あとで謝っても「何だっけ？」と怒ったこと自体を忘れている可能性もあるのですが……。

★奥手線のように長い人…怒らせると怖い人です。根にももつ人でしょう。怒ったことをずっと覚えている手ごわいタイプです。

このような感情線をもつ人は、表面上は修復できても、何かのきっかけで怒りが再燃してしまうことがあります。

「こちらが悪いな」と思ったら、**傷つけたことに対して、誠心誠意**をもって、心から謝るしか道はなさそうです。

別れた相手を忘れたいのに、忘れることができません…

未練タラタラ線

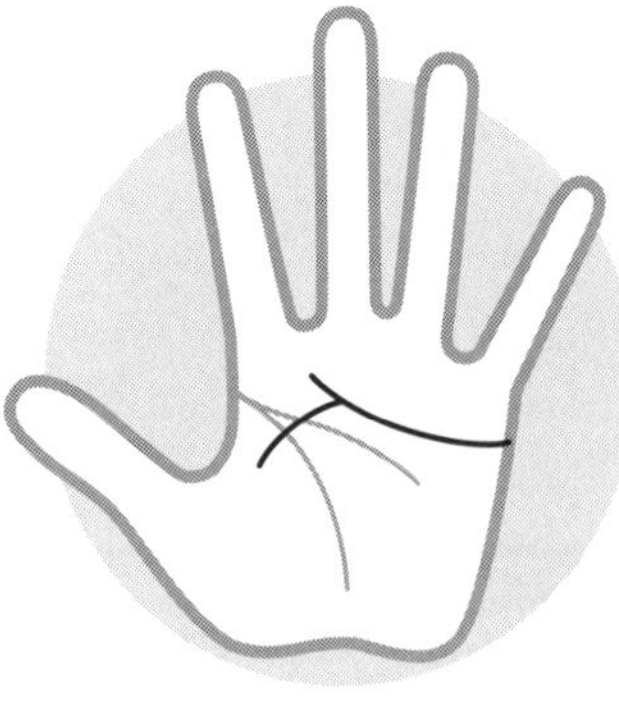

感情線から長い線が下にのび、頭脳線と生命線を突っきる。

相手に感謝しつつ、新たな恋へと踏み出そう！

失恋や離婚は、だれにとってもつらい出来事。しかも最近は、ツイッターやフェイスブックなどで、知りたくないのに相手の近況もわかってしまいます。

パートナーを忘れられない……そんな人に、手相はどんなメッセージを示しているのでしょうか。

＊

★未練タラタラ線…相手を忘れられず、次の一歩を踏み出せない…そんな人にはこの線があるはず。「新たな恋もしなくちゃ」と、心ではわかっているのに、悲観的なので、社内恋愛などで「間に合わせの恋」をすることもありますが、長つづきしません。

●アドバイス！

あなたは、あきらめきれないという思いをもちつつも、じつはいっぽうで「脈がない」ということも心の奥で自覚しています。

ズバリ言えば、「次の恋に踏み出しましょう」というタイミングでもあるのですから、新しい恋愛を始めるのが一番なのです。

忘れる方法としては、**「前の恋人は私を成長させてくれた。ありがとう」と感謝の念をもつ**こと。恋愛感情を感謝の気持ちに置き換えるのです。それでも、忘れられないという人は、一緒に撮った写真や一緒に買ったものを捨ててしまうぐらいの荒療《あらりょう》治《じ》が必要かも。

手相面白話

日本人と欧米人、手相をくらべたら…

所ジョージさんの番組に出演したときの話です。番組のなかで、「海外に手相占いはある?」という疑問がでました。

手相占いは、今から5000年ぐらい前のインドで生まれたといわれています。

東洋では、韓国が「手相の整形」もあるくらい盛んです。また、香港、台湾、中国でもよく知られています。

では、欧米（ヨーロッパ）はどうなのかということで、ヨーロッパの人の手相をたくさんみました。すると、「手相に対する考え方」や「占いそのものに対する考え方」が、**私たち日本人とは大きく異なっている**ことがわかったのです。

★手相占いを信じていない?!

まず、「手相って知っていますか?」と聞いてみました。

すると、「知っているけれど、みてもらったことはないね」という答えが若い人に多くいました。

「じゃあ、悩み事とかあったとき、誰に相談するの?」ときくと、彼らは「教会の牧師さんに相談する」といいます。

日本人は「相談できる身近な人がいないときに占いに行く」ことが多いですが、文化的な違いもあってか、欧米の人は「悩んだらまず牧師さん」という考え方があるようなのです。

★どんなときに占いに行く?

しかし、「まったく占いをしない」というわけではないようです。じっさいに、町には2～3軒の占いの店がありました。

では、誰が行っているのか?というと、日本だと若い女性が多いですが、欧米ではおもに年配の人なのだとか。僕が「年をとったら、悩みなんてなくなるでしょ?」と聞くと、こんな答えが返ってきました。

「占いの店は、親が亡くなって、相談できる相手がいなくなったと

きに、初めて相談しに行くところ」

欧米の人にとって、**恋や仕事などといった若いころの悩みは「親に相談するもの」**。親との距離が近いので、悩み事などもすべて親に話すのだそうです。

いっぽう日本では、恋のことも仕事のことも親に隠しがちです。欧米の人は、全部、親に話すから占いに行く必要がなく、親が亡くなり、人生に迷いが生じたときに初めて占いに行くのだとか。

占いへの考え方だけでなく、家族とのかかわりという部分の考え方でも、これほどに違いがあるのかと大いに考えさせられました。

★反応もこんなに違う！

僕が手相をみた人にアドバイスをするとき、基本的にはポジティブなことを言うようにしています。

たとえば「元気がないな」と思ったら、「こういう線があるから大丈夫だよ。頑張りなよ」とか、「この線は幸運のサインだよ」というように。

すると、皆さん「ありがとうございます」と控えめに返事をしてくれますが、すぐに「何がダメなんですかね」というネガティブな話の流れになりがちです。

でも、欧米の人は、**「ホント？」「すごいうれしい！」**などと**アドバイスを100％の笑みで受け入れてくれる**のです。

「オバマ大統領と同じ線があるよ」と言ったら、「ホント？　オレ大統領になれるじゃん！」と言うし、「人気線がすごいよ」と言うと、「やっぱり、オレは人が好きだし、友達も多いから、それは間違いないよ」と、ものすごく喜んでくれます。これは、「占い師冥利《みょうり》」に尽きる話ですよね。

★でも、ネガティブな話をすると…

ポジティブなことを言うと喜びを表わしてくれる欧米の人ですが、「こういうところに注意したほうがいいよ」などとネガティブなことを言うと、すぐにムッとして「その話題は聞きたくない」と、アドバイスを受け入れてくれない傾向がありました。

彼らは、常にプラスなことを自分の力にし、ポジティブに頑張るのです。

でも、「じゃあ、日本人も欧米の人のように、常にポジティブになればいいの？」というと、そうでもないように思います。

日本人は「人生、いいこともあれば悪いこともある」と考える人が多くいます。だからこそ、いいことだけを聞いて喜ぶのではなく、**悪いこともしっかりと聞き、そうならないように努力したり、自分を高めることを怠《おこた》らない**のです。

これもまた「占い師冥利」に尽きる話だと思います。どちらがいい悪いという話ではなく、根本的に考え方が違うのです。

★欧米人に多い線は？

じつは、男性女性関係なく「KY線」をもつ人が多いことに驚かされました。

僕は「空気を読んだり、相手に合わせることをしないから」ということから「KY線」と命名しましたが、この線の持ち主は「自分の考え方をしっかりと確立できている人」でもあります。

日本人は、全体の5％ぐらいの人がこの線をもっているといわれますが、欧米の人の割合となると25％ぐらいにハネ上がります。

欧米の人は、**自己主張をしっかりする人が多いですが、それは、手相にもハッキリと表われている**のです。

★日本人の手相の特徴は？

手相の世界では、日本人がいちばん「手に入る線の数が多い」といわれています。

じっさい、欧米の人の手に入る線は、シンプルというかスッキリしている人が多くいました。

手相では「線（しわ）の数は心のアンテナの数に比例する」といいます。線が多いということは「感受性が豊か」ということなのです。

日本は島国で、広い海に領土を守られているのに対し、欧米は大陸であり、古くから領地を取ったり取られたりを何度もくり返してきました。

だからこそ、欧米の人には「**NOとハッキリ言えないと生きていけない**」という考え方が生まれ、手相にも表われているのだと思います。

いっぽう、日本人は言葉の端々《はしばし》から相手のことを感じとり、気づかいをしたり、思いやる文化を育《はぐく》んできました。線の数の多さや複雑さは、そのあたりに起因《きいん》するものではないかと考えます。

ただし、日本人特有の性格として「**気にしすぎてしまい、心を病《や》んでしまいがち**」という弱さは否定できません。

このように、手相からは、考え方や価値観の違いというものもみてとれるのです。

★可能性は無限にある！

欧米の若い人が手相をみてもらわない理由は、もうひとつあります。それは、「**若いときは何だってできるんだから、他人にアドバイスを聞く必要がない**」という考えからだそうです。

彼らは「どんな職業に向いているか」などと悩まずに、興味をもったら、向き不向きなんて考えず、何でもトライしてみるのです。

これはぜひ、日本の若い方も見習うべきなのでは？　なんでも、まずはチャレンジあるのみ！なんですから。

chapter 6

【生きかた手相】お悩み解決！相談室

仕事も趣味も長つづきしない自分を変えたいです…

長つづきしま線

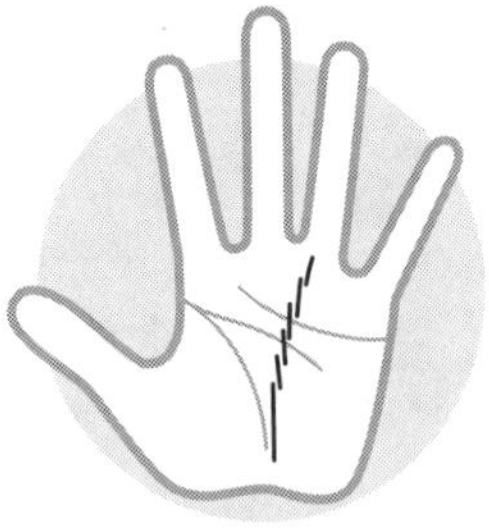

達成可能な目標を立てて、努力を！

夢見る乙女線

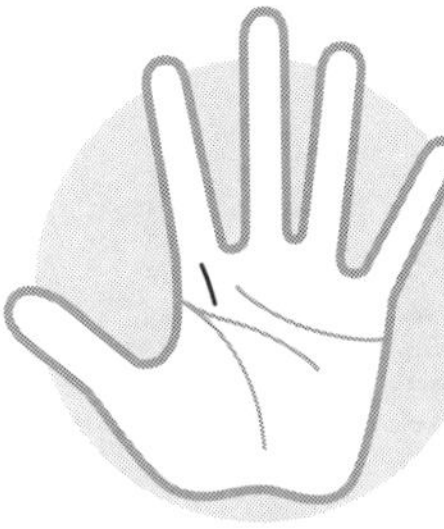

自分の理想より、現実をみましょう。

仕事も、恋愛も、趣味も、最初は勇《いさ》んで始めたのに、いつしかやる気が萎《な》えてきて、最後にはやめてしまう……。「自分は飽きっぽい」と自覚しながら、何度も同じことをくり返してしまう人には、こんな傾向があります。

＊

★長つづきしま線…一つのことにじっくり取り組むことが苦手。気分屋さんなところがあります。グチが多く、早トチリする傾向も。

●アドバイス！

どんなことでもいいのです。まずは何か一つ、達成できそうな目標を立ててみてください。**「一週間早起きする」「毎日1万歩歩く」**というようなものでも構いません。

できるところから、積み重ねていけば、達成感とともに忍耐力が少しずつ付いてくるはずです。

＊

★夢見る乙女線…とくに恋愛にかんして、現実から目をそむけがちです。自分の理想を大事にするあまり、相手の短所をみつけるとすぐに幻滅《げんめつ》して、他の人に乗り換えてしまったりします。

●アドバイス！

自分の理想を一段階だけ下げてみること、ズバリ言うと**「現実を直視すること」**をおすすめします。他人に対する意識が変わるはずですよ。

自分に自信がもてません。自信をもつにはどうすれば？

この悩みをもつ人には、ある特徴が手相に表われます。それは「どの線も全体的に薄く、フニャフニャしている」。自分を確立できていないという自信のなさがそのまま手の線にでているわけです。

……と聞いて、タメ息をついてしまったあなた。落ちこむことはありません。それは、言い換えれば「無限の可能性がある」ということ。**今は芽がでていなくとも、異なる世界で花開く可能性が十分にある**のです。「のびしろ」がたくさんあると考えてください。

じつは「自信がありすぎる」というのも、少し考えものなのだと思うのです。年配の方に線がくっきりとでている人がいますが、そのいっぽうで考え方が凝《こ》り固まってしまったり、頑固な人も多くいます。ですから、「自信がもてない」というのは、メンタル的には極めて健康的なのではと思います。

＊

あなたのまわりに「根拠のない自信家」はいませんか？　なぜか自信だけはあるのに、行動がともなっていない人です。

そのような人は成長することがなかなかできません。自分に謙虚であることは、大きな長所にもなるのです。

＊

先輩の芸人さんにも、自分に謙虚であったからこそ、現在の活躍へとつながっている方が多くいます。また、一流の芸人のようにうまく話に入っていけないという先輩のなかには、とにかく「その場でいちばん大きな声を出して笑う」ことを〝自分ルール〟としている人がいます。

サラリーマンの方も、「朝、元気に挨拶《あいさつ》する」「ちょっと苦手な人との会話では、必ず自分から話題を提供する」などといった**簡単な〝自分ルール〟**をつくり、実践《じっせん》してみませんか？　「自分の世界」が広がることうけ合いです。

「先延ばし」にしてしまう自分がイヤでしかたありません

よちよち幼児線

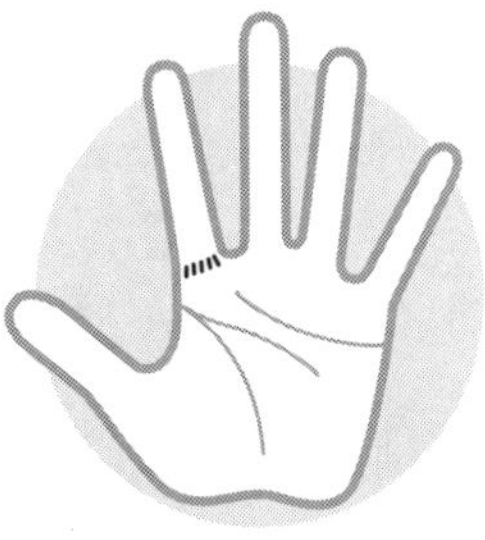

スケジュール作りから始めましょう！

ベンチャー線がない

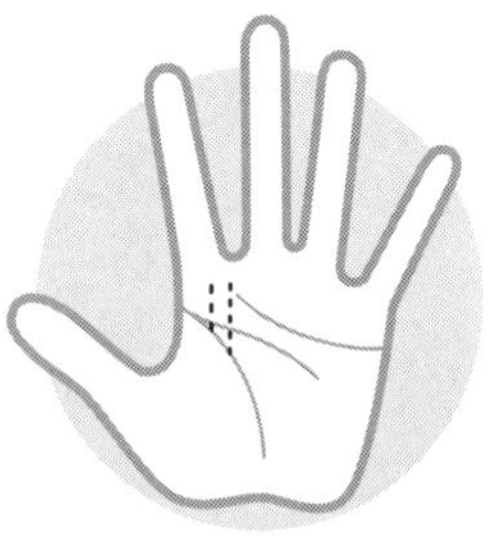

生活習慣や仕事のやり方を見直して！

この悩みは、多くの人が抱えているものだと思います。

理由は、それぞれあるのでしょう。忙しくて後回し、困難な案件なので後回し、面倒くさいから後回し……。自覚しているのに、ついついやってしまう悪いクセを直すには？

＊

★ベンチャー線がない…ベンチャー線の持ち主は、意志が強く、自己管理能力にも長《た》けています。

この線がない人は自己管理がまったくできていないとはいいませんが、思い当たるフシはあるのではないでしょうか。

●**アドバイス！**

ベンチャー線は**自分の努力がどの程度、運気を強くしているかを知るバロメーター**になります。努力が足りているか、または、努力する方法が間違っていないかを自己点検してみることをおすすめします。

＊

★よちよち幼児線…自分に甘く、イヤなことは後回しにしてしまう傾向があります。甘えん坊というか、生来の面倒くさがり屋さんなのです。

●**アドバイス！**

締め切りまでの「行程表」をつくってみましょう。「今日は何をしなくてはいけないか」を明確に

頭脳線が下がっている

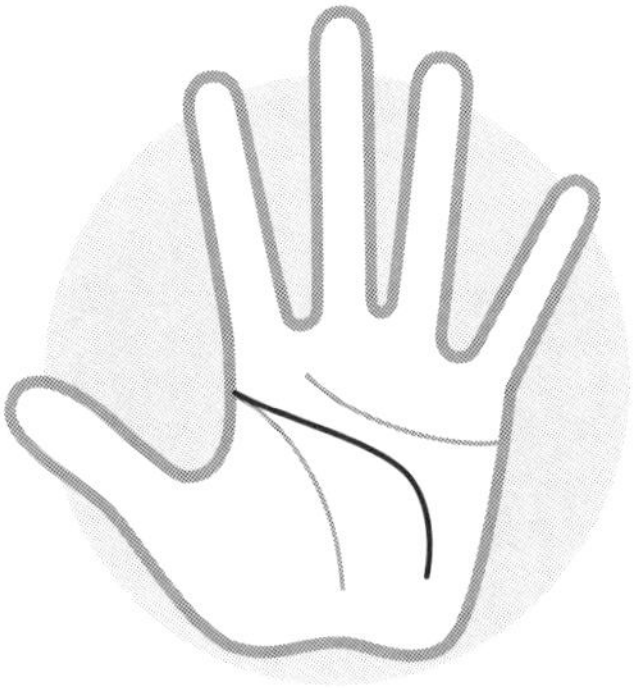

最初から完璧を目指さなくてもいいのでは?

すれば、イヤでもやらざるをえなくなりますよね。また、**ボランティア線**、**親分肌線**、**二重感情線**の人が指導役として付くと、バッチリ面倒をみてくれますよ。

＊

★頭脳線が下がっている…夢見るロマンチストタイプ。作家や芸術家によく現われる線です。アーティスト性の高さゆえに、作品にこだわりぬく傾向があります。

たとえば、書類作成ひとつをとっても、書式や書体などにこだわるあまり、時間がかかる人です。

●**アドバイス!**

まずは**「7割の完成度」を目指しましょう。**最初から100%を目指しては、時間がかかりますし、修正などがでたら、さらに時間がかかります。まず、「だいたいの骨組み」をサッとつくり、精査したうえで仕上げをすれば、締め切りに遅れることは減るはずです。

＊

この悩みで難しいところは、世の中にはギリギリまで追いこまれたときに驚異的な力を発揮したり、他の人が思いもつかないようなアイデアをだせる人がいるということ。要は「自分がどちらのタイプなのか」を見極めることが大切なのです。

ただし、締め切りギリギリで力を発揮する人は、消耗度もまた高いので、超人的な体力が必要です。落ちついて物事にあたりたい人は、やはり計画的な仕事のやり方がいいでしょう。

強く頼まれると、断ることがなかなかできません

消極線

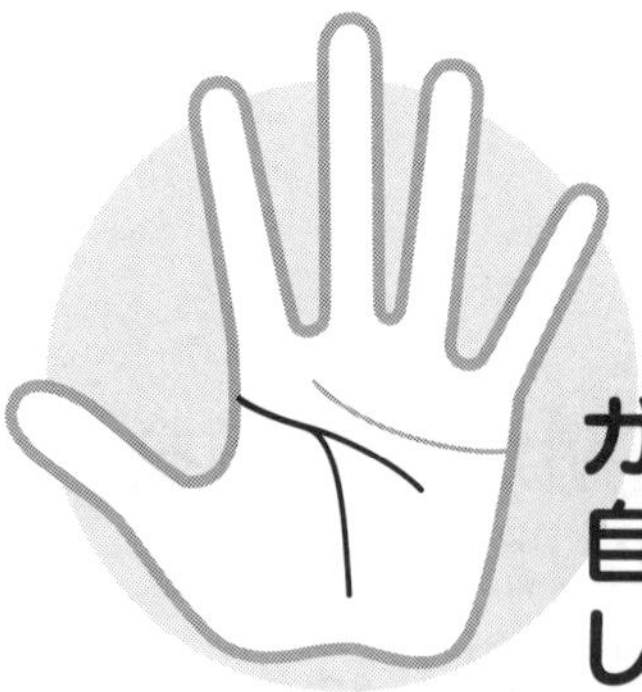

ガマンをせず、自分の意志をしっかりもって！

引っこみ思案線

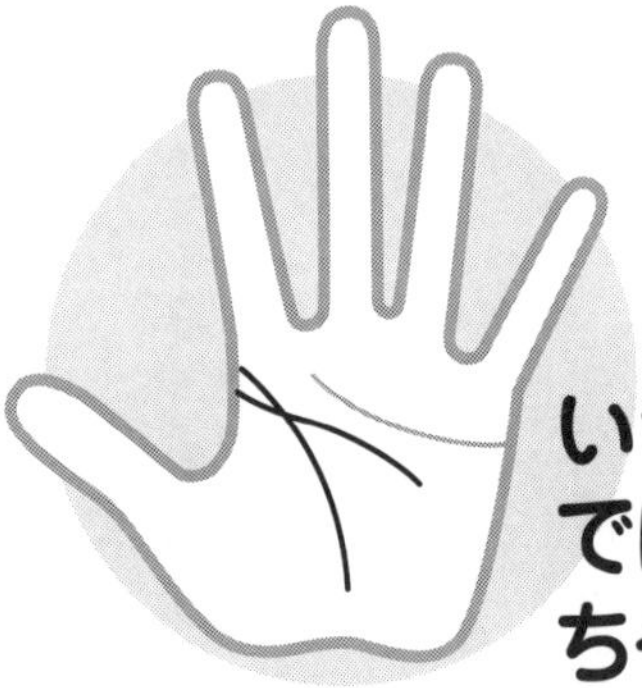

頭脳線と生命線の起点が大きく重なるどころか、生命線が頭脳線の上からでている。

いつも「いい人」では、心が疲れちゃいますよ…。

「これやっておいて」と、なぜか残業をおしつけられ、いつも自分だけ残業ばかり……頼まれ事をされると断ることができず、いつも損な役回りになっていると悩んでいるあなた。きっと、こんな線があるはずです。

＊

★消極線…もともと心配性で、争い事が大の苦手。あまり自分に自信がなく、他人に流されがちな人です。自分の意見を相手に伝えるのも苦手にしています。

★引っこみ思案線…消極線と同様に、相手に合わせてばかりいる傾向があります。人に良い印象を与えたい！　という気持ちがつねに先行しがちです。

★ボランティア線…消極的という

二丁目線

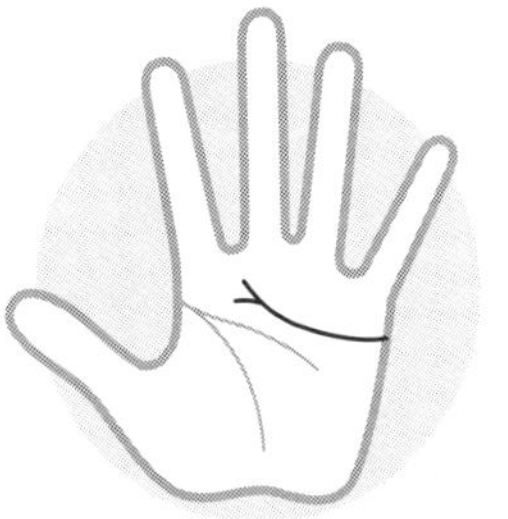

あなたの気配りを悪用されないように！

ボランティア線

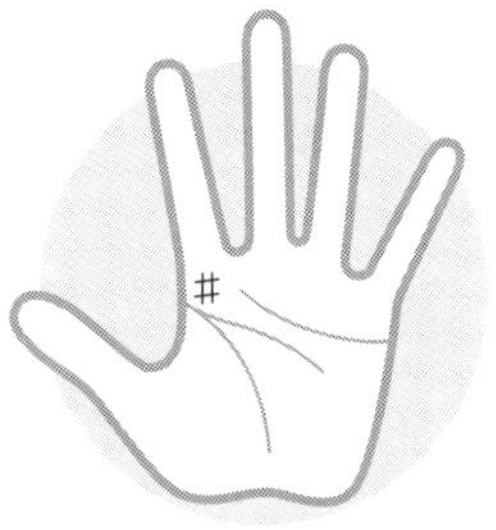

自分にも、やさしさを与えてあげて！

わけではなく、もとから人のために働くことを苦にせず、喜びを感じるタイプです。

★二丁目線…なぜか同性愛者の方に多い線なので、この名をつけましたが、別名は「思いやり線」。相手の立場で物事を考えられる人にできる相です。人一倍、人にやさしく、そして細かいところにも目配りできる人だといえます。

●アドバイス！

4つの線を紹介しましたが、もっともわかりやすいのは**「KY線があるかないか」**ということ。

生命線と頭脳線が重なっているだけでなく、生命線が頭脳線の上まできている人は、自分を押し殺してまで他人に気をつかってしまったあげく、心が疲れきってしまいがちです。

4つの線のどれをとっても、線の持ち主は「面倒見のいい人」であることは間違いありません。

ただし、臆病《おくびょう》なところがあり、いつも自分だけが我慢する結果になってしまいます。もしかすると、あなたの「いい人ぶり」につけこんでラクをしようとする人もいるかもしれません。

そんな自分を変えるには「他人だけでなく、ときには自分に対してもやさしく接してあげること」。そして**「できないことはできない」とハッキリと言える勇気**をもつことです。

すぐに性格は変えられないものですが、「できません」のひと言が、あなたを救うのです。

「空気の読めない人」と言われますが、どうしたらいいでしょうか？

KY線

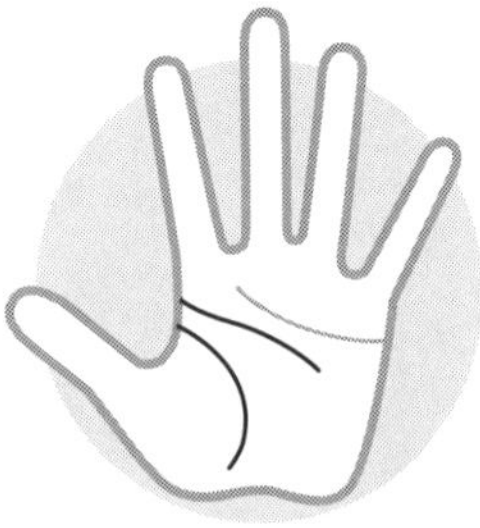

周りに流されずに長所だと考えよう！

引っこみ思案線

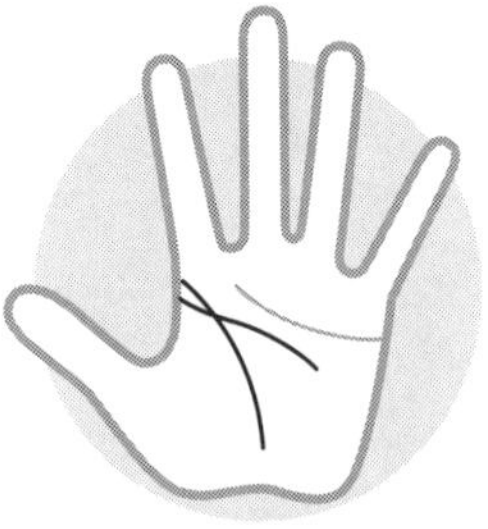

主張すべき所はしっかり主張して！

他人から「空気を読まないよね」なんて言われてしまうと、ショックを受けるものですよね。

自分はそんなつもりはないのに、わかってもらえず、悲しい思いをすることだってあるでしょう。

だからといって、過剰《かじょう》なまでに気にする必要はありません。

「KY線」は、表面的には、空気（K）が読めない（Y）というところから名づけた線ですが、じつは、この線をもつ人は繊細《せんさい》かつ、思いやりのある人。

たしかに、ゴーイングマイウェイで頑固な面がありますが、周りに流されず、自分を貫《つらぬ》く力のある人なのです。自分の心を抑えつけることで、長所までも消してしまうのはもったいないと思います。

＊

また、周りの空気ばかり読んで疲れてしまうという人もいます。

そんな人の手相は、感情線と頭脳線が重なっていることでしょう。なかには、生命線が頭脳線の上からでている**「引っこみ思案線」**になっているかもしれません。

「人に嫌われたくない」という気持ちにとらわれすぎてはいませんか？

自分を後回しにせず、主張するところは主張するなど、もっと自分をだしていかないと、ストレスでつぶれてしまいかねませんよ。

他人と楽しく会話をするのが苦手です

アナウンサー線

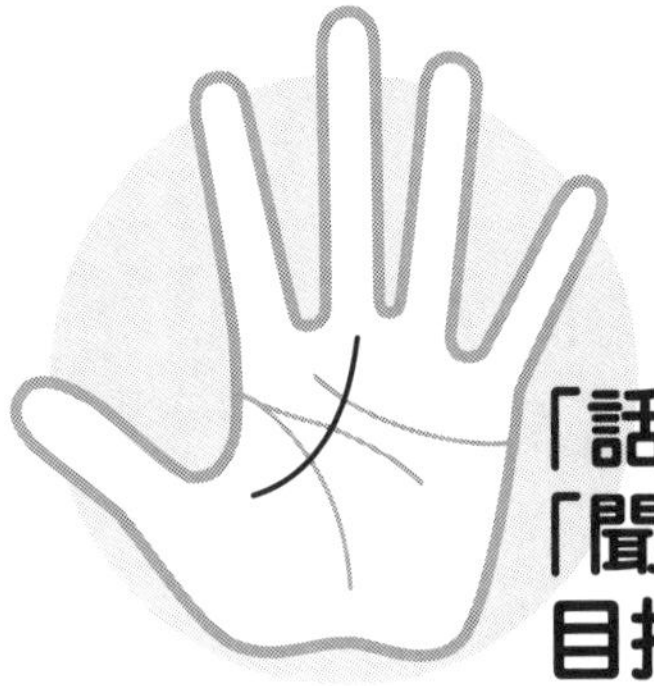

中指のつけ根から生命線の内側にかけてできる線。数が多いほど意味合いも強まる。

「話し上手」より、「聞き上手」を目指しましょう！

まず、確実に言えることは、「話をしたくない、おしゃべりをしたくない人なんていない」ということです。誰だって、友人や同僚と会話を楽しみたいのです。だからこそ、このような悩みをもつ人が多いのでしょう。

「アナウンサー線」をもつ人は、巧みな話術で、相手の心をわしづかみにする才能があります。

もしも、この線があるのに、人と話すのが苦手という人は、能力は十分にあるはずなので、もっと積極的に、人とコミュニケーションを図ってみてはいかがでしょう。

＊

お笑い芸人としての立場でお話しさせていただくと、苦手を克服したいなら「人が面白がる話をしよう」と意気ごむより、**「聞き上手」になることを目指すのが近道**だと思います。名MCと呼ばれる人も「相づちだけで番組が終わったら、いい仕事ができたと感じる」そうなんです。

人は「自分の話を聞いてもらいたい」生きものです。言葉が少なくても、自分の話をウンウンと聞いてくれる人のほうが、「また会いたいな」と思えるものですよね。

そう思ってもらえるように努力すれば、あなたの周りには自然と「話したい！」という人が集まってきますよ！

なかなか他人に甘えることができません

ストーカー線

あなたの味方はたくさんいます！気軽に甘えましょう!!

「気にしい」の人によくある悩みです。自分が頼み事をすることで、何か悪い感情を抱《いだ》かれやしないかと気に病《や》んでしまうのです。

＊

この悩みに大きく関係するのが**「ストーカー線」**です。物騒《ぶっそう》な名前の線ですが、この線は相手に対してあれこれ細かいことに神経をつかい、苦労を一人で背負ってしまう人に現われます。

失恋や仕事の失敗も引きずりがちで、ひと言でいえば「切り替えベタ」な人でもあります。

でも、いつまでも、ウジウジとその場にとどまっていてはいけません。どんどん人に甘えていいのです。

人は、あなたが思っている以上に「何かをしてあげたい」という気持ちをもっています。だから、頼んだあとの反応を気にしすぎることはないのです。

もし、相手が気分を害したように思えたら、そこで初めて、「言い方が悪かったかな」とか「このタイミングではなかったかな」と、つぎからの反省材料にすればいいのです。

頼んだ人には、必ず「ありがとう！」のひと言を。 この当たり前のことができてない人、じつはけっこういるんです。明るくさわやかに言ってくださいね。

「ダマされやすい自分」をなんとかしたいです

まずは、「ダマされやすい人」と「ダマされにくい人」の違いをみていきましょう。

＊

★注意が足りま線（感情線と頭脳線の間が広い）…感情線が上がるほど、ひとつのことに集中して視野が狭くなり、頭脳線が下がるほど、ノリで物事を決めてしまう傾向があります。ですから、ダマされやすい人なのです。

★だまされま線（感情線と頭脳線が狭い）…視野が広く、物事を論理的に考えることができます。つまり、ダマされにくい人です。

注意が足りま線

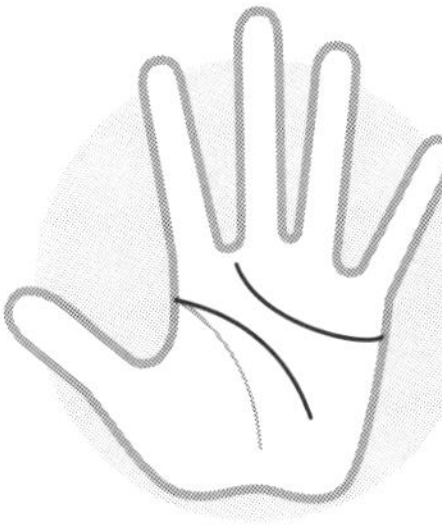

決断前に「本当にOK」か自問自答を！

だまされま線

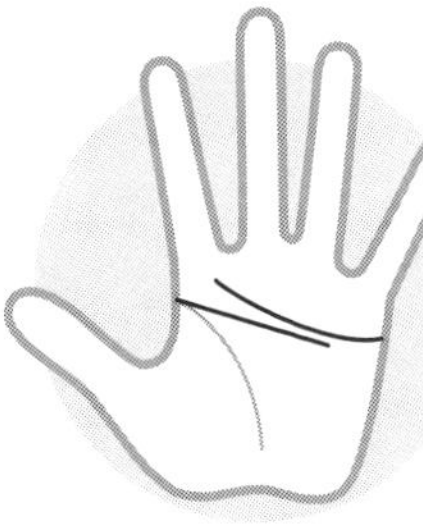

冷静に、慎重に対処できる人です。

＊

ダマされやすい人というのは、良くも悪くも「素直でお人よし」な一面があります。だからこそ、相手の話をうのみにし、ダマされたとわかったときに傷つくのです。

そんな自分を変えたいのなら、**「何事も、一度疑ってみる」**こと。といっても「相手を悪人だと思え」というわけではなく、なんでも受け入れるココロとアタマの習慣を見直してみては？　という提案です。恋愛でも仕事でも、行動したり、返事をする前に「本当に大丈夫？」と自問自答すれば、ダマされる確率は格段に減ることでしょう。

それは、自分の心を一段階強くするためのトレーニングにもなるはずです。

ダイエットを成功させるコツを教えてください！

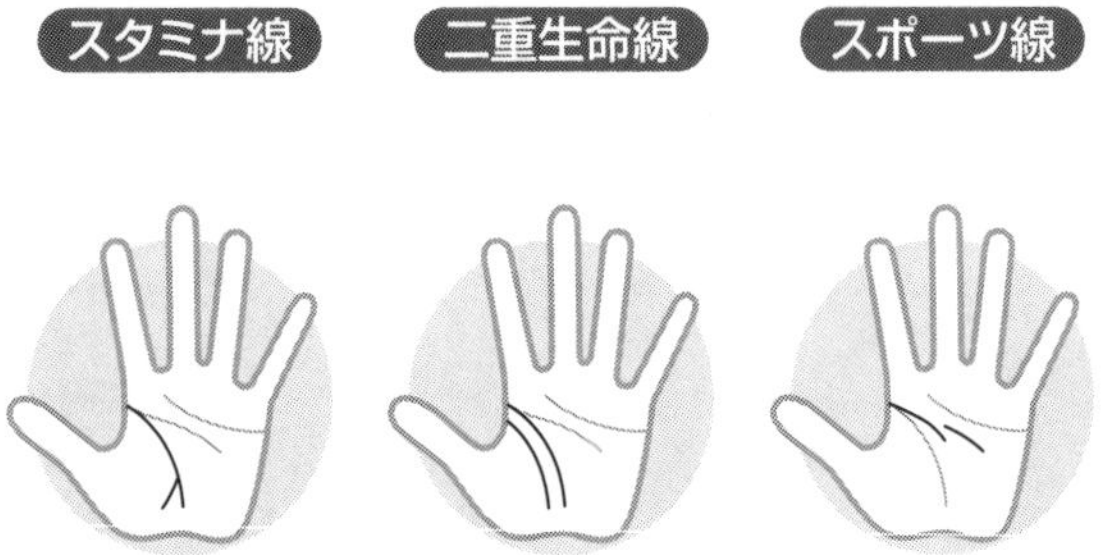

まずは、ジムのパンフレットを取り寄せるところから始めましょう！

女性はもちろんのこと、男性もダイエットは気になるもの。

健康のために、若々しさを保つために……と、その目的はさまざまだと思いますが、思うように体重が減らないことや、なかなか長つづきしないのもまた、皆さんご承知のとおりです。

ダイエットで大切なことのひとつに「自分に合った方法で行なう」ことがあります。

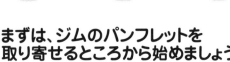

あなたにピッタリのダイエット法は何でしょう？　じつは手相が教えてくれるのです。

＊

★スポーツ線、二重生命線、スタミナ線…おすすめのダイエット法は**「ジムに通うこと」**。

もともと、スポーツやトレーニングを苦にしない人なので、あとはやる気しだいなのです。若いころはスポーツ万能で鳴らしたけど、今はすっかり太っちゃって……という人なら、**スタートさえ切ることができれば「結果にコミット」**できますよ。もちろんジムではなく、毎日のジョギングを習慣にするというのでもＯＫです。

＊

★オタク線、アブノーマル線…おすすめのダイエット法は**「食事制限」**です。

この線をもつ人は、一つのことにわき目もふらず集中して成果を

アブノーマル線

オタク線

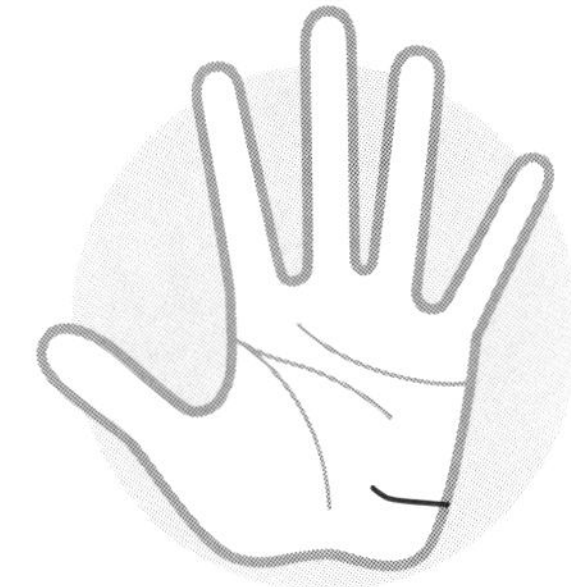

「食事制限」がおすすめ。でも、気を詰めすぎて、体を壊さないように！

ライター線

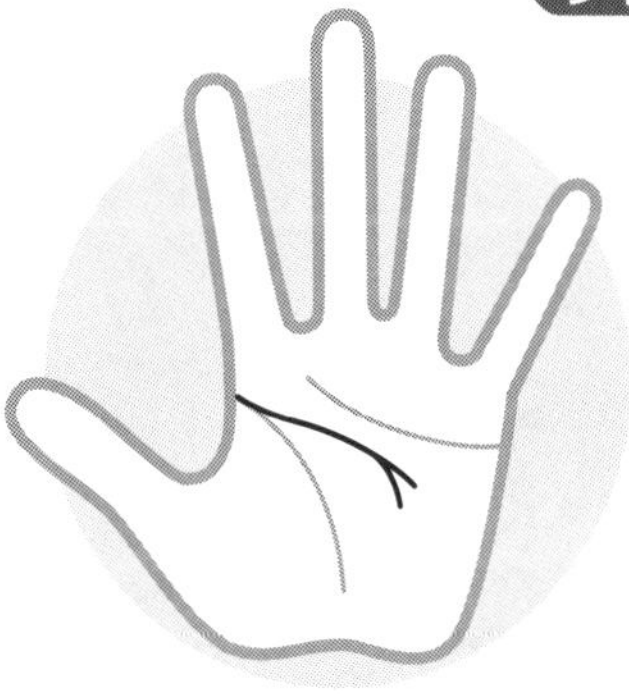

食べたものを記録することで、食べ過ぎや偏食が防げます！

上げるタイプ。その〝研究対象〟を「毎日の食事」に向けるのです。

物事をくわしく分析することを苦にしないので、カロリー計算はもちろん、やせやすい食品や食べ合わせなどの研究にも、おおいに力を発揮します。

ただし、**〝ダイエットオタク〟と化して、結局、健康を害してしまう**なんてことにならないように。

＊

★ライター線…おすすめのダイエット法は**「レコーディングダイエット」**。毎日自分が食べたものを記録するだけです。

となれば、「書くこと」に能力を発揮するこの線の持ち主にはピッタリ。すぐに、食事を記録することが楽しみになるはずです。

タバコやお酒をなんとかしてやめたいです

わかってはいるけど、やめられない…。

根性ありま線

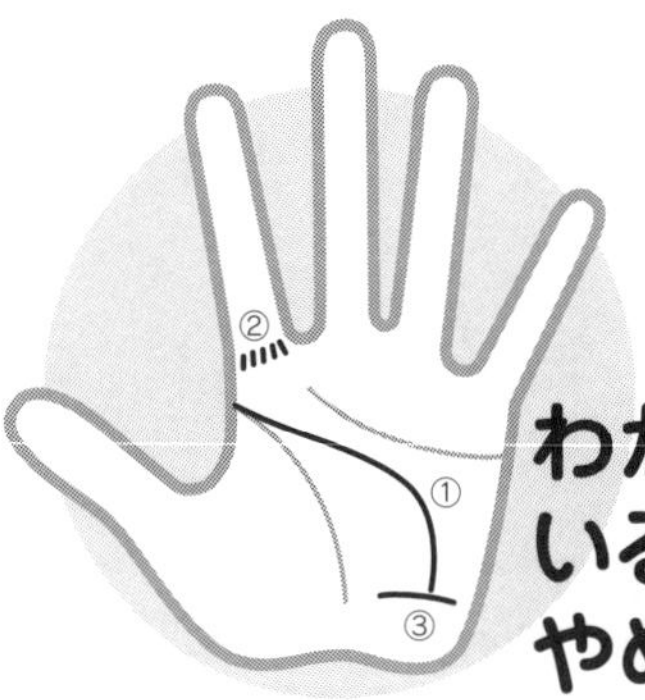

①頭脳線が下がっている
②よちよち幼児線
③ビア・ラシビア線

「タバコやお酒をやめたいのに、どうしてもやめられない」。この悩みを抱えている人も多いでしょう。ご主人に「禁煙してもらいたい」「お酒の量を少しでも減らしてもらいたい」……そんな願いをもつ奥さんもいらっしゃるはずです。

ならば、手相の力を借りてみませんか？

＊

タバコやお酒に限らず、「やめたいのにやめられないもの」がある人には、共通する3線があります。まとめて**「根性ありま線」**です。

★頭脳線が下がっている
★よちよち幼児線
★ビア・ラシビア線

いずれも、どちらかというとマイペースで、直感の赴《おもむ》くままに行動する人に多い線です。お金の使い方にもむとんちゃくなほうでしょう。

タバコやお酒をやめるための一つの方法として、「これまで使ったお金」にスポットを当ててみることがあります。

これまで、**自分が吸ってきたタバコや飲んできたお酒は、合計するといくらになるのか**。一度、計算してみてはいかがでしょう。

その額をみて「別のことに使うべきだった」と後悔の念を覚えたなら、もしかすると「今が辞めどき」なのかもしれません。

呼吸器注意線

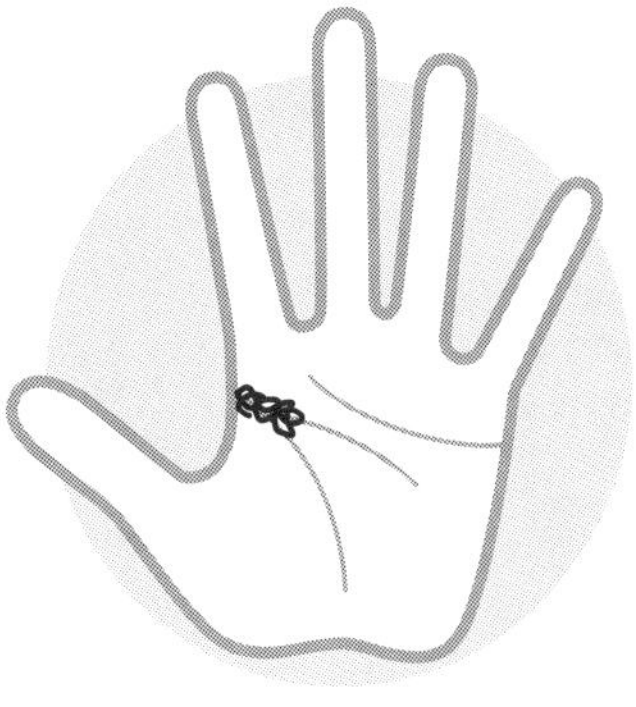

タバコの害
だけでなく、
感染症も心配…。

肝臓注意線

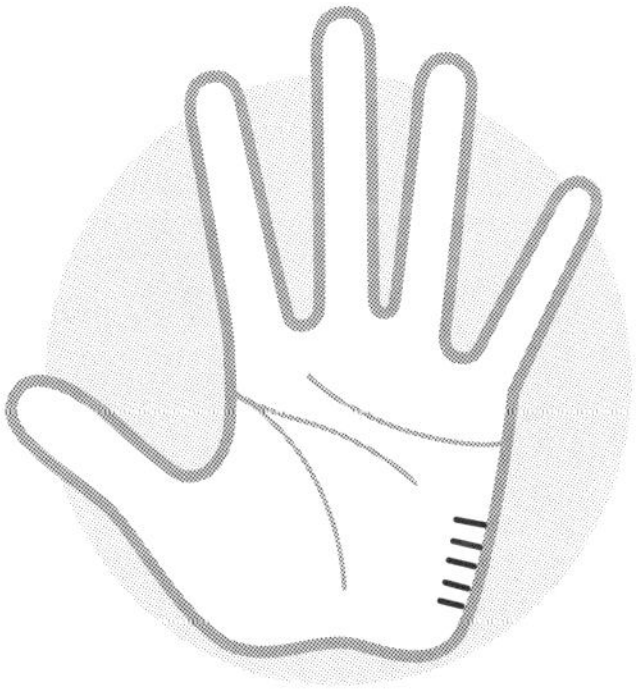

宴会部長さん、
自覚症状が出る前に
一度、病院へ！

＊

タバコやお酒と聞いて、本人も周囲の人も、いちばん心配するのは健康のことでしょう。このようなサインが現われていたなら、**体がSOSを発している証し**です。

★呼吸器注意線…別名「タバコ吸いすぎていません（線）？」。気管支、肺、ノドの不調を示しています。線がグチャグチャとなるのは、疲れがたまっている証拠。感染症にも要注意です。

＊

★肝臓注意線…別名「お酒飲みすぎてません（線）？」。肝臓に疲れがたまっているサインです。お酒が大好きな人も、量を減らしたり、〝休肝日〟を設けることをおすすめします。

強く、しなやかなメンタルをつくるには？

恋愛運停滞線

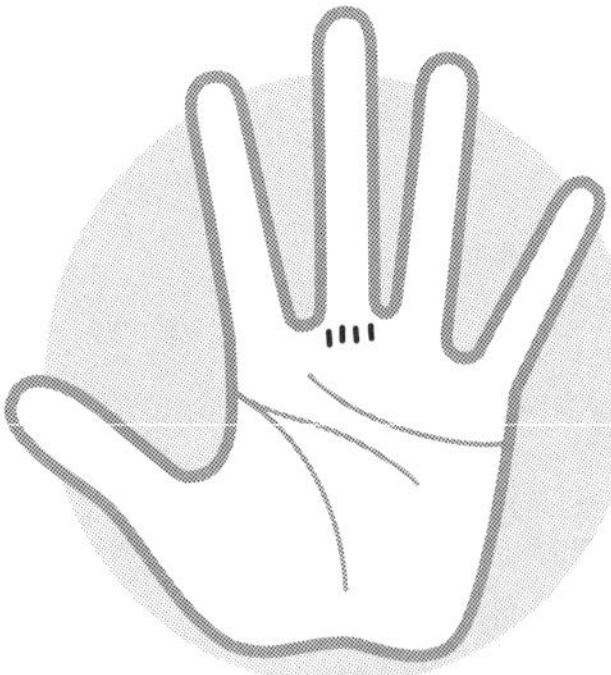

無理は禁物！
あえて
「頑張らない」
時期です‼

頭脳線に乱れがでる

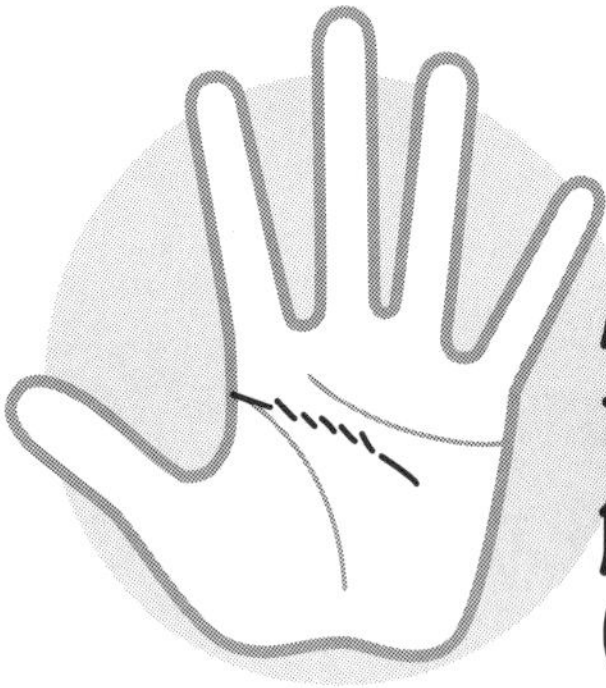

心が乱れ気味。
ひとつひとつ
解決して
いきましょう！

落ちこんでいる人を励ますとき、あなたは、どのような言葉をかけますか？

「落ちこんでいるときこそ、頑張り時。乗り越えれば成長できる」とよく言われますし、本書でも何度かそのようにアドバイスしました。ただし、それでも「今すぐには立ち上がれない」というときはあるはず。そのサインは、手相にもでます。**頭脳線に乱れがでる**こともそうですが、とくにチェックしたいのが**「恋愛運停滞線」**として紹介した線です。

この線は恋愛に限らず、メンタル全般がかなり弱っているときに現われます。この線がでたときは、無理をせずに、じっくりと力をためることに専念しましょう。

子どもの進路は、どう導くべきでしょうか?

理系線

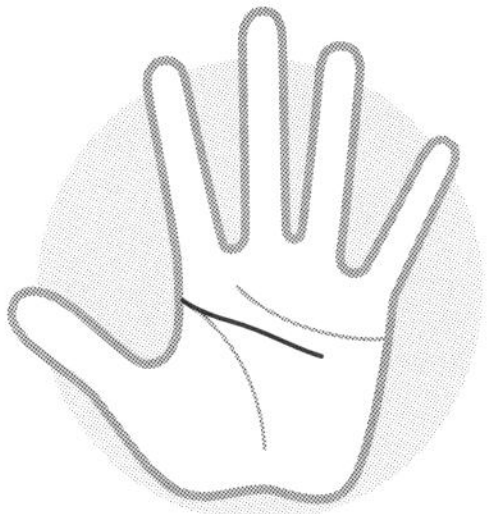

人の「筋道」も教えてあげましょう。

文系線

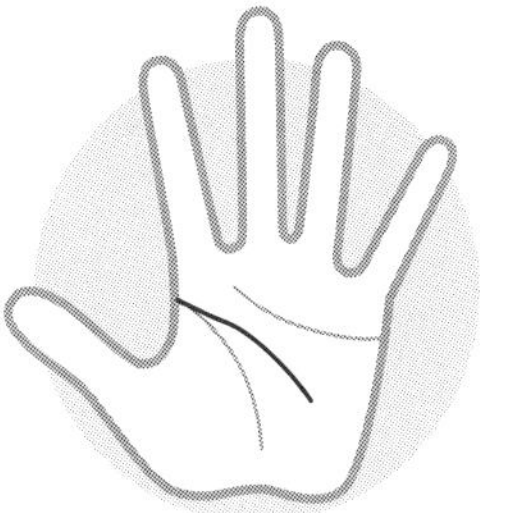

発想力を高める教材を与えては?

親ごさんにとって、お子さんの将来は最大の心配ごと。でも、わが子のことだけに、冷静な判断ができない方も多いようです。

正直、どの職業に就《つ》くかまでは手相でも占うことはむずかしいですが、お子さんの手から、本来もっている強みはみえてきます。

＊

基本的には頭脳線で、その傾向をみます。

★理系線…文字どおり、理系方向への適性を表わしています。物事を論理的に導くのが得意です。

雰囲気や感情に流されないよう、**物事の道理や理屈を教えてあげましょう。**

ただし、あまりやりすぎると、理屈っぽい人間になったり、人の気持ちを理解できない人間になってしまうおそれもあるので、ほどほどに。

＊

★文系線…物事を論理的に考えるのは苦手ですが、人の心を理解できる人です。

独自の発想やアイデアに光るものがあるので、**答えや方法を自分で探させるような教育をする**とよいでしょう。

ただし、あまり奔放《ほんぽう》に育てるのも考えもの。いじけて、落ちこみやすい、ひ弱な人間になるおそれもあります。

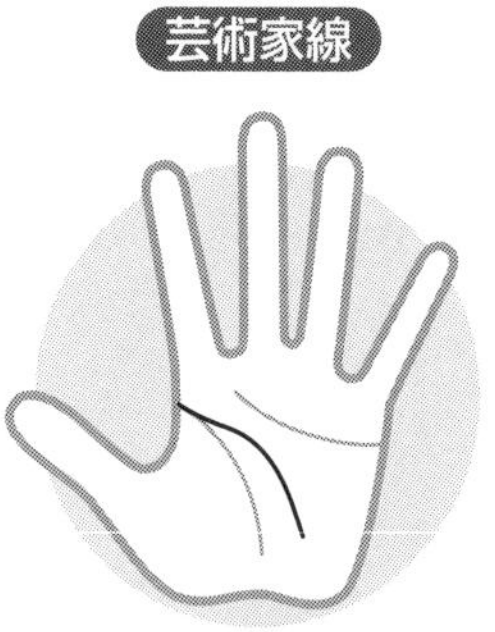

いろいろな絵画や音楽にふれさせてあげて。

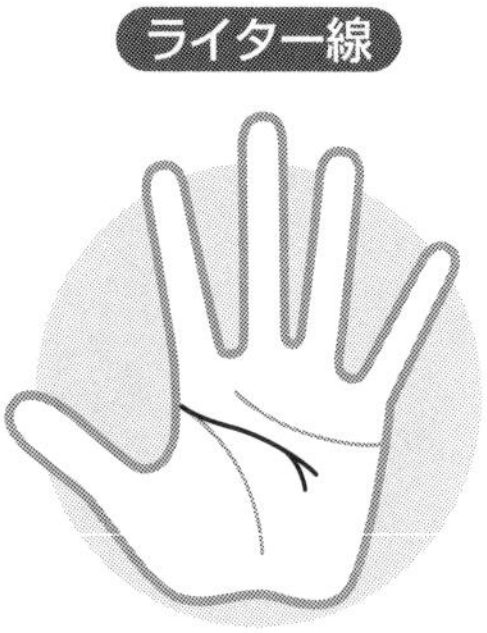

日記帳をプレゼント。文章力が高まるかも。

＊

★芸術家線…芸術にかんする才能がありそうです。**さまざまな芸術作品にふれさせてあげましょう。**

文系線の人よりも、さらに個性的な考え方をする傾向があります。わかりやすくいうと、「妄想しがち」ですが、天才的なひらめきももっています。

ただし、現実から目をそむける面もあるため、ルールをきちんと教えることも必要。あまり厳しくしすぎると、本来の魅力が薄れていってしまうので、そのバランスを大切にしてください。

＊

ここからは、さまざまな特性を秘めた線を紹介します。

★ライター線…将来はクリエイター。さまざまなジャンルの本や映画などをたくさん見せて、感性を育ててあげましょう。

＊

★アナウンサー線…いろいろな人と話す機会をつくり、「しゃべくりセンス」を磨《みが》かせましょう。通訳の仕事も適職なので、英会話もおすすめです。

＊

★ビューティー線…絵を描くことや写真のセンスがあります。画集や写真集を買い与えたり、美術館へ連れて行ったり、景色がよいところへ旅行に行ったりして、その感性を磨いてあげましょう。

＊

★スポーツ線…野球、サッカー、水泳、体操、ゴルフやテニス…。

スポーツ線

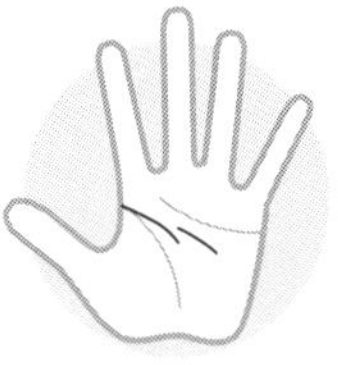

スポーツ万能！体を動かせば、才能開花!!

ビューティー線

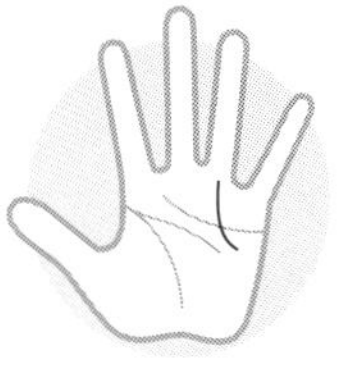

美的センスを育んでくれる場所へ旅行に！

アナウンサー線

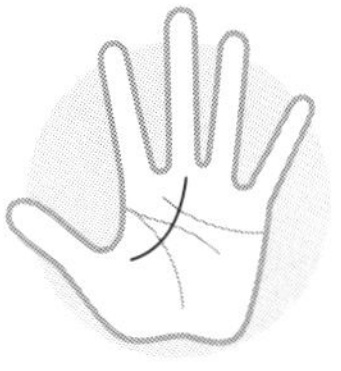

会話を増やして“おしゃべり力”を磨いてあげて。

イチロー線

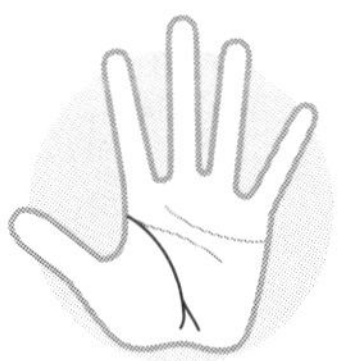

学生になったら一人暮らしを！

二重生命線

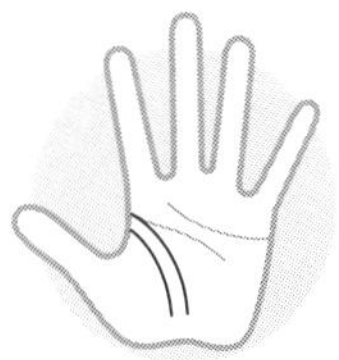

スタミナ線

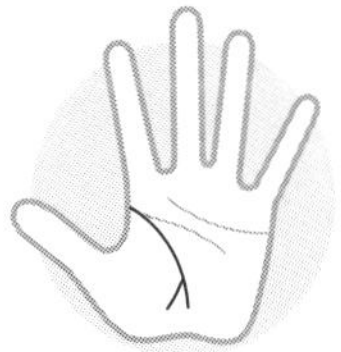

一緒に体を動かせば、さらに親子の絆が深まります！

この線があれば、体力があり、スポーツ万能。競争のなかで自分を磨くことができるようになります。

＊

★スタミナ線・二重生命線…恵まれた体力と気力、精神力を持ち合わせています。スポーツはもちろんのこと、一緒にジョギングや山登りなどの趣味をもつと、親子の絆《きずな》がいっそう深まるでしょう。

＊

★イチロー線…親元を離れたときに、才能が開花します。将来の海外での活躍を期待し、留学させてみるというのも手でしょう。

＊

★モテ線…対人能力をさらに磨くために、いろいろな人に会わせて、社交性を高めてあげましょう。

モテ線

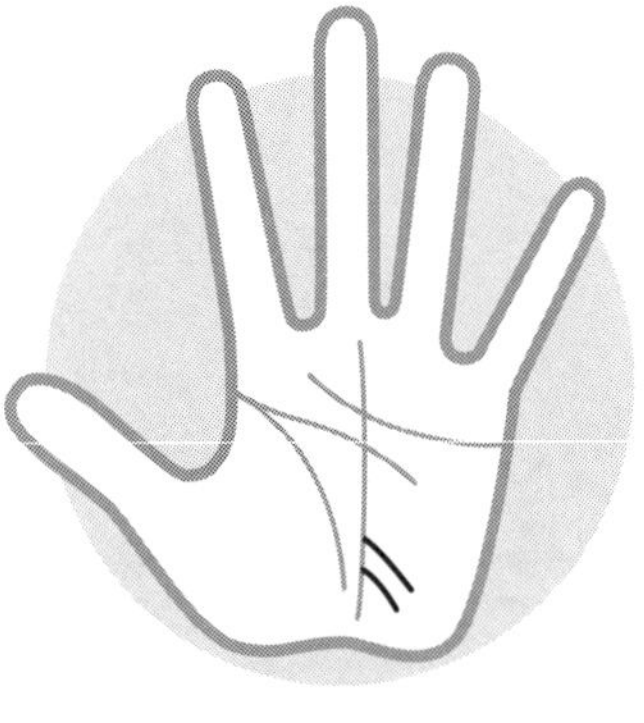

いろいろな人とどんどん会わせてあげましょう。

ストーカー線

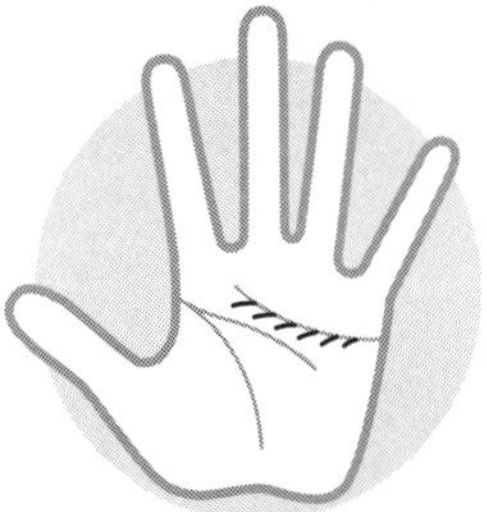

きつく叱るより、ホメて伸ばして！

ベンチャー線

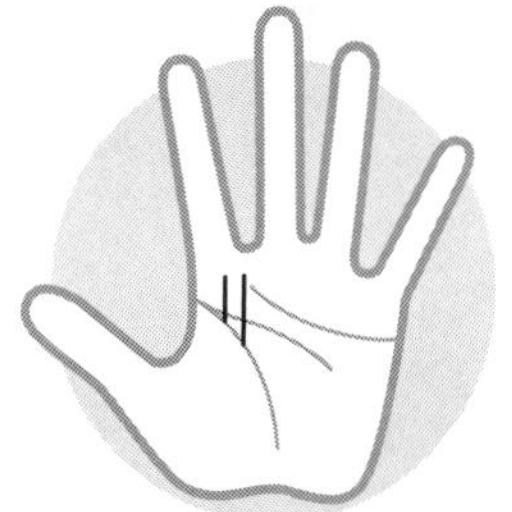

本人の意志や意見に耳を傾けてあげて。

＊

★ベンチャー線…自立心旺盛《おうせい》な子です。「ああしろこうしろ」という指示ばかりでなく、早いうちから、お子さんの意志を尊重し、意見を聞いてあげましょう。

＊

★ストーカー線…プライドが高い反面、打たれ弱いところがあるので、一流の進学校などに入学させると挫折してしまうかもしれません。

　しっかりと愛情を注ぎ、人と信頼関係を築くことの大切さを、きちんと教えてあげてください。

＊

★勝ち気線…ライバルが多いところに身を置いたほうが、刺激があって、才能をのばす可能性があり

勝ち気線

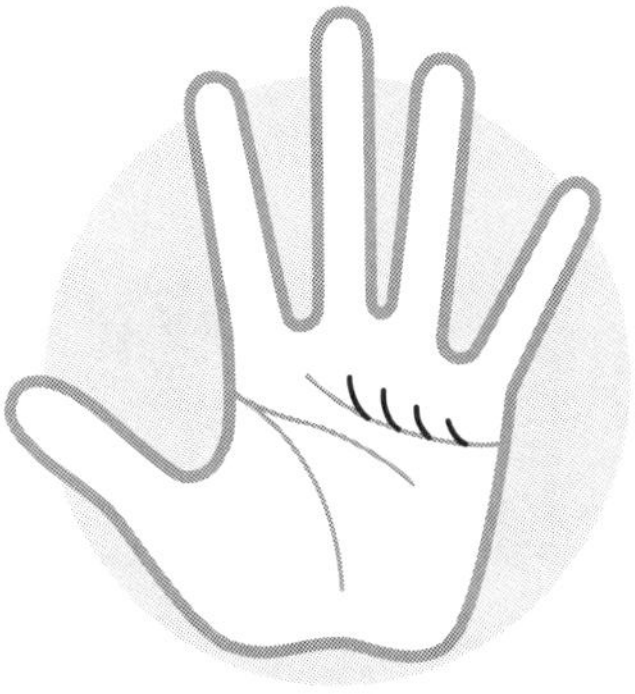

負けん気の強さあり。競争する場で輝くかも！

夢見る乙女線

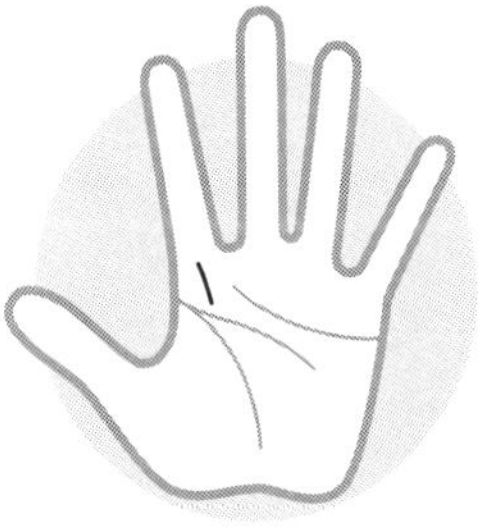

物事の現実を教えてあげて。でも、極端なやり方はNG！

オタク線

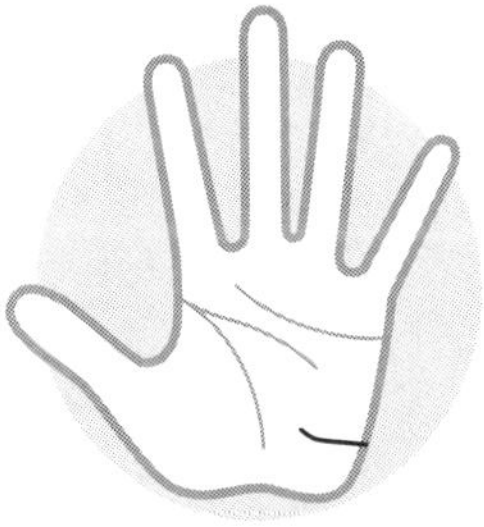

図鑑や地図帳を渡すと熱中するかも。

ます。進学塾や一流校などを目指すとよいでしょう。

＊

★**オタク線**…物事に没頭するタイプです。図鑑などを買ってあげたら、一日中、熱心にみているかも。

課題を与えながら育てていくといいでしょう。社会では、なにかをつきつめて自分のものにした「オタクな人」が強い時代なのですから。

＊

★**夢見る乙女線**…ちょっと空想の世界で生きるところがあるので、ときには、現実をしっかり見せてあげることが大切です。

＊

★**よちよち幼児線**…親離れできるよう、親のほうが積極的に「子離

よちよち幼児線

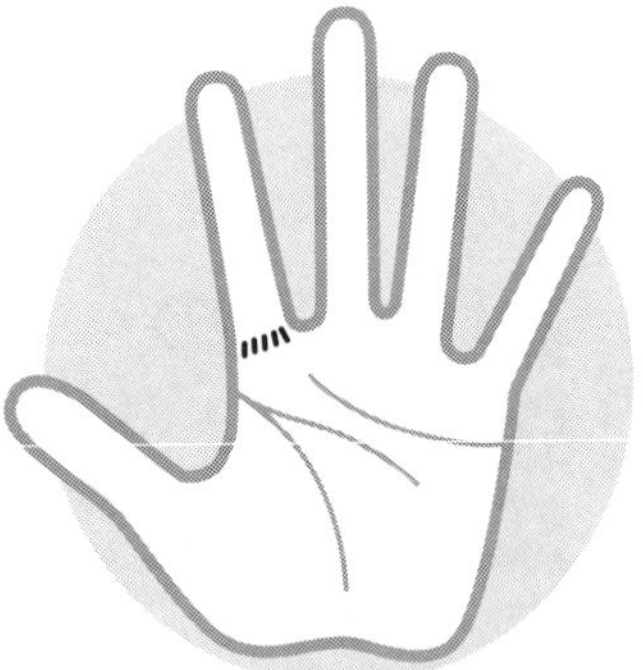

何でも干渉せず、自立心を育てることに力を注いで。

生命線が張り出していない

ちょっと心配。健康面にとくに注意してあげて。

生命線が張り出している

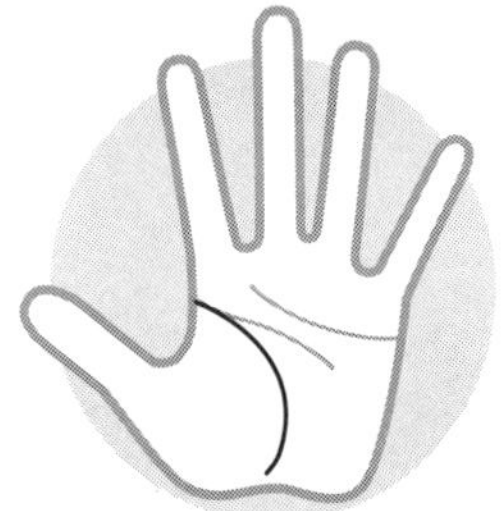

健康、体力、メンタルどれも充実しています！

れ」する努力を。大人になっても親子でべったり…というのはお互いのためになりませんよ。

＊

このほか、生命線をみることによって、お子さんの体がもともと強いか、弱いかを知っておくことも重要です。

生命線は、**健康や体力のほか、メンタルの強さも教えてくれます。**もし、あまり強い線でないようなら、ふだんから十分なケアやフォロー、観察をして、良い道に導いてあげてください。

＊

手相は、しつけにも役立てることができます。

★頭脳線がまっすぐな場合…しっかり順序立てて、論理的に叱れ

頭脳線がまっすぐ

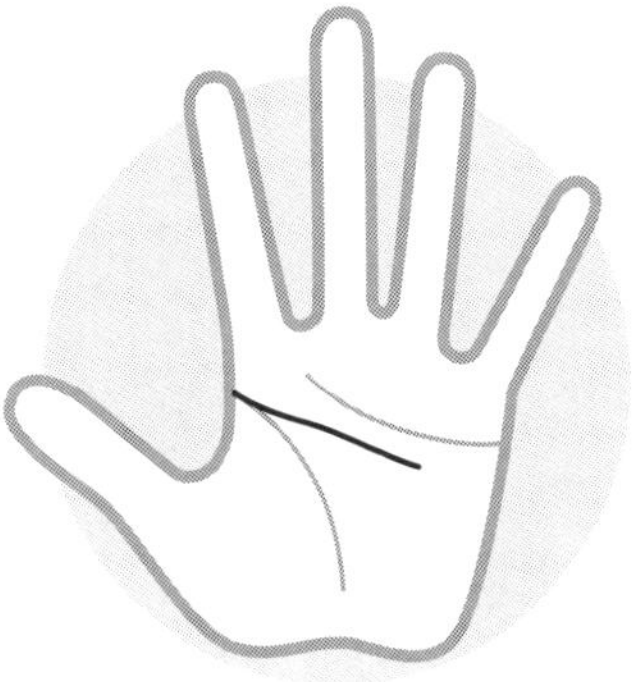

筋道を立てて、「これは、こうだから、こうしてはいけない」という叱り方を。

頭脳線が下がっている

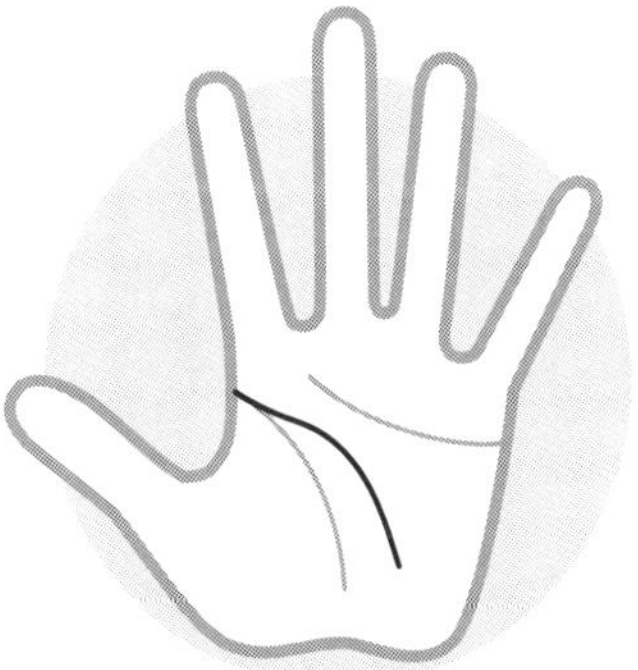

「あなたがこうすると自分はこんなに悲しい」と情に訴えかけて。

ば、理解してくれます。

★頭脳線が下がっている場合…感情に訴えかけながら叱るようにしましょう。

＊

ところで、「親の手相は子どもの手相に遺伝する」と思いますか？

僕の見解では、イエスともノーとも言えない、つまり半々というところです。

ただし、「ますかけ線」をもつ人は、その親もまた「ますかけ線」の持ち主であることが多いようです。また、おじいちゃんと孫の手相がよく似ていたというケースもあります。

いつか、きちんとデータを取ってみたいものです。

家探しで、いい物件とめぐりあうには？

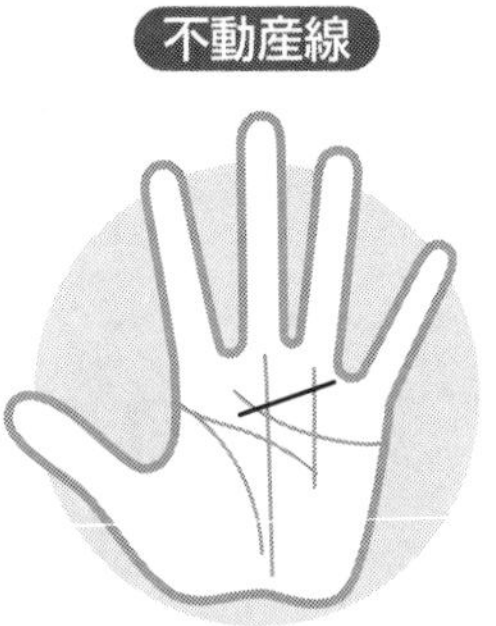

家の目利き上手。引っ越し運も上昇中！

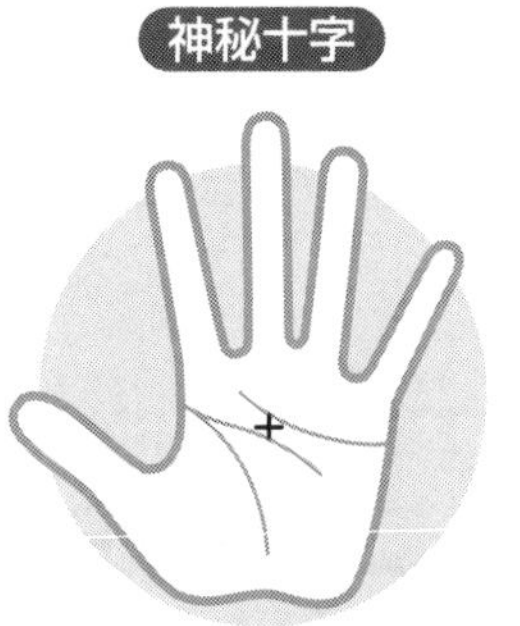

たくさんの物件を回り、最後は直感で！

新天地で生活を始めるとき、気になるのが「新居探し」。

引っ越しは、自分の運気を変えるきっかけになってくれます。実際、売れっ子になった芸人に「よく考えたら、引っ越しもひとつのきっかけかも」という人が多いのです。

＊

★不動産線…家や土地など不動産にかんする仕事に能力を発揮する人です。あるいは「家探し」の幸運期の訪れを教えてくれます。

●**アドバイス！**

「そろそろマイホームの購入を考えてもいい時期」という暗示であり**「いい物件にめぐりあえる」というサイン**でもあるので、家探しの準備を始めてみては。若い人の場合は「引っ越し運上昇」というサインです。

＊

★神秘十字…直感が鋭く、その直感を成功へとつなげられます。

●**アドバイス！**

直感にピンとくる物件に出会えるまで、たとえ面倒でも、**たくさんの物件に足を運びましょう。**物件の数をこなすほど、「あ、ココはさっきと違ってなんかいいな」とか「これまでみた中でピカイチだ」といった直感が働きます。

＊

僕の友人に「引っ越し好き」な

好奇心旺盛線

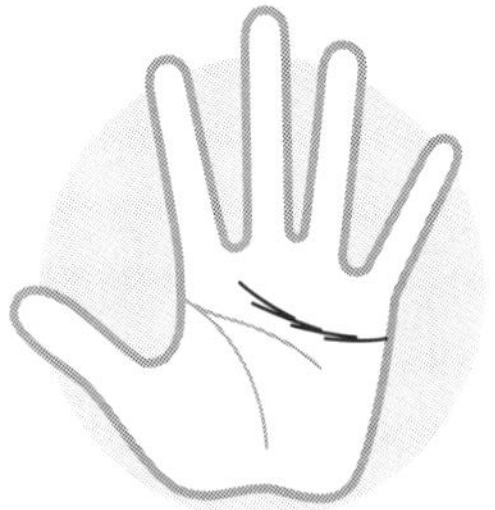

都会に近い場所を選ぶと吉！

長つづきしま線

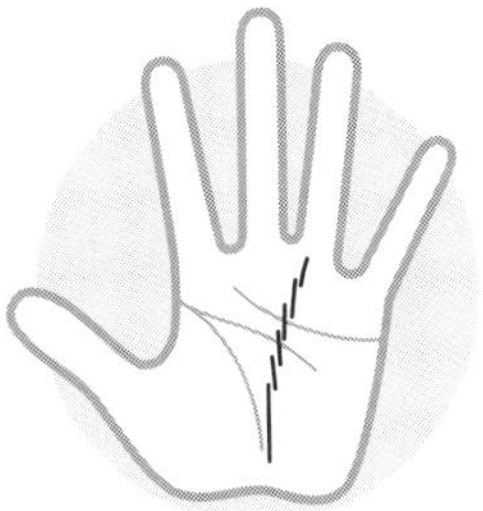

何度も引っ越しするためのお金が心配…。

人がいます。とにかくひとつの場所にとどまらないのです。このような人はクルマもしょっちゅう買い替えたりしています。そんな人にも、共通のサインがありました。

＊

★好奇心旺盛線…「好きになるもの」が多く、刺激のある生活を好む人です。**街にでていきやすい場所に住むと吉**。入るだけでワクワクするような「趣味部屋」があるとさらに吉。当然、収納も多いほうがいいですよね。

＊

★長つづきしま線…飽きっぽく、じっくりと取り組むのが苦手な人です。しょっちゅう「自分をリセットするため」なんて言いながら、引っ越しをしていませんか？ **何度も引っ越ししていると〝引っ越し貧乏〟**になってしまいますよ。

＊

最近、幽霊がでるなどといわれがちな〝事故物件〟が、家賃の安さもあって人気だとか。僕自身はおすすめしませんが、このような物件に住めば運気が下がるかというと、必ずしもそうではないようなのです。

たとえば、人気急上昇中の「メイプル超合金」のカズレーザーさんや、「馬鹿よ貴方は」のツッコミの新道さんは、事故物件に住みはじめてから、『THE MANZAI』や『M-1グランプリ』の決勝に進出しました。

もしかすると、**幽霊が運気を上げてくれたのかも**しれませんね。

★おわりに

皆さんに幸せが訪れますように…

あなたは「幸運を引き寄せる」ことって、簡単だと思いますか？ それとも難しいことだと思いますか？

僕の考えは、ひと言でいうと「その人の行動しだい、考え方しだい」です。

これまで、テレビやイベントで、たくさんの人の手相をみさせていただきました。そのなかで、「自分は『運がいい』とよく言われるんです」という人の手には、たしかに多くの「良い線」がありました。

でも、よくよく話を聞いているうちに、「幸運を引き寄せるには、手相のパワーだけでなく、プラスアルファの要素も必要なのだ」ということに気づいたのです。

その「プラスアルファ」とは、2つあります。

ひとつは「行動力がある」こと。本文でも触《ふ》れましたが、運は「運ぶ」という字を書きます。さまざまなことに興味をもち、その興味を満《み》たしてくれる場所にじっさいに足を「運び」、いろいろな人と出会うことは、あなたという人間の「幅」も広げてくれるはずです。意外な人とのつながりから、新たな世界へとステップアップ……なんて可能性も、おおいにありえます。

そしてもうひとつ。それは「自分は運がいい」と強く信じること。ただ「運がいい」と思うのではなく、「強く信じる」のです。

「運がいい」と強く信じている人は、総じてポジティブで、日々を目いっぱい楽しんでいます。

僕の友人にも、イヤなことがあった日でも、「今日はいい一日だったな。明日はもっといい日になるぞ」と考えながら、毎晩眠りについているという人がいます。

いつもワクワクしながら、自分の人生を楽しんでいる人の所に幸運はやってくるのです。

☆

これまでみてきたように、手相には「幸せになるためのヒント」がたくさん散りばめられています。その線のもつ意味と、さらに良い線にするための心構えを知り、その線が刻まれている自分を信じて行動することで、運は開いていきます。つまり、この本を手にとった時点で、あなたはもう「幸せを〝半分〟つかんでいる」も同然なのです。

でも、良い手相であることだけに満足していては、せっかくつかみかけた運を逃《の》がしてしまいます。チャンスが来たときに「幸せを〝完全に〟つかみとる」ために、積極的に行動して、人生をおおいに楽しみましょう。

☆

さいごに、僕からのお願いがひとつ――。幸せの量は「自分だけのためでなく、人のために頑張っている人に多く与えられる」といいます。

ですから、この本を読んでつかんだヒントや自信を、ぜひ、周囲の人へと還元《かんげん》していってほしいのです。

そこから生まれた幸せは、めぐりめぐって、もっともっと大きな幸せとなって、あなたのもとに戻ってくることをお約束します!

島田秀平

島田秀平

1977年12月5日生まれ。長野県長野市出身。お笑い芸人。2002年、仕事で知り合った「原宿の母」に弟子入り。芸人活動の傍ら手相の修業を積み、2007年に「代々木の甥」を襲名。特異な才能にあふれる芸能界の人々の手相を片っぱしから鑑定しまくり、ニュースタイルの「島田流手相術」を完成。「エロ線」「モテ線」「ギャンブル線」等、誰もがわかりやすいネーミングが各界で話題を呼び、テレビ、雑誌等で活躍中。『島田秀平の手相占い』『島田秀平の幸せになれる開運！手相占い』『島田秀平の運命の人と出会える相性！手相占い』（小社刊）は、シリーズ累計85万部突破の大ベストセラーに。テレビ、ラジオのレギュラー番組や、新聞、雑誌の連載も多数。ホリプロコム所属。

島田秀平の
幸せ引き寄せ手相占い

2016年 9 月15日　初版印刷
2016年10月 5 日　初版発行

著者——島田秀平

企画・編集——株式会社夢の設計社

〒162-0801　東京都新宿区山吹町261

電話(03) 3267-7851（編集）

発行者——小野寺優

発行所——株式会社河出書房新社

〒151-0051　東京都渋谷区千駄ヶ谷2-32-2

電話(03) 3404-1201（営業）

http://www.kawade.co.jp/

DTP——アルファヴィル

印刷・製本——中央精版印刷株式会社

Printed in Japan ISBN978-4-309-27763-9